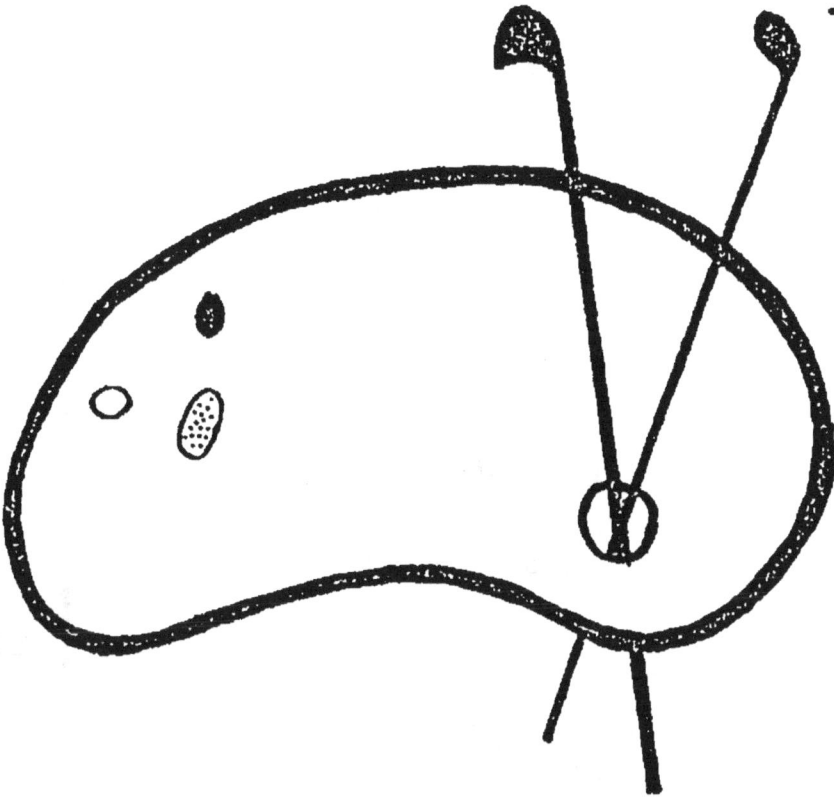

COUVERTURE SUPERIEURE ET INFERIEURE
EN COULEUR

LE

LIBRE ÉCHANGE

ET L'IMPOT

ÉTUDES D'ÉCONOMIE POLITIQUE

PAR

LE FEU DUC DE BROGLIE

PUBLIÉES PAR SON FILS

C L

PARIS

CALMANN LÉVY, ÉDITEUR

ANCIENNE MAISON MICHEL LÉVY FRÈRES

RUE AUBER, 3, ET BOULEVARD DES ITALIENS, 15

A LA LIBRAIRIE NOUVELLE

1879

CALMANN LÉVY, ÉDITEUR

OUVRAGES

DE

FEU M. LE DUC DE BROGLIE

Format in-8º

VUES SUR LE GOUVERNEMENT DE LA FRANCE..... 1 vol.

Format grand in-18

VUES SUR LE GOUVERNEMENT DE LA FRANCE...... 1 vol.

Paris. — Imprimerie DUMOULET, 3, rue Auber

LE

LIBRE ÉCHANGE

ET L'IMPÔT

CALMANN LÉVY, ÉDITEUR

OUVRAGES

DE

FEU M. LE DUC DE BROGLIE

Format in-8

VUES SUR LE GOUVERNEMENT DE LA FRANCE........... 1 vol.

Format grand in-18

VUES SUR LE GOUVERNEMENT DE LA FRANCE........... 1 vol.

PARIS. — IMPRIMERIE ÉMILE MARTINET, RUE MIGNON, 2.

LE
LIBRE ÉCHANGE
ET L'IMPÔT
ÉTUDES D'ÉCONOMIE POLITIQUE

PAR

LE FEU DUC DE BROGLIE

PUBLIÉES PAR SON FILS

PARIS
CALMANN LÉVY, ÉDITEUR
ANCIENNE MAISON MICHEL LÉVY FRÈRES

RUE AUBER, 3, ET BOULEVARD DES ITALIENS, 15

A LA LIBRAIRIE NOUVELLE

1879

PRÉFACE

Les écrits inédits de mon père, relatifs à des
matières économiques, que je soumets au public,
sont de deux sortes : les uns ont trait à des questions spéciales que les discussions législatives
avaient fait naître : les autres étaient destinés à
former les premiers chapitres d'un traité plus
général qui est resté malheureusement inachevé.

J'ai cru devoir placer en tête les écrits du
premier genre, qui, dans leur proportion restreinte,
m'ont paru former un tout complet, de nature à
intéresser tous les lecteurs. A la vérité, on y
trouve en plus d'un endroit la trace des circonstances particulières en vue desquelles ces petits
traités avaient été composés. Mais c'est le propre

des problèmes économiques de renaître, d'époque
en époque, sous des formes diverses; et pour les
résoudre, toutes les fois qu'ils se présentent, c'est
toujours, sauf quelque différence dans l'application, aux mêmes principes qu'il faut recourir. La
fréquence de nos révolutions rend même ce retour
plus rapide, parce que, les gouvernements qui se
succèdent ne se croyant jamais engagés par les traditions de leurs prédécesseurs, tout est remis habituellement en question après chaque commotion
nouvelle. Quand mon père écrivait les pages qu'on
trouvera dans ce volume sur *les impôts et les emprunts*, ou sur *la liberté commerciale*, on discutait
dans l'Assemblée législative de 1850 sur l'assiette
de notre régime financier, sur la préférence à
donner à tel mode d'impôt sur tel autre, ou à
l'impôt extraordinaire sur l'emprunt, pour l'acquittement de grandes dépenses publiques qui de-
vaient être immédiatement soldées, enfin sur les
avantages comparés du libre échange et de la protection. Depuis lors, des débats très analogues ont
eu lieu dans l'Assemblée nationale en 1871.

Je serai bien trompé si les prochaines sessions législatives ne ramènent pas exactement les mêmes discussions sur les mêmes points. Sans doute, les questions ne sont plus entières sur certains points ou ont changé de face. Huit ou dix milliards d'emprunts créés pour solder soit les travaux publics de l'Empire, soit ses victoires, soit les malheurs qui les ont suivies, cinq ou six cents millions d'impôts nouveaux destinés à payer les intérêts de cet énorme capital, ne permettent plus de raisonner absolument, comme on le faisait en 1850, sur les ressources de la matière imposable et l'élasticité du crédit public. Le libre échange mis en application, en certaine mesure, par les traités de 1860, doit être jugé aujourd'hui, non par les craintes de ses détracteurs ou par les espérances de ses partisans, mais par ses œuvres, par ses actes en un mot, non par ses menaces ou ses promesses. Mais il n'est pas non plus sans intérêt de mettre en regard de ces expériences, dont quelques-unes ont été chèrement achetées, les prévisions formées, les conseils donnés, il y a trente

ans, par un observateur éclairé. C'est une sorte
de contre-épreuve de la théorie par la pratique
qui est assez instructive.

J'appelle en particulier, à ce point de vue, l'attention des lecteurs soucieux de ces questions sur
deux aperçus nouveaux, qui modifient l'un et
l'autre, en des points essentiels, les idées généralement reçues, et peuvent peut-être expliquer,
soit les résultats inespérés, soit les mécomptes
inattendus qui ont suivi de grandes opérations
économiques et financières accomplies dans ces
dernières années. Je les signalerai en peu de mots
pour rendre plus facile de les dégager de toutes
les considérations accessoires. Mais il demeure
bien entendu qu'en les recommandant à l'examen
je n'ai pas la prétention de les soustraire à la
controverse.

Il n'est personne, en premier lieu, qui ne remarque combien le principe qui sert de point de
départ au traité *de l'Impôt et des Emprunts* diffère de l'opinion communément répandue sur la
nature essentielle et l'assiette normale des contri-

butions publiques. L'auteur du traité lui-même avertit de la hardiesse de son innovation, avant de s'efforcer de la justifier. L'opinion commune, en effet, et qui paraît si naturelle qu'elle a passé à l'état d'axiome, c'est que l'impôt, étant un sacrifice demandé aux particuliers dans l'intérêt général, doit être prélevé par chacun sur la somme dont il dispose annuellement pour son entretien et ses jouissances, c'est-à-dire sur son revenu, et dans la proportion de ce revenu même. Partant de là, personne ordinairement ne conteste que l'impôt proportionnel sur le revenu serait, si on pouvait le préserver de certains inconvénients d'application, l'impôt idéal et théoriquement le meilleur Ceux qui combattent ce mode d'imposition motivent leur résistance sur les obstacles qu'il rencontre dans la pratique, sur la difficulté de ramener à un étalon commun des revenus de source et de nature très différentes, sur les procédés inquisitoriaux nécessaires pour contrôler la sincérité des déclarations des contribuables, sur le danger des évaluations arbitraires du fisc. Par suite du même principe, les contributions indirectes, les impôts de consommation, auxquels chacun ne prend part que suivant la nature de ses goûts, dans la mesure, non de sa fortune, mais de sa dépense, sont ceux que la théorie économique ordinaire réprouve le plus sévèrement. Si elle s'y résigne, dans certains cas, avec répugnance, c'est uniquement parce que la perception de ce genre d'impôts, quand il existe, est facile, et que le poids en est moins sensible pour les contribuables. Encore cette facilité même, dont les praticiens font grand cas, paraît-elle, aux yeux des docteurs puritains, plus un inconvénient qu'un avantage, parce qu'ils y voient une tentation dangereuse pour les gouvernements et redoutent l'abus d'un expédient trop commode.

Ce n'est pas à ce point de vue restreint que se place l'auteur des observations qu'on va lire. Ce ne sont point les difficultés pratiques de l'impôt sur le revenu qui l'en écartent, et s'il paraît conclure en faveur des contributions indirectes, ce n'est pas non plus par des considérations tirées de

la convenance des percepteurs et de l'aisance de
la trésorerie. C'est le principe même des divers
impôts qui est soumis à la rigueur de l'analyse :
et c'est sur des raisons de doctrine que s'appuie
l'avantage qu'il reconnaît à tel genre de taxe sur
tel autre. La préférence est établie au nom d'une
vue générale dont la hauteur étonnera peut-être
ceux qui ne sont pas familiers avec les notions
élevées de l'économie politique, mais d'une simplicité pourtant assez grande pour être rendue
facilement accessible à tous les esprits.

Le point fondamental de toute l'argumentation
consiste à considérer l'impôt, non comme un sacri
fice exigé des particuliers, dans un intérêt de patriotisme abstrait et éloigné, mais, au contraire,
comme une économie réalisée au profit de chacun
d'eux sur des dépenses qu'il serait obligé de faire
si l'État ne s'en chargeait pas à sa place, et dont
il s'acquitterait seulement d'une manière plus coûteuse et plus imparfaite. Passez, en effet, en revue
les divers chapitres du budget, et demandez-vous
ce qui arriverait si l'État cessait de pourvoir aux

dépenses auxquelles chacun de ces chapitres est destiné à subvenir. Il n'en est aucun qui ne retombât immédiatement à la charge des particuliers, et ne rendît nécessaire pour eux une mise de fonds beaucoup plus considérable que la part d'impôt qu'il paie à l'État pour y faire face.

Supprimez, par exemple, le budget de la guerre. Les officiers et les soldats ne recevront plus ni traitement ni solde : on ne bâtira plus d'arsenaux, on ne fondra plus de canons, on ne fabriquera plus de poudre aux frais de l'État. Mais la garde que l'État ne prendra plus de la sécurité des propriétés contre les attentats des malfaiteurs ou l'invasion de l'étranger, tous ceux qui ne veulent être ni volés ni conquis devront la faire eux-mêmes. L'industriel devra garder et même créneler son usine ; le commerçant, son magasin ; le cultivateur, sa ferme. Les frais de toutes ces gardes et de toutes ces fortifications particulières s'élèveront certainement, et en totalité, et pour chacun de ceux qui les font, beaucoup plus haut que ce

que l'État prélève sous forme d'impôt pour entretenir des troupes et des gendarmes; et la défense
de la propriété sera moins assurée. Supprimez le
budget des travaux publics : plus de routes, plus
de ponts, plus de moyens réguliers de communication. Chacun devra alors assurer à ses dépens
le libre accès de sa demeure et l'écoulement de
ses denrées, et il lui en coûtera sûrement beaucoup plus pour tracer de ses propres deniers et
par ses propres ouvriers des chemins mal construits et mal entretenus, que ce que l'État lui prend
pour ouvrir les grandes lignes de routes nationales
et de voies ferrées. Ainsi de même pour tous les
services publics. Et à quoi aboutiront en définitive toutes ces suppressions imaginaires? Ne parlons pas du trouble et de la gêne qui en résulte-
ront dans toutes les relations sociales. Bornons-
nous à un point de vue purement économique.
Il est clair que les frais de production de tous les
objets nécessaires ou seulement agréables à la vie
devront augmenter dans une proportion considérable. Car, à ce que coûtent déjà à récolter un

boisseau de blé ou un tonneau de vin, à fabriquer une aune de toile ou de drap, il faudra ajouter la dépense nécessaire pour garantir la sécurité et faciliter l'abord du champ, de la vigne et de l'atelier. Dès lors, pour que ceux qui produisent ne se ruinent pas, ils devront élever le prix des denrées dans la proportion de l'accroissement de leurs dépenses. Le résultat final sera donc une surélévation incalculable du prix auquel chacun des membres de la communauté devra se procurer tous les objets de sa consommation. Ce sera dans le budget de chacun une addition bien plus considérable que la réduction dont aurait pu le faire bénéficier le dégrèvement apparent de sa part contributive dans le budget général.

Cette démonstration par l'absurde conduit à conclure que l'État, quand il assure un service public au moyen de l'impôt, ne fait en réalité autre chose que prendre en quelque sorte à l'entreprise et au rabais pour une somme déterminée une dépense qui devrait être faite sans son concours s'il n'en assumait pas la charge. Seulement, en concentrant l'opération entre ses mains, au lieu de l'abandonner à des efforts individuels épars et isolés, il en réduit notablement les frais. C'est l'application sur une grande échelle de l'économie que tous les industriels connaissent, et qui fait la fortune des grands établissements, celle qui résulte de la concentration des frais généraux. En ce sens on peut dire, par une expression saisissante mais qui n'a rien d'exagéré, que l'État est l'entrepreneur des frais généraux de la production sociale et que l'impôt représente le montant de son abonnement.

Si cette conséquence est admise, elle peut fournir un moyen facile de déterminer l'assiette naturelle et normale des impôts. On ne peut nier, en effet, que l'impôt le meilleur et théoriquement préférable est celui qui trouble le moins possible le cours naturel des faits, et cause ainsi à la société le moindre dérangement. Tout se réduit dès lors à savoir par qui seraient opérées, et comment seraient réparties, si l'État s'abstenait d'agir, les dépenses publiques pour lesquelles il substitue aujourd'hui avec avantage son intervention à l'action nécessaire des particuliers. Les suppositions déjà faites vont encore ici éclairer et résoudre la question.

Si l'État, par exemple, cessait de tracer lui-même aux frais du budget national les voies de communication, qui prendrait l'initiative de suppléer à son abstention? Ce seraient évidemment ceux qui ont l'intérêt le plus direct à maintenir sur la surface du pays une circulation libre et régulière. A ce titre, industriels, marchands, cultivateurs, producteurs en un mot de tout genre, seraient évidemment les premiers à se mettre à l'œuvre et en dépense : car c'est à eux qu'il importe avant tout de rendre possibles l'arrivée des matières premières qu'ils travaillent et la sortie des denrées qu'ils fabriquent. Ce serait eux, on n'en peut douter, qui feraient l'avance de la construction des routes, soit par eux-mêmes, soit en payant une redevance à des bailleurs de fonds qui s'en chargeraient pour eux ; ils ne manqueraient pas ensuite de se couvrir de leurs déboursés, en élevant à proportion le prix de leurs marchandises. Tout le monde contribuerait ainsi en définitive à la dépense exigée par la nécessité commune : mais les producteurs y prendraient part par une avance directe, les consommateurs, par un remboursement prélevé sur le prix qu'ils devraient payer pour la satisfaction de leurs besoins et de leurs jouissances.

Si tel est l'ordre dans lequel les faits se passeraient, au cas où l'État et l'impôt feraient défaut pour acquitter les dépenses publiques, il n'y a pas de raison pour que l'intervention de l'État et de l'impôt dérange cette répartition naturelle. Toute l'opération de l'État consistant à faire à meilleur compte ce que d'autres feraient plus chèrement sans lui, il doit partager le bénéfice de l'économie, exactement comme se partagerait la charge de la dépense. Les producteurs, en l'absence de l'État, feraient l'avance des dépenses publiques, à charge par eux de rentrer dans ces avances aux dépens des consommateurs. L'État survenant, ce sont encore les producteurs qui devront faire l'avance de l'impôt, sauf à se couvrir exactement par le même procédé. Seulement leur avance étant moindre, moindre aussi sera la compensation qu'ils auront à demander. Tout le monde ainsi en définitive aura profité du bénéfice résultant de l'action salutaire de l'État : les producteurs en diminuant leur mise de fonds, les consommateurs, c'est-à-dire chacun de nous, en payant un prix moins élevé pour les jouissances et les nécessités de la vie.

C'est de ce raisonnement, après tout assez simple, que sort cette conclusion inattendue, à savoir que l'impôt normal, l'impôt considéré abstraitement et en théorie, devrait être prélevé sur le capital producteur de la société, figurer ensuite comme un des éléments du prix de revient de tous les produits, pour se retrouver, en fin de compte, dans la fixation des prix de vente. Ce n'est après tout que la conséquence de la définition donnée du rôle de l'État et du caractère de l'impôt. Si l'État n'est que l'entrepreneur des frais généraux de la production sociale, il est naturel que toutes les sommes qu'il prélève à ce titre soient portées par chaque production particulière au chapitre de ses frais.

La définition de l'impôt normal une fois donnée en ces termes, une comparaison, si facile à faire que l'auteur se dispense même de la développer, indique quel est, de tous les modes de contribution en vigueur dans les législations différentes, celui qui tend le plus à s'en rapprocher. Car on a déjà presque décrit le caractère et le fonctionnement des contributions indirectes. Ce sont celles-là en effet dont le producteur fait l'avance et dont le consommateur opère le remboursement. Quand la loi frappe d'un impôt une denrée quelconque, le sel, par exemple, celui qui paie le montant de l'impôt entre les mains du percepteur, c'est bien celui qui exploite la mine ou le marais salin, ou celui qui tire de la décomposition du sel des produits industriels ou pharmaceutiques. Mais la première chose qu'il fait, dès qu'il s'est mis en règle avec l'État, c'est de porter la somme entière qu'il vient de payer au chapitre de ses frais de production, et d'en charger *pro parte quâ* le prix de revient de tout ce qui sort de son usine et de son magasin : et il se croirait en perte et sur la voie de la faillite, s'il ne calculait pas son prix de vente de manière à en récupérer jusqu'au dernier centime. C'est exactement le mécanisme tout à l'heure défini de l'impôt normal. Sans doute, même ici, la perfection ne peut être atteinte parce qu'on ne peut frapper d'une taxe égale tous les emplois du capital producteur d'un pays. Mais l'imperfection inévitable à toute législation humaine étant donnée, celle-ci est la moindre qui puisse encore être imaginée.

Après l'impôt indirect, celui qui rentre le mieux dans les exigences de la théorie, c'est l'impôt foncier, directement perçu sur la terre, parce que tout cultivateur intelligent fait rentrer cet impôt dans ses frais de culture, soit directement, quand il exploite lui-même le sol, soit indirectement, quand il n'est que fermier, l'impôt figurant toujours comme un des éléments du bail qu'exige le propriétaire. Mais celui de tous les impôts qui s'écarte le plus de la règle, celui que la formule

théorique, comme on vient de la dégager, con-
damne le plus sévèrement, c'est l'impôt sur le revenu, qui part d'un principe tout différent, à
certains égards mêmes contradictoire, puisque
loin de tendre à se confondre avec les frais de la
production générale, sa prétention est d'atteindre
dans la caisse des capitalistes le revenu net que
la production y laisse quand tous ses frais sont
acquittés. L'impôt sur le revenu, loin donc d'être
l'imposition idéale proposée à l'admiration de
tous, et dont le seul défaut est d'être impossible à
réaliser, est au contraire le contrepied exact de
l'idéal théorique. Les inconvénients qu'il rencontre dans la pratique ne sont que la démonstration
des vices que la théorie lui reconnaît, et en quelque sorte l'exécution de la sentence dont elle le
frappe.

Je n'ai pas la prétention de reproduire ici toutes
les considérations que l'écrivain novateur apporte
à l'appui de sa doctrine ni les réponses anticipées
qu'il oppose aux graves objections qu'elle ne peut
manquer de soulever. Il faut les suivre dans le

détail qu'il leur a donné lui-même. En les ana-
lysant je risquerais de les affaiblir.

Je renonce même à regret à mettre en lumière
une démonstration très importante, à savoir, que
l'impôt sur le capital producteur n'est nullement
(comme on l'a dit) contraire à la justice distributive et ne favorise ni ne charge aucune classe de
citoyens au bénéfice ou au détriment d'une autre.
Je m'abstiens également de toucher à tout un ordre
d'argumentation qu'on peut appeler en quelque
sorte la contre-épreuve du système et qui tend à
établir que, quel que soit le mode employé par le
législateur pour l'établissement de l'impôt — de
quelque caisse qu'il ait la prétention de le tirer —
l'impôt finit toujours par retomber, après beaucoup d'actions et de réactions, sur le capital des
producteurs, qui n'ont d'autre ressource que de le
reporter en accroissement du prix de vente de
leurs produits. On aboutit ainsi, quelque voie
qu'on prenne, au même résultat, seulement après
plus ou moins de détours, par une série de répercussions et d'incidences qui se traduisent en ef-

forts perdus, en dépenses inutiles, en richesses in-
fructueusement consommées. D'où la conclusion
pratique qu'il faut toucher le moins possible aux
impôts existants, dont l'effet est produit et le classement opéré, tandis que tout impôt nouveau doit
passer par une suite d'épreuves coûteuses. C'est
une démonstration inverse qui ressemble assez au
rôle que joue en arithmétique la preuve d'une
opération, et qui, aboutissant au même résultat que
la démonstration directe, en accroît singulièrement la force. De trop longs développements seraient nécessaires pour que je puisse faire ici autre
chose qu'indiquer l'importance et l'intérêt de ce
nouvel ordre d'idées.

Je n'ajouterai donc plus qu'un mot sur ce sujet,
mais ce sera pour faire remarquer que depuis que
ces idées ont été conçues et exposées, les faits
semblent être venus leur donner une confirmation
que l'auteur assurément était loin de désirer, mais
dont il est permis de recueillir l'instruction. Rarement une nation a eu à supporter, rarement des
législateurs ont eu à imposer, en un jour, à leur

patrie une plus effrayante surcharge d'impôts que
celle dont la France a dû accepter le poids, en
1871, pour payer la rançon de sa délivrance. La
fortune publique et privée de la France a pourtant
supporté le fardeau avec une facilité qui cause une
surprise générale. Au nombre des causes qui ont
opéré cette merveille, ne faut-il pas placer ce fait
que, par un choix alors très contesté et effectivement très discutable, l'Assemblée nationale a
demandé presque tout ce supplément à la source
unique des contributions indirectes ? Ainsi la
répartition et le classement, pour ainsi dire, de
ces impositions nouvelles s'est accompli suivant
le mode qui vient d'être indiqué comme le plus
régulier et le plus naturel, c'est-à-dire au moyen
d'une avance de la production, couverte après coup
par les prix compensateurs demandés à la consommation? Nous payons tous assurément notre part
de la surcharge commune, et il n'est pas un de
nous qui ne s'en aperçoive, à l'accroissement de
ses dépenses, à la cherté de la vie, à la surélévation du prix de toutes les denrées, et en, fin de

compté, au bout de l'année, chacun a peut-être
plus payé sous cette forme détournée qu'on n'aurait
osé lui demander en taxant directement son revenu. Le sacrifice s'opère cependant, je ne dirai
pas sans gêne et sans souffrance, mais sans ruine
et sans désastre, sans même ralentir l'addition
régulière que l'épargne apporte chaque année à la
richesse publique. Qui pourrait dire que le même
résultat eût été atteint, et que la secousse n'eût
pas été plus profonde si le percepteur était venu
lui-même mettre la main dans la bourse de chacun de nous? N'est-ce pas là un indice que l'assiette des nouveaux impôts a été établie de manière à respecter, autant que des circonstances
aussi extraordinaires le permettaient, le cours naturel et comme la pente des faits économiques,
au lieu de les fausser et de les forcer par des déri-
vations arbitraires? Un impôt est d'autant moins
onéreux et d'autant plus productif, qu'il est assis
de manière à diminuer le plus possible les faux
frais, de même que le jeu d'une machine est d'autant plus aisé et plus efficace qu'on évite avec

plus de soin les frottements et les transmissions
de mouvement inutiles.

Je passe sans transition (car je n'ai nulle intention de substituer une sèche analyse à la lec-
ture même du livre) aux considérations sur la
liberté commerciale qu'on trouvera dans le même
volume, et c'est aux défenseurs de cette grande
cause, qui paraissait naguère gagnée dans l'opinion publique, et qui semble aujourd'hui com-
promise, que je me permets d'en conseiller l'étude.
Ils y trouveront, à la vérité, quelques restrictions,
auxquelles ils n'ont peut-être jamais songé, à l'application extrême de leurs théories, et qui peuvent paraître des avis donnés d'avance à l'eni-
vrement de leur victoire. Mais ils feraient d'autant
mieux, suivant moi, d'y prêter l'oreille, que la
voix qui leur parle est moins suspecte, et que c'est
au nom de leurs principes franchement adoptés
et très rigoureusement déduits qu'on leur demande de réfléchir avant d'en mettre en pratique
les dernières conséquences.

Quel est, en effet, le point fondamental au-

quel on peut ramener tout le système du libre
échange? C'est évidemment la distinction établie
dans chaque pays entre les industries naturelles
et les industries factices. Les industries naturelles
sont celles qui, favorisées par le climat, le sol,
et le tempérament des habitants, se développent
dans une contrée sans aucune protection, parce
que leurs produits, faits au meilleur marché possible ou atteignant un degré d'excellence qui les
fait préférer à tout autre, ne craignent aucun similaire étranger. Les industries factices, au contraire, sont celles qui, ne rencontrant pas ces
facilités premières, ne peuvent vivre sans une
protection qui rétablisse en leur faveur l'égalité
des conditions que la nature leur a refusées. Partant de cette distinction, qui est incontestable, les
théoriciens du libre échange ne nient pas que le
premier effet de l'introduction de leur système,
c'est-à-dire de l'abandon de toute protection légale, c'est de vouer à une mort certaine et plus
ou moins rapide toutes les industries factices.
Non seulement ils ne s'en défendent pas, mais ils

s'en consolent sans peine, et même ils s'en ap-
plaudissent. A leurs yeux, ce qui peut arriver de
plus heureux à une nation, le meilleur parti
qu'elle puisse prendre, c'est de consacrer toute
son activité et toutes ses ressources à ses industries naturelles, sauf à demander par voie d'é-
change aux autres nations ce qu'elle ne pourrait
se procurer que par le moyen d'industries factices. De la sorte elle réalisera la plus grande
somme de richesse possible, en combinant ce
qu'elle produit elle-même avec ce qu'elle obtient
par la voie du commerce. C'est cela même qui est
le libre échange, et on peut dire qu'il n'est que cela.

Que si l'on insiste et si l'on demande maintenant ce que deviendront, dans un pays qui a été
soumis au régime protecteur, soit le capital, soit le
travail consacré à ces industries condamnées à
périr avec lui, les libre-échangistes ne sont ni
embarrassés ni affligés de répondre que ce travail
et ce capital se déplaceront naturellement et d'eux-
mêmes pour aller s'engager au service des industries naturelles.

Tout capital, en effet, cherche sa rémunération et tout travail son salaire. Du moment où des industries abandonnées par la protection ne rendront plus de profit à ceux qui les exercent, ceux-là fermeront leurs ateliers pour engager leurs fonds dans des emplois plus fructueux; les ouvriers, de leur côté, trouvant les portes de l'atelier fermées, iront offrir ailleurs la force de leurs bras. Sans doute cette liquidation ne s'opérera pas sans quelque perte et quelque souffrance. Le capital déplacé laissera sur le sol quelques bâtiments vides et des machines inactives. L'ouvrier adulte, vieilli dans un métier, en apprendra difficilement un nouveau. Mais ce sont là des maux temporaires et partiels auxquels quelques mesures de législation provisoire ou de bienfaisance peuvent pourvoir, et qui ne doivent pas priver une nation entière du bienfait d'un résultat général et durable. Encore espère-t-on que ces souffrances de quelques-uns seront compensées en partie pour ceux mêmes qu'elles atteignent par le développement de la richesse

de tous : pour les capitalistes, par la rémunération plus abondante du nouvel emploi qu'ils
feront de leur argent; pour les ouvriers, par
l'abaissement du prix des denrées nécessaires à
la vie.

Aucune de ces considérations n'est contestée,
aucune de ces conclusions n'est combattue en
principe dans le traité que je publie. Il est pleinement accordé, en premier lieu, que les industries
naturelles, étant plus productives, pour la même
somme donnée de capital et de travail, que les industries factices, la quantité de richesses produite
doit être sensiblement augmentée par la substitution des unes aux autres. Il n'est pas contesté
davantage que l'effet plus ou moins lent, plus ou
moins rapide, mais certain, de l'abandon du régime protecteur est d'opérer ce déplacement
avantageux du capital et du travail. Cette trans-
lation s'opère fatalement, à peu près comme celle
du liquide qui cherche son niveau. Mais, ces conséquences une fois pleinement admises, une question se pose, à laquelle, comme elle n'a pas été

faite jusqu'ici, il n'est pas étonnant qu'aucune réponse n'ait été présentée.

Est-il parfaitement certain que ce déplacement de capital et de travail attendu, espéré, comme la suite nécessaire et le fruit de la liberté commerciale, s'opérera dans l'intérieur même du pays où cette liberté vient remplacer un régime de protection? Ce capital et ce travail engagés, si l'on veut, égarés dans des industries factices, est-on assuré que, pour chercher un emploi plus naturel et plus productif, ils n'émigreront pas vers d'autres contrées? Et si cette émigration avait lieu dans des proportions notables, ne pourrait-il pas en résulter pour le pays ainsi délaissé un appauvrissement immédiat qui préviendrait, paralyserait même complètement, du moins sur ce point du globe, le développement de richesse attendu de la liberté commerciale? En d'autres termes, il n'est pas douteux que la richesse générale de l'humanité est accrue toutes les fois qu'on remplace une industrie artificiellement protégée par une industrie naturellement féconde; et si

tout le monde civilisé ne faisait qu'un seul peuple, comme au temps de l'empire Romain, cette
nouvelle répartition des forces productives n'aurait que les inconvénients partiels et passagers
dont on parle, et auxquels la raison conseillerait,
en effet, de se résigner. Mais comme ce monde
est aujourd'hui beaucoup plus étendu qu'autrefois et divisé entre plusieurs nations, il n'est pas
également certain que toutes ces divisions pro-
fitent au même degré, que quelques-unes même
ne souffrent pas de l'enrichissement général. On
peut même jusqu'à un certain point être certain
du contraire.

Les diverses nations, en effet, qui se partagent
aujourd'hui l'ancien et le nouveau monde, sont des
réunions d'hommes autrefois formées, aujourd'hui
retenues ensemble par de tout autres considérations que celles des faits économiques. Elles n'ont
jamais songé à se partager le monde en lots égaux
d'une égale fertilité naturelle. C'est la politique,
c'est l'histoire, c'est la sagesse et l'habileté des
souverains, c'est le sort des armes, ce sont les

mille jeux de la force et de la liberté qui ont, soit
réuni sous la même loi, soit réparti entre des
lois différentes les populations et les territoires.
Croire que chacune de ces agglomérations ainsi
arbitrairement formées a reçu du ciel une dose
égale de faveur, et qu'en laissant la nature agir
elle traitera chacun de ces enfants qu'elle n'a pas
portés dans son sein comme le Code civil traite
les enfants d'un même père, c'est une assertion
parfaitement gratuite et qui n'est nullement vrai-
semblable. Il faut s'attendre que la substitution du
régime naturel au régime factice amènera sur la
surface du globe une répartition nouvelle de richesses et de biens, dans laquelle, la masse totale
demeurant accrue, plus d'un des co-partageants
pourra pourtant se plaindre d'avoir plutôt perdu
que gagné. On comparait tout à l'heure, par une
métaphore souvent faite, le capital qui se déplace
pour chercher un emploi avantageux au liquide
qui cherche son niveau. L'assimilation est plus
juste encore qu'elle n'a l'air et peut être poussée
plus loin Sans faire tort à la vérité ni à aucun

système, on peut comparer le cours de la
richesse générale de l'humanité à un grand
fleuve incessamment alimenté par deux sources,
le capital et le travail, et le régime protecteur
à un barrage qui détourne les eaux fluviales vers
des plaines qu'elles n'auraient pas naturellement arrosées. Quand la liberté lève la digue,
l'onde suit sa pente, reprend son cours, et va bai-
gner des rives nouvelles avec un surcroît de fécondité et de force, mais en abandonnant parfois à la
stérilité et au sable les plages dont elle se retire.

Je ne veux faire encore ici qu'appeler l'attention
et en quelque sorte diriger le regard vers l'horizon
nouveau que cet ordre d'idées me paraît ouvrir
aux spéculations économiques. Je n'ai pas la prétention d'en tirer les règles pratiques qui peuvent
en être déduites pour la conduite des hommes
d'État ou des législateurs, appelés à modifier les
bases du régime commercial de leur patrie.
Encore moins voudrais-je prétendre (pas plus
que l'auteur, dont je ne fais que reproduire les
idées) que la triste perspective réservée peut-

être à certains pays par l'application générale de la liberté commerciale, soit l'avenir prédestiné d'un territoire aussi favorisé par le ciel, aussi fécond en industries naturelles que celui de France. Je n'examine pas si l'oubli de ces considérations n'est pas pour quelque chose dans les souffrances de certaines provinces de France et dans les surprises dont l'opinion publique demande en ce moment si sévèrement compte au libre échange. La seule conclusion pratique qui me paraisse incontestable est celle-ci, c'est que toutes les fois qu'en modifiant les lois commerciales on met des industries existantes dans le cas de subir une liquidation forcée, on place ceux qui s'y adonnent, capitalistes ou ouvriers, dans cette alternative, ou de quitter l'emploi qui leur est familier, s'ils veulent demeurer dans leur patrie, au risque de n'en pas trouver d'autre suffisamment rémunérateur — ou de quitter leur patrie, s'ils trouvent trop de difficultés et trop peu de profit à changer d'emploi. C'est le choix qu'on leur donne.

Ajoutons maintenant que le parti qu'ils prendront entre ces deux genres de sacrifices est beaucoup plus douteux aujourd'hui que dans les temps passés. Autrefois, la distance, la différence des mœurs, la diversité des législations, les antipathies nationales faisaient considérer à tous comme une extrémité redoutable l'abandon du lieu natal et la résolution de s'aventurer au dehors. L'argent, comme l'homme, s'expatriait avec peine et sans sécurité suffisante. Il n'en est plus de même aujourd'hui. Les chemins de fer et les bateaux à vapeur transportent en quelques jours d'une extrémité à l'autre des mondes des populations émigrantes. Une lettre de change ou un chèque transfèrent en un clin d'œil des millions qui, grâce à l'uniformité croissante des mœurs et des lois, se trouvent partout à peu près également garantis. N'oublions pas non plus que de vastes contrées naguères étrangères ou rebelles à l'industrie — l'Amérique devenue manufacturière, les Indes pacifiées et percées de chemins de fer par la domination anglaise — offrent maintenant à tout ce qui veut travailler et produire des territoires vierges et des forces naturelles intactes qui peuvent exercer sur les capitaux comme sur les imaginations un attrait irrésistible. Il y a là des considérations importantes que des législateurs prudents, une fois avertis, ne peuvent méconnaître.

Il convient même de remarquer encore, ce que l'auteur ne dit pas explicitement, mais ce qui se dégage naturellement de sa pensée, c'est que, pour que le résultat qu'il indique ait effectivement lieu, pour que, par suite de la liberté des échanges, une altération d'équilibre s'opère dans la richesse comparative des diverses nations, il n'est pas nécessaire de supposer une émigration proprement dite, un déplacement matériel d'argent et d'hommes. Il suffit que, de deux pays autrefois séparés par des barrières que supprime le libre échange — l'un, moins bien traité originairement par la nature, voie son capital, privé d'emplois jusque-là fructueux, se reproduire difficilement, tandis que dans l'autre l'ouverture de débouchés nouveaux imprime à la population comme à la richesse un

mouvement d'accroissement accéléré : il suffit
qu'il y ait hésitation et langueur chez celui-ci,
surexcitation chez celui-là — pour que le compte
final se solde par une balance inégalement avantageuse aux deux parties. Or en ce monde rien
n'est absolu : tout (surtout la richesse et la puissance qui en découle) est affaire de relation et de
proportion. Rien non plus n'est stationnaire : une
loi de progrès est imposée aux peuples sous peine
de déchéance. Dans chaque pays il faut augmenter, en raison du nombre croissant des hommes
que porte le territoire, la quantité de biens destinés à soutenir leur existence ou à améliorer leur
condition. Dans cette concurrence, qui ralentit
seulement sa course perd son rang. Un pas rétrograde n'est pas nécessaire : un temps d'arrêt
seulement, c'est le déclin et la décadence.

Ces considérations de diverses natures eussent
été reproduites sans doute, et développées suivant
un ordre plus systématique dans le traité général
dont mon père avait formé le plan et dont les premiers chapitres (les seuls que j'aie pu retrouver)

complètent ce volume. Ces fragments d'un tout inachevé ne constituent en réalité qu'une *Introduction à l'étude de l'Économie politique*, tout entière consacrée à définir l'objet de la science elle-même, les notions principales qui en forment les éléments, et même les termes dont elle se sert habituellement. J'aurais hésité à présenter au public un travail si peu avancé, si je n'avais cru remarquer que des définitions exactes sont peut-être ce qui manque le plus et ce qui serait le plus nécessaire à la science économique pour asseoir ses principes, terminer les contestations qui s'élèvent dans son propre sein, et se justifier même des reproches auxquels elle est trop souvent en butte. Un vocabulaire bien fait assignant à chaque idée comme à chaque fait une désignation propre qui lui convienne, qui ne puisse être appliquée à aucun autre et à laquelle tous les lecteurs prêtent le même sens, — c'est, on le sait, l'indispensable condition des progrès de toute science. Point de physique possible, si les physiciens n'étaient pleinement d'accord sur ce qu'ils appellent l'électricité et la gravitation. Point de chimie, si les chimistes diffèrent sur ce qui constitue un corps solide, liquide ou gazeux, un acide ou un sel. Quiconque s'est occupé un peu d'économie politique sait que cette précision et cet accord nécessaires sont des avantages dont ce genre d'études est encore loin de jouir. Il est peu d'économistes qui, en parlant de *richesse*, de *valeur*, de *production*, de *consommation*, attribuent à ces mots exactement la même signification. Il n'est pas même rare d'en trouver qui, dans le cours d'un même traité, les prennent dans des acceptions différentes. Confusion et discordance facilement explicables par ce fait que la science économique, qui s'est formée tard, porte cependant sur des objets qui n'ont rien de nouveau, et dont tous les hommes dans tous les temps, par la nécessité de leur condition, avaient dû se préoccuper. On a parlé de *richesse* et de *valeur* bien avant de rechercher les lois en vertu desquelles la richesse se crée et la valeur se règle. L'usage ici a précédé l'étude et mis en circulation une langue vulgaire qu'il est malaisé de ramener

à la rigueur scientifique. De là pour l'économiste
une alternative embarrassante. Si, pour traduire
nettement sa pensée, il hasarde des mots nouveaux, il étonne et déconcerte son auditeur. S'il se
contente d'expressions usuelles, leur acception
vague et indécise réveille des souvenirs confus et
prête à des malentendus. Mettre à la disposition de
la science économique un choix de termes appro-
priés, joignant la simplicité du langage familier
à la précision du langage technique, aisément
compris de tous, sans pouvoir être détournés
d'un sens déterminé; c'est un service que mon
père avait voulu lui rendre et dont je me ferais
scrupule de la priver.

De toutes les définitions dont l'exactitude est
ainsi recherchée, il en est une dont l'intérêt
prime évidemment toutes les autres, c'est celle
qui porte sur l'objet même de l'économie politique.
Aussi est-ce la matière d'un traité entier, le dernier auquel l'auteur ait mis la main. On trouvera
peut-être surprenant qu'un siècle après Turgot
et Adam Smith, un traité ait paru encore né-

cessaire sur un point si élémentaire. Je doute pourtant que les lecteurs attentifs trouvent rien d'excessif ni de superflu dans les développements qui devront passer sous leurs yeux. Non seulement, en effet, dans tout ouvrage dogmatique, il est naturel de débuter par expliquer avec soin ce qu'on se propose de chercher et ce qu'on a l'espérance de découvrir, mais, dans le cas particulier de l'économie politique, la question souvent controversée de l'objet et des limites de la science prend une importance capitale. A ne rien méconnaître, à ne rien confondre, et surtout à ne rien exagérer en cette matière, il y va de l'autorité légitime, j'ai presque dit de l'honneur de la science elle-même. N'entendons-nous pas chaque jour reprocher à l'économie politique d'être une science égoïste — quelques-uns vont même jusqu'à dire immorale — uniquement occupée de la recherche du bien-être, et inspirant par là le dégoût des sentiments élevés, l'oubli du patriotisme, le mépris même des scrupules de la conscience? L'accusation ne serait, je ne dis pas fondée, mais spécieuse, que si on reconnaissait à l'économie politique une compétence si étendue qu'elle eût le droit de dicter soit aux gouvernements, soit aux individus des règles de conduite souveraines, dont l'autorité ne dût s'incliner devant aucune autre. Et l'on ne peut nier que le ton impérieux, les préoccupations exclusives de quelques disciples passionnés de certaines écoles n'aient parfois porté l'empreinte d'une telle présomption. Mais il serait injuste de la prêter à la science elle-même, comme il serait dangereux de lui en laisser prendre l'habitude.

Pour en faire disparaître même l'apparence, il suffit, mais il importe de se faire une idée juste du véritable objet de l'économie politique et de lui assigner ses véritables bornes. Ne perdons donc jamais de vue que l'éconoние politique n'enseigne qu'une chose: la manière dont se forme et se distribue la richesse; et elle ne tire de cet enseignement d'autres conseils que ceux qui tendent au plus grand accroissement et à la meilleure répartition possible de ces biens matériels. Mais elle n'a nullement la prétention — et personne n'a le droit de l'élever en son nom — que la richesse soit l'unique ou le premier but proposé à l'activité humaine. Être riche n'est pas le premier des intérêts, pas plus que faire ce qu'il faut pour le devenir n'est le premier des devoirs. Il est même des cas, et qui ne sont pas rares—les économistes auraient mauvaise grâce à le contester — où c'est la conduite contraire qui est imposée aux hommes dans leurs rapports publics et privés. Sans doute le monde est ainsi fait, grâces à Dieu, que dans le cours ordinaire des choses le bien moral et matériel, l'intérêt bien entendu et le devoir marchent d'accord, — et l'honnêteté est habituellement la meilleure recette pour s'enrichir. Mais l'habitude n'exclut pas l'exception, sans quoi le dévouement et le sacrifice ne seraient que de vains mots, et le désintéressement cacherait un calcul d'égoïsme déguisé. Il peut donc parfaitement arriver, il arrive même tous les jours que la morale et l'économie politique tombent en désaccord sur une résolution à prendre ou une conduite à tenir; que l'une prescrit ce que l'autre, livrée à elle-même, déconseillérait, sans qu'aucune des deux soit dans son tort. Seulement, dans le conflit, c'est à l'économie politique à céder le pas, ou plutôt c'est à la conscience de chacun à maintenir la préséance qui appartient à la morale.

La question se présente absolument sous le même aspect à ceux qui gouvernent les États. A la vérité, c'est plus rarement avec la morale, plus souvent avec la politique proprement dite que, dans les conseils des gouvernements, l'économie politique peut se trouver aux prises. Sans doute, encore ici, la richesse est pour une nation un puissant élément de force et de grandeur. Ce n'est pourtant ni le seul, ni même souvent le principal. L'histoire ne nous montre-t-elle pas plus d'une nation prospère qui a décliné et péri par l'excès de sa félicité même, et pour avoir laissé étouffer les vertus militaires ou civiques dans les délices du bien-être et dans les préoccupations du lucre? Une politique généreuse et patriotique a donc non seulement le droit, mais souvent l'obligation de dédaigner la richesse parce qu'elle aspire plus haut,

et de demander à un peuple le sacrifice momentané ou même définitif d'une partie de son opulence : ce qu'elle ne peut pourtant faire sans dé-
roger en une certaine mesure aux règles de l'économie politique. Il ne s'ensuit pas que ces règles soient
fausses, ni que l'économie politique soit coupable
de les avoir fait connaître. La seule conclusion à
en tirer, c'est qu'il y a pour une nation un but
plus élevé, et même un gain plus solide à poursuivre que l'accroissement de la richesse.

Reproche-t-on à la médecine de ne prendre soin
que de la santé du corps? Et cependant il est des
cas où le citoyen, le père de famille doit risquer
cette santé, et même sa vie pour le salut des siens
ou de sa patrie. Chacun alors est dans son rôle et
doit y rester : le médecin s'acquitte de sa tâche en
avertissant du péril : en négligeant l'avis, l'homme
de bien, l'homme d'honneur, l'homme d'État fait
son devoir. Gardons-nous pareillement de demander à l'économie politique, plus qu'à la médecine
et à l'histoire naturelle, d'être religieuse, chré-
tienne, désintéressée. Ce serait élever plus d'exi-

gences qu'elle n'a qualité pour en satisfaire. C'est à nous d'avoir ces vertus, et de fermer l'oreille aux conseils, de quelque part qu'ils viennent, qui nous détourneraient de les pratiquer. Tout ce que nous pouvons réclamer de l'économie politique c'est qu'elle reste dans sa sphère et qu'elle se tienne à la place élevée encore bien que secondaire, qui lui appartient dans l'échelle des sciences qui prétendent à diriger la vie sociale. Cette réserve d'ailleurs est dans son véritable intérêt : car en limitant ses prétentions, elle assure son indépendance dans le champ des recherches qui constituent véritablement son domaine. C'est la conclusion sur laquelle s'arrête l'*Introduction à l'Économie politique*. Il est temps de laisser maintenant l'auteur parler lui-même.

Juin 1879.

LES IMPÔTS

ET

LES EMPRUNTS

LES IMPOTS ET LES EMPRUNTS [1]

(1849)

On tient pour maxime en économie politique, on tient presque pour axiome, que l'impôt doit être prélevé sur le revenu net de la société, c'est-à-dire sur cette partie de la production annuelle qui n'est point annuellement absorbée par le renouvellement ou l'entretien du capital social. On tient qu'imposer le capital, c'est tarir la production dans sa source, égorger la poule aux œufs d'or, manger son blé en herbe, couper l'arbre par le pied pour en cueillir les fruits : il existe, sur ce sujet, une profusion de fort belles métaphores. On reconnaît néanmoins qu'il n'est pas toujours facile de préserver le capital social des atteintes de l'impôt, lors même que l'impôt est

---

1. Cet écrit a été composé en 1849 à l'occasion d'une proposition faite par M. Hippolyte Passy à l'Assemblée Législative pour établir un impôt sur le revenu.

censé porter exclusivement sur le revenu. Mais quand
cela arrive, on le déplore. S'il était possible, sans recourir à des perquisitions trop vexatoires, ou même
en y recourant, d'évaluer exactement le revenu net
et liquide de chacun des membres dont la société se
compose, la somme que chacun des membres de la
société est libre de consacrer, chaque année, à ses
besoins ou à ses plaisirs, et de taxer personnellement
chacun en porportion de la part qu'il obtient dans le
revenu net du pays, les économistes estiment qu'un
tel impôt serait non seulement le meilleur et le plus
juste qu'on puisse imaginer, mais le seul impôt qu'il
fût à propos d'établir, tous les autres ayant pour
unique but de suppléer à celui-là et d'atteindre le
revenu net par des voies diverses et des procédés indirects. Mais, à leur avis, il est impossible d'arriver
à connaître, même approximativement, le revenu net
de chaque contribuable.

« On peut ranger sous deux chefs, dit M. Say, les
différentes manières qu'on emploie pour atteindre
les revenus des contribuables : ou bien on leur demande directement une portion des revenus qu'on
leur suppose : c'est l'objet des *contributions directes;*
ou bien on leur fait payer une somme quelconque
sur certaines consommations qu'ils font avec leurs

revenus : c'est l'objet de ce qu'on nomme en France les *contributions indirectes*... Si l'on pouvait compter sur la bonne foi du contribuable, un seul moyen suffirait, ce serait de lui demander quels sont ses profits annuels, quel est son revenu. Il ne faudrait point d'autre base pour la fixation de son contingent ; il n'y aurait qu'un seul impôt, et jamais impôt n'aurait été plus équitable [1]. »

« Les sujets de chaque État, dit Adam Smith, doivent contribuer aux dépenses du gouvernement, autant qu'il se peut, en proportion de leurs facultés respectives, c'est-à-dire en proportion du revenu dont ils jouissent sous la protection de l'État ; du respect ou de l'inobservation de cette maxime dépend ce que l'on nomme l'égalité ou l'inégalité en matière d'impôt [2]. »

« L'impôt, dit Ricardo, est cette portion du produit de la terre et de l'industrie d'un pays qu'on met à la disposition du gouvernement. En définitive, cette portion est toujours payée par le capital ou le revenu de la nation. L'impôt n'atteint pas nécessairement le capital, par cela seul qu'il est assis sur des capitaux, ni ne porte nécessairement sur le revenu, parce qu'il est assis sur le revenu. Il est dans l'intérêt de tout

1. *Traité d'économie politique*, l. III, ch. x.
2. *Richesse des nations*, l. V, part. II, ch. II.

gouvernement de ne jamais lever des impôts qui atteignent inévitablement les capitaux, car on attaque ainsi le fonds destiné à l'entretien de l'industrie, et on diminue par conséquent la production future du pays [1]. »

M. Macculloch, en donnant son approbation à la maxime d'Adam Smith, se borne à faire observer que l'égalité n'est pas la seule considération dont on doive tenir compte en matière d'impôt [2], et M. Mill n'y reconnaît qu'une exception : selon lui on ne devrait pas taxer le strict nécessaire de chaque famille [3].

L'un et l'autre se prononcent, néanmoins, contre l'établissement d'un impôt direct sur le revenu des contribuables.

« Il est impossible, dit M. Macculloch, de constater avec un certain degré d'exactitude les revenus en général, et, supposé qu'on y réussît, de les taxer équitablement [4]. »

« L'impôt sur le revenu, convenablement réparti, dit M. Mill, serait le plus juste de tous; mais, je le dis à regret, l'impossibilité de vérifier le revenu des contribuables est une insurmontable objection [5]. »

1. *Principes d'écon. pol.*, ch. viii.
2. *Treat. on the princ. and pract. influence of taxations*, p. 18.
3. *Principles of polit. econ.*, t. II, l. V, ch. ii, p. 350 et suiv.
4. *Ibid.*, p. 118.
5. *Ibid.*, p. 379.

Les financiers sont moins absolus.

Tout en partageant, sur les impôts, les principes des économistes, ils ne renoncent point à taxer, de temps en temps, les capitaux, témoin. les droits établis, dans tous les pays, sur les successions et les mutations de propriétés. Ils ne renoncent pas absolument non plus à l'impôt sur le revenu, témoin la dîme royale de Vauban [1]; mais les plus récents et les plus accrédités ne l'admettent que sous deux conditions : 1° que la taxe proportionnellement demandée soit légère, sans cela les inégalités dans la répartition deviennent intolérables; 2° que tous les autres impôts sur le revenu n'interviennent qu'à titre d'appoint. On peut consulter, à ce sujet, les discussions auxquelles a donné lieu, en 1843, dans le Parlement d'Angleterre, l'introduction de l'*income tax* [2], et la proposition soumise à l'Assemblée législative de France par M. Passy, en 1849 [3].

« L'impôt unique, reposant sur les revenus exactement connus de chacun, dit M. Thiers, est un pur idéal impossible à réaliser; les Anglais l'ont essayé, mais ils sont si assurés de se tromper, qu'ils s'ef-

---

1. *Collect. des économ.*, t. I, p. 1, 152.
2. *Parliament Deb.*, third series, t. LXI, p. 482 et suiv., 839 et suiv.
3. *Monit.* de 1849. 3e trimestre, p. 2 710.

forcent de corriger les inévitables erreurs de cet impôt en le rendant très modique, puisqu'il est de
3 p. 100, c'est-à-dire d'un trente-troisième du
revenu (M. Passy ne l'élevait pas au-dessus de
1 p. 100), et ne l'emploient sous la désignation
d'*income tax* qu'à titre de supplément, dans les
temps difficiles, et en ayant soin d'en exempter les
petits revenus, comme qui dirait une sorte de sou-
scription demandée aux classes aisées pour venir au
secours du trésor en détresse [1]. »

Faut-il souscrire à ces idées généralement admises?

Ne serait-il pas permis de contester aux économistes la vérité de leur théorie, aux financiers l'utilité de leur expédient?

C'est ce qu'on se propose d'examiner ici.

Commençons par les premiers.

1° Si l'idée sur laquelle se fonde la théorie des économistes, en matière d'impôt, était vraie; s'il était
vrai que l'impôt dût être exclusivement ou même
principalement prélevé sur le revenu net de chacun
des membres dont se compose le corps social, il en
résulterait cette conséquence singulière qu'au lieu
d'être, comme on l'a pensé jusqu'ici, comme le pro-

---

1. *De la propriété*, p. 369.

fessent les économistes eux-mêmes, une condition onéreuse dans l'état de société, un mal nécessaire, l'impôt serait, pour les contribuables, un véritable bienfait; qu'au lieu d'appauvrir la nation et les citoyens, il les enrichirait, qu'il agirait sur le corps et sur les membres comme une cause de prospérité et comme un principe de vertu.

Comment s'enrichissent, en effet, les sociétés? Comment s'enrichissent les individus?

En se soumettant à des privations dans l'intérêt de l'avenir. En s'abstenant de consommer annuellement la totalité de leur revenu, en capitalisant chaque année une portion de leur revenu, et en l'employant dans un but d'utilité.

La prévoyance et l'économie tiennent le premier rang parmi les vertus sociales; ce sont les sources de la prospérité publique et privée.

Or l'impôt, dans la théorie des économistes, opérerait, sur les contribuables, précisément comme opèrent la prévoyance et l'économie. Il prélèverait une portion du revenu de chaque contribuable; il capitaliserait cette portion entre les mains de l'État. L'État serait pour les contribuables, en quelque sorte, une providence au petit pied, ou, si l'on veut, ce serait un tuteur qui forcerait ses pupilles à économiser sur

leurs revenus, en se chargeant de placer le capital
qui proviendrait de ces économies utilement pour le
pays et, par conséquent, pour eux-mêmes, puisque
la prospérité publique n'est que la somme des pros-
pérités privées.

Et comme, en pareil cas, plus le tuteur se montre
exigeant envers le pupille, plus il économise, plus il
capitalise à son profit, plus il l'enrichit, il s'ensuivrait que, plus l'État retrancherait sur le revenu des
contribuables, plus il les enrichirait.

Plus la société serait imposée, plus elle deviendrait
riche.

La conséquence est si rigoureuse, et l'absurdité si
criante, qu'il suffit de l'énoncer pour faire justice du
principe ; et qu'il ne reste plus qu'à chercher où gît
précisément l'erreur qui a prévalu jusqu'ici.

L'erreur gît dans l'idée fausse, ou du moins dans
l'idée très incomplète que les économistes et les
financiers se forment du but même de l'impôt, de
la nature des dépenses publiques, et du rôle que
l'État est appelé à remplir dans l'économie sociale.

Le but de l'impôt, disent-ils, est de pourvoir aux
dépenses publiques; or les dépenses publiques sont
essentiellement improductives. « Les valeurs levées
sur les contribuables, dit M. Say, sont en général dé-

pensées d'une manière improductive [1]... les dépenses improductives du gouvernement, bien loin d'être favorables à la production, lui sont prodigieusement préjudiciables [2]. »

« Le souverain, dit Adam Smith, avec tous les officiers, soit de justice, soit de guerre, qui sont sous ses ordres, l'armée, la marine, sont des travailleurs improductifs. Ils sont les serviteurs du public, et sont maintenus par une partie du produit annuel de l'industrie des autres citoyens. Leur service, quelque honorable, quelque utile, quelque nécessaire même qu'il puisse être, ne produit rien qui se puisse échanger ultérieurement contre une égale quantité de services [3]. »

Dès lors ces dépenses improductives ne doivent pas être supportées par le fonds productif de la société, c'est-à-dire par son capital, elles doivent être supportées par le fonds de consommation de la société, c'est-à-dire par son revenu.

L'État, disent encore les économistes et les financiers, garantit à tous les membres de la société la jouissance de leurs revenus; il est juste et naturel que

1. *Trait. d'écon. pol.*, l. III, ch. IX.
2. *Ibid.*
3. *Rich. des nat.*, l. II, ch. III.

chacun lui paie le prix de cette garantie, en lui faisant abandon d'une partie de ce revenu. C'est le sentiment de M. Say, ainsi qu'on vient de le voir, c'est celui d'Adam Smith, c'est celui de leurs principaux disciples, c'est celui des financiers les plus éminents [1].

« L'impôt, dit M. Thiers, doit être proportionné aux facultés de chacun, et par les facultés il faut entendre non seulement ce que chacun gagne, mais ce que chacun possède. Ainsi l'individu protégé dans son travail par celui qui monte la garde, juge ou administre, est protégé non seulement dans son travail personnel, mais dans le travail accumulé de ses pères, qui s'est converti en bonnes terres, en belles habitations, en riches mobiliers. Tout cela représente un revenu de 10, 20, 100 francs peut-être par jour. On le lui conserve; il faut qu'il paie une rémunération pour la protection de son bien antérieurement acquis, comme pour la protection du bien qu'il acquiert chaque jour [2]. »

Autant de mots, ce nous semble, autant de méprises.

1. Macculloch, *On Taxat.*, p. 19. — Mill, *Princ. of pol. Econ.*, t. II, l. V, ch. II.
2. *De la propriété*, p. 347-348.

Les dépenses de l'État sont essentiellement improductives !

Qu'est-ce à dire?

Les dépenses improductives, ce sont celles qui ne
concourent en rien, qui ne concourent, ni de près,
ni de loin, ni directement, ni indirectement, à la
production; ce sont les dépenses faites en pure perte,
et sans but ultérieur.

Les dépenses que fait l'homme oisif pour vivre
dans l'oisiveté, sont des dépenses improductives; les
dépenses que fait l'homme laborieux, en dehors de
son entretien personnel, par delà ce qui est nécessaire pour conserver ses forces intellectuelles et
physiques, sont des dépenses improductives; mais
toutes les dépenses nécessaires à la production,
toutes les dépenses qui concourent de près ou de
loin à la production, qui y concourent directement
ou même indirectement, toutes les dépenses à défaut
desquelles la production, un genre quelconque de
production ne saurait être commencé, poursuivi,
conduit à bonne fin, sont des dépenses productives,
soit qu'elles servent à solder un travail intellectuel
ou un travail matériel, soit qu'elles se résolvent immédiatement ou non, prochainement ou non, en
produits matériels.

A ce titre, les dépenses publiques sont, comme on va le voir, les plus productives de toutes, celles qui produisent le plus à dépense égale.

L'État garantit à chacun de nous la jouissance paisible de son revenu ; c'est au revenu de chacun de nous à lui payer le prix de cette garantie !

Qu'est-ce à dire encore ?

Est-ce que l'État, de nos jours, est un seigneur du moyen âge, ayant droit de rançon sur les petites gens, un protecteur intéressé dont on soit réduit à acheter la protection ?

L'État n'est qu'un mandataire, un simple mandataire à qui ses clients, les producteurs (et j'entends par là les propriétaires fonciers qui font valoir leurs terres par eux-mêmes ou par leurs agents ; les capitalistes qui font valoir leurs capitaux par eux-mêmes ou par leurs agents, les hommes laborieux qui emploient leur intelligence et leurs bras), à qui ses clients, dis-je, ouvrent un crédit sur eux-mêmes, à charge par lui de faire pour chacun d'eux ce que, sans cela, chacun d'eux serait obligé de faire en son lieu et place.

Supposons, pour un instant, l'action de l'État suspendue, paralysée, les services publics interrompus: qu'arriverait-il ?

Que tous les producteurs du pays, propriétaires, capitalistes, hommes d'intelligence, hommes de main-d'œuvre, seraient contraints d'y suppléer, chacun pour sa quote-part.

Si l'État cessait d'entretenir des gendarmes, pour les préserver des voleurs, chacun serait forcé d'interrompre ses travaux pour faire sentinelle autour de son domicile ou de prendre à loyer des gens de bonne volonté pour lui rendre ce bon office. C'est la situation où se trouvaient jadis les seigneurs dans leurs châteaux, les paysans dans leurs chaumières, les artisans dans les bourgs et dans les villes.

Pense-t-on qu'en pareil cas le propriétaire d'un champ ou d'une usine considérât comme une dépense improductive le salaire qu'il allouerait à ces hommes de bonne volonté, tandis qu'il considérerait comme une dépense productive le salaire qu'il alloue à un garde-chasse ou à un garde-magasin ?

Si l'État cessait d'entretenir les routes, les canaux, les grandes voies de communication, chacun serait forcé ou de prendre lui-même la pelle et la pioche, sous peine de ne pouvoir sortir de chez soi et porter ses denrées au marché, ou de prendre à son service des ingénieurs et des terrassiers, exactement comme fait aujourd'hui un propriétaire foncier qui veut

percer une route dans ses bois ou construire un pont
sur le cours d'eau qui les traverse.

Considérerait-il, en pareil cas, la première dépense
comme improductive, tandis qu'il considère la dernière comme productive?

Ce serait la corvée en grand; ce serait la prestation en nature universelle. La corvée était-elle autrefois, la prestation en nature est-elle aujourd'hui une
dépense improductive?

Ainsi du reste.

Tous les travaux qu'exécute l'État, toutes les dépenses qu'il acquitte, au nom et dans l'intérêt de la
société tout entière, sont non seulement des travaux
productifs, des dépenses productives, mais ce sont
les plus productifs de tous les travaux, les plus productives de toutes les dépenses, car ce sont, à proprement parler, *les frais généraux* de la production sociale.

De même que, dans toute grande entreprise, il y a
des frais particuliers afférents à chaque branche de
l'entreprise, et des frais généraux qui viennent indistinctement à la décharge de chaque catégorie de
frais particuliers, de même, dans l'immense atelier de
la société, il y a des frais particuliers afférents à
chaque nature de production, à chaque classe de

producteurs, et des frais généraux qui viennent indistinctement à la décharge de toutes les natures de
productions, de toutes les classes de producteurs.

Ces frais généraux, ce sont les dépenses publiques.

Et comme les frais généraux, dans toute entreprise, sont d'autant moindres, proportion gardée aux
frais particuliers, que l'entreprise opère sur une plus
vaste échelle, de même, dans l'immense atelier de la
société, immense est la disproportion entre l'ensemble des frais généraux et l'ensemble des frais
particuliers, de telle sorte qu'une même somme, dépensée par l'État (bien dépensée, s'entend, utilement dépensée), contribue à la production totale dix
fois, cent fois, mille fois peut-être et plus encore, que
ne le fait la même somme bien et utilement dépensée
par un producteur particulier.

Les dépenses publiques s'élèvent, en France,
chaque année, à 700 millions environ, distraction
faite de la dette publique, des frais de perception, de
régie et autres non-valeurs. Distribuez cette somme
de 700 millions entre tous les producteurs de France
au *prorata* de leur capital respectif, c'est-à-dire au
prorata de la somme que chacun d'eux emploie,
chaque année, en dépenses productives, et voyez
quelle figure fera leur quote-part dans ce rapproche-

ment. Transformez ces frais généraux en frais particuliers; chargez chacun d'eux de faire, pour lui-même,
ce que fait pour lui l'État, de le faire sur la quote-
part qui lui revient dans les 700 millions, et voyez
de combien il s'en faudra qu'il n'y puisse réussir. Le
chiffre de déficit sera l'exacte mesure de la supériorité des dépenses publiques sur les dépenses particulières, comme cause efficiente de production.

L'État est l'entrepreneur des frais généraux de la
production sociale, l'État est en quelque sorte le
syndic de tous les producteurs. L'impôt qu'il prélève,
étant destiné à solder des dépenses productives, doit
être prélevé sur le fonds productif de la société, et
non sur un fonds de consommation; sur son capital
et non sur son revenu; c'est, pour ainsi parler,
un appel de fonds qu'il exerce sur des actionn-
naires.

En d'autres termes, les dépenses publiques, comme
toutes les dépenses productives, doivent être défal-
quées du revenu brut de la société; son revenu net,
son revenu véritable, c'est ce qui lui reste quand
tous ses déboursés, y compris les dépenses publiques,
en ont été déduits.

Et voilà pourquoi l'opinion commune a raison.
Voilà pourquoi l'impôt n'est pas un bienfait pour la

société, mais tout simplement un mal nécessaire, un mal moindre qu'un autre mal.

Voilà pourquoi l'impôt n'opère point comme la prévoyance et l'économie, n'enrichit point les contribuables, ne convertit point le revenu en capital.

Voilà pourquoi l'impôt n'est pas un tribut que le contribuable paie à l'État, comme un vassal à son seigneur; mais une *avance* qu'il lui fait, sauf à en compter avec lui de clerc à maître.

Quelque évidente que me paraisse cette théorie, comme elle est toute nouvelle, comme elle est contraire au sentiment des maîtres de la science et des praticiens les plus exercés, je crois nécessaire de compléter la démonstration en renversant le procédé logique : après avoir prouvé que l'impôt doit être prélevé sur le capital de la société, je crois nécessaire de prouver qu'il *ne peut pas* être prélevé sur son revenu.

Le revenu net du propriétaire foncier se nomme *rente*.

Il consiste dans le produit annuel de ses domaines, déduction faite des frais d'entretien, et, s'il exploite lui-même, des frais de culture.

Le revenu net du capitaliste se nomme *profit*.

Il consiste dans le produit annuel de ses établissements, soit agricoles, industriels ou commerciaux, n'importe, déduction faite des frais d'entretien, d'ex - ploitation, de roulement, y compris le salaire des ouvriers qu'il emploie.

Le revenu net de l'ouvrier se nomme *salaire*.

Il consiste dans la rétribution que l'ouvrier reçoit du capitaliste pour prix de son travail, déduction faite de ce qu'il lui en coûte pour l'entretien de ses outils.

En réunissant la rente du propriétaire ainsi définie, le profit du capitaliste ainsi défini, le salaire de l'ouvrier ainsi défini, on a le revenu net de la société tout entière, le revenu sur lequel la société doit vivre, et peut faire des économies.

Son capital circulant se compose de la partie du produit annuel tenue en réserve pour faire face aux frais d'entretien, d'exploitation, de roulement, y com- pris le fonds destiné à salarier le travail, lequel fonds ne passe que peu à peu des mains des capitalistes dans celles de l'ouvrier.

Son capital fixe se compose de toute la plus-value que le travail a surajoutée à la fertilité naturelle du sol, de tous les établissements inhérents au sol, de toutes les machines d'un certain volume et d'une certaine durée.

En réunissant le capital circulant et le capital fixe, on a le capital social, le fonds productif de la société tout entière; observant toutefois que, dans ce bilan, le fonds destiné à salarier le travail fait, jusqu'à un certain point, double emploi; qu'il figure successivement à deux titres et sous deux noms différents : *capital* tant qu'il existe, et dans la proportion où il existe entre les mains du capitaliste; *revenu* dès qu'il passe, et à mesure qu'il passe dans celles de l'ouvrier.

Cela étant entendu, peut-on soumettre à l'impôt la *rente* du propriétaire?

Pour répondre pertinemment à cette question, il importe, avant tout, de bien s'entendre sur la signification du mot *rente ;* on comprend, en effet, sous ce mot, trois choses tout à fait distinctes :

1° Le revenu qui provient de la fertilité naturelle, de la fertilité primitive, originelle du sol.

C'est la rente, la vraie rente, la rente proprement dite.

2° Le revenu qui provient de l'emploi du capital consacré à mettre le sol en valeur.

C'est le profit d'un capital fixe.

3° Enfin le revenu qui provient de l'emploi du capital consacré à l'exploitation annuelle du sol.

C'est le profit d'un capital circulant.

Ces trois genres de revenus sont tellement distincts qu'on peut, ne fût-ce que par la pensée, en faire attribution à des personnes différentes. On peut concevoir, par exemple, un domaine, un champ, une étendue de terrain quelconque, non encore défriché, tout à fait inculte; puis un capitaliste qui survient et qui prend à bail emphytéotique ce terrain moyennant une redevance qu'il paie au propriétaire, qui défriche alors ce terrain, l'entoure de haies, de fossés, l'assainit par des desséchements, le féconde par des semis, des plantations, des irrigations, des engrais; puis enfin un second capitaliste, qui reçoit des mains du premier ce terrain mis en valeur, l'afferme pour trois, six et neuf ans, et l'exploite à ses frais et risques.

La redevance emphytéotique, voilà la rente, voilà le revenu net du propriétaire en tant que propriétaire.

Le fermage payé par le second capitaliste au premier, voilà le profit du capital fixe.

Le bénéfice du second capitaliste, voilà le profit du capital circulant.

Si les choses se passaient toujours ainsi; si cette exacte répartition des rôles et des rémunérations était d'usage en économie rurale, il serait très possible, voire même très facile de prendre corps à corps le propriétaire foncier, de l'imposer séparément, d'opérer, par exemple, un prélèvement annuel de 5 p. 100 sur la redevance emphytéotique, sans rien demander ni au profit du capital fixe, ni à celui du capital circulant.

Même en ce cas néanmoins, l'impôt, rigoureusement parlant, n'affecterait pas la rente, ou du moins ne l'affecterait que provisoirement et en passant. Tant que le propriétaire ou ses ayants droit conserveraient entre leurs mains l'immeuble grevé, ils acquitteraient, il est vrai, l'impôt sur le produit de la redevance emphytéotique; mais sitôt qu'ils viendraient à s'en défaire, l'acquéreur retiendrait infailliblement, sur le prix de vente, une somme égale au capital de l'impôt qui tomberait à sa charge. Si l'immeuble, franc d'impôt, valait 100 000 francs, grevé de l'impôt, il n'en vaudrait plus que 80 000, et c'est par ce capital, confisqué sur le premier propriétaire et hypothéqué sur le second, que l'impôt serait désormais desservi.

Mais ce n'est là qu'une hypothèse gratuite, car en réalité les choses se passent tout autrement.

En premier lieu, le propriétaire des terrains est toujours et partout le propriétaire du capital fixe. Le capital fixe est tellement incorporé au sol, la fertilité *acquise* du sol est tellement confondue avec sa fertilité *naturelle*, qu'il est impossible de faire ventilation du produit de l'une et de l'autre ; de distinguer, dans le revenu de la propriété, ce qui est profit du capital fixe. Il est par conséquent impossible d'imposer celui-là en même temps et précisément au même degré.

Secondement, le propriétaire des terrains, qui l'est, par contre-coup, du capital fixe, est aussi très souvent le propriétaire du capital circulant. Il l'est quelquefois par choix, il l'est d'ordinaire par nécessité ; s'il y a partout, en effet, des terrains assez fertiles pour être affermés, c'est-à-dire pour payer une rente au propriétaire, en sus des frais de culture et des profits des fermiers, il y a partout, en revanche, et partout en grande quantité, des terrains d'une fertilité médiocre, qui ne rapportent que les frais de culture, plus le profit du cultivateur ; ces terrains-là, ou le propriétaire les exploite lui-même, trouvant plus d'avantage à placer sur soi son capital, à le conserver sous sa main, qu'à le hasarder dans des spéculations lointaines, ou le fermier les exploite, pêle-mêle avec les terrains de qualité supérieure, sans qu'il en résulte une augmentation appréciable dans le prix du bail,

de telle sorte qu'il n'est pas plus possible de discerner, dans le revenu de la propriété en général, ce
qui est profit du capital circulant, que ce qui est profit du capital fixe ou rente proprement dite. Tous les
éléments du revenu foncier pris d'ensemble sont
confondus pêle-mêle, et l'impôt, lorsqu'on l'établit,
ne peut être distinctement assigné sur l'un plutôt que
sur l'autre.

Cela étant, et l'impôt foncier, quand il est introduit dans un pays, atteignant tout à la fois les détenteurs du sol, en tant que propriétaires et en tant que
capitalistes, affectant en même temps et au même
degré la rente de la terre et les profits de l'industrie
agricole, qu'arrive-t-il?

Ce qui arrive infailliblement chaque fois qu'un
nouvel impôt vient frapper une industrie quelconque.

Les capitalistes engagés dans cette industrie ne se
résignent pas à subir, sur leurs profits, une réduction dont les autres capitalistes sont exempts; ils retirent de l'industrie nouvellement taxée une portion
aliquote de leur capital et lui cherchent quelque autre
emploi; par là, ils restreignent d'autant la production, élèvent le prix des produits et rejettent, en définitive, l'impôt sur le consommateur.

Soit, par exemple, avant l'impôt foncier, dix francs,

le prix naturel de l'hectolitre de blé, le prix rémunérateur, le prix qui rembourse au cultivateur des
terrains les plus stériles : 1° ses frais de culture,
2° l'intérêt de son capital tant fixe que circulant, et
qui procure aux propriétaires des bons terrains une
rente proportionnée à leur fertilité ; — soit cet impôt
de 5 p. 100, c'est-à-dire équivalant, en moyenne,
à 0 fr., 50 par hectolitre ; — soit cet impôt exigé directement du cultivateur, en raison et en proportion
du produit présumé de sa récolte annuelle : au
premier moment, cet impôt sera prélevé sur la rente,
là où il y a rente, et sur les profits, là où il n'y a pas
rente. Mais sitôt que le cultivateur, retirant peu à
peu une certaine portion de son capital, et laissant
peu à peu retomber en friche, en vaine pâture, une
certaine portion des terrains les moins fertiles, les
moins bien situés, aura réduit proportionnellement
la production du blé, l'hectolitre, devenu plus rare
sur le marché, se vendra plus cher, et dès que le prix
atteindra 10 fr., 50, l'impôt se trouvera remboursé
au producteur par le consommateur, les profits et la
rente reprendront leur taux primitif ; l'impôt sur la
rente ne sera pas plus payé par le propriétaire foncier que l'impôt sur les boissons ne l'est par les ca-
baretiers et les débitants.

Ces idées n'ont rien de paradoxal, elles n'ont rien
même de bien nouveau; elles sont admises, en principe, par les économistes les plus éminents, bien
qu'ils ne semblent pas en avoir aperçu toutes les
conséquences.

« La somme que le fermier paie au propriétaire, dit
M. Macculloch, provient de deux sources distinctes
et se divise par conséquent en deux parties, dont
l'une correspond à l'emploi des facultés productives
du sol, l'autre à l'usage des améliorations effectuées
sur le sol lui-même; l'une est la rente proprement
dite, l'autre, qui porte d'ordinaire le même nom,
n'est autre chose que le profit d'un capital dépensé
sur le terrain. Il est rare, dans un pays peuplé et depuis longtemps cultivé, que la rente de la moindre
ferme ne provienne pas de ces deux sources, bien
que la plus grande partie de ces améliorations soit
tellement confondue avec le sol, que l'agriculteur le
plus expérimenté ne pourrait guère résoudre la rente
nominale dans les deux éléments qui la constituent
et distinguer avec quelque précision ce qui revient
au propriétaire, en tant que propriétaire, de ce qui
lui revient en tant que capitaliste [1]. »

« Si l'impôt foncier, dit Ricardo, frappe toutes les

1. *On Taxat.*, p. 43.

terres cultivées, alors, quelque modéré qu'il puisse être, il devient un impôt sur la production et fait par conséquent hausser le produit. Si le n° 3 est le terrain cultivé en dernier lieu, quoiqu'il ne paie pas de rente, il ne peut, après la création de cet impôt, continuer à être cultivé, ni rapporter le taux des profits ordinaires, à moins que le prix des produits ne s'élève parallèlement à l'impôt; ou l'on détournera de cet emploi les capitaux jusqu'à ce que le prix du blé ait haussé suffisamment, par suite de la demande, pour rapporter les profits ordinaires, ou, s'il y a un capital déjà employé sur cette terre, on l'en retirera pour le placer d'une manière plus avantageuse..... L'impôt ne peut être rejeté sur le propriétaire [1]. »

On le voit donc :

Des trois éléments dont se compose le revenu net de la société :

La rente,

Les profits,

Les salaires,

il en est un tout au moins, *la rente*, qui ne saurait être soumis à aucun impôt; quelque effort que l'on fasse pour y parvenir, on n'aboutit qu'à ce résultat

1. *Princ. of polit. econ. on land-tax*, p. 201.

de diminuer la quantité des produits agricoles, d'en élever proportionnellement la valeur relative, et de faire retomber, en définitive, l'impôt sur le consommateur, qui, pour une somme égale, n'obtient qu'une moindre quantité de denrées, ce qui revient à dire :

1° Que l'impôt foncier se confond, pratiquement et en fait, avec les productions de chaque espèce de denrées;

2° Qu'il entre, au même titre, pour sa quote-part, dans la détermination des prix;

3° Que l'avance en est faite par le producteur sur son capital circulant;

4° Que le producteur, sous peine d'entamer son capital circulant, y doit réintégrer, chaque année, une somme égale à cette avance;

5° Que son revenu net n'est net qu'à cette condition, et sous la déduction de cette somme.

S'il est impossible d'imposer le revenu des propriétaires fonciers — ce qu'ils perçoivent à titre de rente proprement dite, le loyer des facultés productives du sol, attendu qu'on ne peut atteindre ce genre de revenu sans atteindre, du même coup et précisément au même degré, les profits du capital consacré à l'exploitation agricole — il est également impossible, précisément par les mêmes raisons, d'imposer le revenu net des capitalistes en général, c'est-à-dire leurs profits, ce qui reste libre, entre leurs mains, en fin d'année, distraction faite de leur capital fixe et de leur capital circulant.

Il en est, en effet, des producteurs autres que le producteur agricole, il en est des capitalistes engagés dans une entreprise industrielle quelconque, manu-facturiers, commerçants, marchands en gros ou en détail, etc., comme du producteur agricole. Dès qu'on essaie d'imposer isolément les profits de l'un d'entre eux, de les imposer, soit directement, en prenant connaissance des livres, des inventaires de ce capitaliste-là, soit indirectement en taxant les matières premières qu'il emploie, les services qu'il rend, les procédés dont il fait usage, il n'a garde de se résigner à la condition tout exceptionnelle qu'on prétend lui faire, il retire de l'industrie nouvellement taxée une partie aliquote de son capital; il la trans-fère à quelque autre industrie non taxée; il réduit ainsi la quantité de ses produits, les vend à plus haut prix, et se recouvre sur le consommateur du montant de l'impôt dont il a fait l'avance.

Ici encore, l'impôt se confond, pleinement et de tous points, avec les frais de production; c'est un déboursé nécessaire, qui ressemble à tout autre, et qui trouve sa compensation dans le prix de la chose.

Tous les économistes en conviennent.

« Une taxe imposée sur telle ou telle industrie particulière, dit M. Macculloch, ne porte point définitivement sur le producteur... En pareil cas, le producteur peut élever le prix du produit et rejeter le fardeau sur le consommateur, parce qu'il peut se retirer de l'industrie taxée pour s'engager dans l'industrie non taxée[1]. »

« Un impôt partiel sur les profits d'une industrie quelconque, dit Ricardo, fera hausser le prix de la marchandise sur laquelle il porte. Par exemple, un impôt sur les profits du chapelier augmentera le prix des chapeaux, car s'il n'y avait que les profits du chapelier d'imposés, à l'exclusion de tout autre commerce, à moins que le chapelier n'augmentât le prix de ses chapeaux, ses profits seraient au-dessous du taux de tous les autres genres de commerce, et il se verrait forcé de quitter le métier[2]. »

« Toute taxe sur une marchandise quelconque, dit M. Mill, qu'elle soit assise ou sur la production de cette marchandise, ou sur son transport de place en

---

1. On Trade, p. 76.
2. Princ. of polit. econ.: Tax on profits, p. 231.

place, ou sur sa vente, qu'elle soit une somme fixe pour une quantité donnée de cette marchandise, ou un droit *ad valorem*, — en thèse générale, doit élever le prix de cette marchandise de tout le montant de la taxe[1]. »

Mais qu'arriverait-il si tous les capitalistes étaient taxés en même temps, et précisément au même degré; si tous les capitaux engagés dans toutes les industries, petites ou grandes, agricoles, manufacturières ou commerciales, étaient frappés simultanément, indistinctement, par une voie directe ou indirecte, d'un même impôt de 5 p. 100 par exemple?

Dans ce cas unique, dans ce cas purement hypothétique et spéculatif, les économistes sont d'avis que l'impôt serait supporté par les profits des capitaux, c'est-à-dire, par le revenu net des capitalistes; car, disent-ils aucun capitaliste n'ayant intérêt à retirer, de l'industrie qu'il exerce, tout ou partie de son capital, pour le transférer dans quelque autre industrie, puisque toutes seraient également imposées, rien ne serait changé quant à la quantité de produits que chaque industrie livrerait au marché; rien par conséquent, quant à la valeur relative et

---

1. *Princ. of polit. econ.*, t. II, p. 389.

au prix de ces produits, et les capitalistes, n'ayant aucun moyen de se faire rembourser l'impôt par le consommateur, seraient forcés de le prélever sur leur fonds de consommation personnelle.

« Si l'on mettait, dit Ricardo, un impôt proportionnel sur tous les commerces, toutes les marchandises hausseraient de prix. Si cependant la mine qui nous fournit le métal dont nous fabriquons notre monnaie se trouvait chez nous, et que les profits de l'exploiteur fussent imposés de même, il n'y aurait point de hausse dans le prix d'aucune denrée; *chacun donnerait une portion pareille de son revenu*, et tout resterait comme auparavant[1]. »

« Quand la taxe est universelle, dit M. Macculloch, il est évident *qu'elle doit tomber entièrement sur les profits*, et qu'elle ne peut affecter ni le prix des marchandises ni la distribution du capital[2]. »

« Une taxe générale et égale sur tous les profits, dit M. Mill, n'affecterait point le prix, et tomberait sur le capitaliste seul, du moins dans le premier moment[3], » c'est-à-dire, sauf les conséquences qu'elle pourrait avoir ultérieurement sur la prospérité publique.

1. *Princ. of polit. econ.*, p. 231.
2. *Rich. des nat.*, édit. de 1828. Notes de M. Macculloch, t. IV, p. 538.
3. *Princ. of polit. econ.*, t. II, p. 373.

Il est permis de considérer comme une erreur cette opinion qui, d'ailleurs, n'a d'importance qu'en théorie pure. Voici, ce semble, comment les choses se passeraient dans ce cas imaginaire.

Toutes les industries étant également taxées, aucun capitaliste n'aurait intérêt à retirer de l'industrie qu'il exerce tout ou partie de son capital, pour le transférer à quelque autre industrie; mais tous auraient un égal intérêt à prélever l'impôt sur leur capital, au lieu de le prélever sur leurs profits. Chaque industrie produirait un peu moins; le prix de tous les produits s'élèverait, ainsi que le remarque M. Ricardo, puisque la quantité des produits serait moindre, proportion gardée à la quantité des métaux précieux qui continueraient à circuler dans le pays; chaque consommateur, pour une somme égale, obtiendrait une moindre quantité de chaque espèce des produits, et la même somme passant de la bourse du consommateur dans celle du capitaliste, en fin d'année le capital serait rétabli. A la vérité les capitalistes, étant personnellement consommateurs du produit l'un de l'autre, en cette qualité ils partageraient les privations qui résultent du renchérissement de toutes choses; mais ils les partageraient avec les propriétaires fonciers qui vivent de leurs

rentes, avec les travailleurs qui vivent de leur salaire;
ils les partageraient en proportion de leurs dépenses
personnelles ; au lieu de supporter seuls les conséquences de l'impôt, ils les supporteraient en commun ;
au lieu de les supporter dans une proportion déterminée, ils les supporteraient chacun dans la mesure
de sa convenance.

S'il est impossible d'imposer le revenu du propriétaire foncier, *la rente de la terre*, il ne l'est pas
moins, on le voit, d'imposer le revenu net des capitalistes, *les profits*. Ici encore, l'impôt rentre, bon
gré mal gré, dans les frais de production ; avancé par
le capital, il se confond dans le prix des choses, et se
répartit, en privation, entre les consommateurs.

Poursuivons.

Peut-on imposer le revenu net de la classe laborieuse ? Peut-on opérer sur le salaire de l'ouvrier
un prélèvement régulier, équitable, périodique, et
qui reste en définitive à sa charge ?

Pour peu qu'on y réfléchisse, on verra bien que
cela n'est pas possible.

Supposons, en effet, que le gouvernement parvienne
à dresser un état exact du nombre des personnes qui
vivent, en France, des produits de leur intelligence
ou de leurs bras; supposons qu'il parvienne à consta-

ter exactement la somme que chacun d'eux reçoit chaque année à titre de salaire, gage, appointements, traitement, émoluments, n'importe le nom, supposons qu'il les impose à raison de 1 p. 100 de cette somme.

Qu'arrivera-t-il ?

Ainsi que je le disais en commençant, c'est un nouveau capital qui se forme ; c'est, dans cette hypothèse, une partie du revenu net de la société qui se capitalise entre les mains de l'État, le capital préexistant demeurant dans son intégrité, puisque l'impôt serait prélevé non sur le nécessaire strict, mais sur le modeste superflu de la classe ouvrière, sur le peu qu'elle consacre à ses modiques jouissances.

Or, pour employer ce capital de nouvelle formation, il faut que l'État descende sur le marché, qu'il entre en concurrence avec le capital préexistant, qu'il demande, comme lui, ou des bras, ou des marchandises.

S'il demande des bras, il n'en peut obtenir qu'en les enlevant au capital préexistant. Il ne peut les lui enlever qu'en élevant le taux des salaires ; et le capital préexistant ne peut les lui disputer qu'en l'élevant de son côté. Le prix de la main-d'œuvre hausse ; la classe ouvrière recouvre en accroissement de salaire ce qu'elle avait payé sous forme d'impôt. Le fardeau se trouve transféré de l'ouvrier au capitaliste.

« Si, lorsque les salaires sont imposés, dit Ricardo, le prix du travail ne montait pas, il y aurait une grande augmentation dans la demande des bras ; tous les capitalistes qui n'auraient rien à payer sur cet impôt auraient les mêmes fonds disponibles pour donner de l'emploi à des ouvriers, tandis que le gouvernement aurait, dans le montant de l'impôt, un surcroît de fonds pour le même emploi. Le gouvernement et la nation se trouveraient en concurrence, et la suite de leur rivalité serait la hausse du prix du travail [1]. »

« Quand le produit d'une taxe sur les salaires, dit M. Macculloch, est employé par le gouvernement à multiplier le nombre de ses agents, comme il retire par là du marché une certaine quantité de travail, il élève d'autant le prix du travail, en général [2]. »

« Si le gouvernement, dit M. Mill, lève une taxe d'un schelling par semaine sur chaque travailleur, et qu'il en emploie le produit à augmenter le nombre des hommes engagés à son service, la classe ouvrière sera indemnisée de tout ce que la taxe lui aura enlevé [3]. »

1. *Princ. of polit. econ.*, p. 252.
2. *Rich. des nat.*, édit. de 1828. Notes, t. IV, p. 543.
3. *Princ. oj polit. econ.*, t. II, p. 337.

Que si le gouvernement, en descendant sur le marché, y demande, non des bras, mais des marchandises, du drap, par exemple, pour mieux vêtir ses troupes, ou, ce qui revient au même, s'il procure à ses serviteurs, à ses employés, en augmentant leur traitement, le moyen de se mieux vêtir, de se mieux nourrir, d'accroître, en un mot, leur aisance; comme les serviteurs du gouvernement, militaire ou civil, ne sont, en tant que tels, ni des propriétaires fonciers ni des capitalistes, comme ils appartiennent à la classe qui vit de salaires, et ne diffèrent des ouvriers ordinaires qu'en ce sens que leur salaire est fixé par l'autorité, au lieu de l'être par la concurrence, et que leurs services sont dédiés à tout l'ensemble des producteurs, au lieu de l'être à quelques-uns d'entre eux seulement, le gouvernement, en agissant ainsi, ne fait qu'opérer une nouvelle distribution du revenu net afférent à cette classe. Ce qu'il prend aux uns, il le rend aux autres; ce qu'il prélève sur le grand nombre, il en gratifie le petit nombre : mal à propos si la part du petit nombre était suffisante; justement, si elle ne l'était pas; mais, dans tous les cas, sans entamer cette branche du revenu social. Et s'il résulte de cette distribution nouvelle, en la supposant sage, équitable, que la part du grand nombre devient trop exiguë, que l'ouvrier ordinaire se trouve atteint jusque dans son strict nécessaire, c'est un preuve que le taux général du salaire n'était pas assez élevé; un temps d'arrêt se manifeste dans la population; le prix de la main-d'œuvre hausse, et l'impôt, dans la partie qui porte sur le nécessaire de l'ouvrier, tout au moins, est rejeté sur le capitaliste.

« Quand les salaires sont imposés, dit Ricardo, le prix de la main-d'œuvre s'élève; s'il en était autrement, il serait impossible que la population nécessaire se maintînt [1]. »

« Quand le produit d'une taxe sur les salaires, dit M. Macculloch, est employé à accroître le traitement des fonctionnaires publics, ou la solde des troupes déjà sur pied, il ne diminue point la quantité de travail qui se trouve sur le marché, et doit, en conséquence, tomber au premier moment sur les ouvriers; mais même en ce cas la taxe ne continuera probablement pas à être supportée par eux. En diminuant leur aisance, peut-être même leur nécessaire, elle ne peut manquer d'arrêter les progrès de la population, soit en retardant l'époque des mariages, soit en accroissant le taux de la mortalité, et de rejeter sur les capitalistes tout ou partie de l'impôt en élevant le

1. *Princ. of polit. econ.*, p. 251.

prix de la main-d'œuvre..... Autant vaudrait taxer
directement les capitalistes [1]. »

Ni la rente, c'est-à-dire le revenu net des propriétaires fonciers, ni les profits, c'est-à-dire le revenu
net des capitalistes, ni les salaires, c'est-à-dire le
revenu net de la classe qui vit exclusivement de son
intelligence ou de ses bras, n'étant atteints, n'étant
même atteignables par l'impôt, atteignables réellement, s'entend, définitivement, tout·compensé, force
est bien que l'impôt soit prélevé sur le capital de la
société.

L'impôt étant perçu d'année en année, force est
bien qu'il soit prélevé sur cette partie du capital social qui se reproduit annuellement.

En d'autres termes, force est bien que l'impôt se
trouve compris chaque année dans cette liquidation
qui, défalquant le capital circulant de la société de
son revenu brut, en fait ressortir son revenu net.

Ou, si l'on veut encore, force est bien que l'impôt,
étant avancé sur le capital circulant, figure,
comme tout autre déboursé, dans le prix des choses
produites, concoure à déterminer leur valeur relative.
Il ne tombe, en dernière analyse, sur le revenu net,
qu'en ce sens que chaque consommateur soit proprié-

1. *Rich. des nat.*, édit. de 1828. Notes, t. IV, p. 543.

taire foncier, capitaliste ou salarié, paye la chose qu'il
consomme ce qu'elle vaut réellement, ce qu'il en
a coûté tant en frais généraux, sous la direction
de l'État, qu'en frais spéciaux sous la direction de
chaque producteur, pour l'établir sur le marché.

La pratique s'accorde donc ici pleinement et de
tous points avec la théorie; les faits justifient la raison, et la raison explique les faits.

Pourquoi l'impôt ne saurait-il atteindre le revenu
net du propriétaire foncier?

Parce que l'impôt ne saurait atteindre les profits
d'aucun capital quelconque, et que le revenu net du
propriétaire foncier se compose :

1° Des profits du capital circulant consacré chaque
année à l'exploitation du sol;

2° Des profits du capital fixe consacré préventive-
ment à l'amélioration du sol;

3° Des profits du capital employé à l'acquisition du
sol lui-même et de ses facultés productives.

Et pourquoi l'impôt ne saurait-il atteindre les
profits d'aucun capital, soit, en d'autres termes, le
revenu net d'aucun capitaliste?

Parce que le revenu net d'un capitaliste quelconque,
c'est ce qui reste lorsqu'il a déduit de son revenu
brut tous ses déboursés; parce qu'il ne peut dresser

son inventaire, et constater en fin d'année le taux de ses profits qu'après avoir, durant tout le cours de l'année, payé sous diverses formes l'impôt à l'État et retrouvé l'équivalent de ses avances dans le prix de ses produits.

Enfin, pourquoi l'impôt ne saurait-il atteindre le loyer du travail, les salaires, soit, en d'autres termes, le revenu net de la classe qui vit de son intelligence ou de ses bras?

Parce que l'impôt, d'où qu'il provienne, étant nécessairement dépensé dans l'intérieur de cette classe, l'impôt se répartissant en solde, entretien, gages, traitements, prix de services rendus, l'État, en prélevant sur l'ensemble des salariés de quoi salarier quelques-uns d'entre eux, ne fait et ne peut faire, au point de vue de l'économie politique, qu'une opération illusoire. Ce qu'il prend de la main droite, il le rend de la main gauche. Ce qu'il ôte à celui-ci, il le donne à celui-là ; il intervertit, bien ou mal à propos, la distribution de cette branche du revenu social, sans en changer ni la quotité, ni la destination, ni la nature.

Si les idées que nous venons d'exposer sont justes, exactes, fondées sur une déduction rigoureuse des principes universellement reçus, conformes aux enseignements de l'expérience, et nous ne voyons pas bien, du moins, ce qu'y pourraient reprendre, en réexaminant la question de plus près, les économistes célèbres dont nous n'avons cessé d'invoquer l'autorité, il en ressort, pour la science, plusieurs conclusions nouvelles et fécondes.

1° On doit tenir pour erronée cette proposition qui figure, en propres termes ou en termes équivalents, dans tous les traités d'économie politique : « Il est impossible que les taxes qui tombent réellement sur le capital deviennent pour l'État une source permanente de revenu... C'est sur le revenu des citoyens et non sur leur capital que les taxes permanentes doivent être imposées[1]. »

On doit tenir pour vraie la proposition contraire.

Le revenu de l'État, si tant est que le nom convienne à l'impôt, a pour source permanente le capital... cette portion du capital social qui se renouvelle, d'année en année. Ce sont les capitalistes qui font l'avance de l'impôt, sauf à exercer leur recours sur les consommateurs en réglant, entre eux, l'étendue et les proportions relatives de la production, la nature, la quotité, et la valeur réciproque des produits.

2° Pour que ce recours puisse être exercé effec-

---

1. Macculloch, *On taxat.*, p. 42. — *Turgot*, t. IV, p. 345

tivement et en temps utile, il faut que tout impôt
sur le capital, s'il est direct, c'est-à-dire s'il est
assis à raison de tant pour cent de tel ou tel capital,
soit exigible à époque fixe, tous les ans, tous les deux
ans, n'importe le terme. Il faut que tout capitaliste,
ainsi taxé, sache exactement au bout de combien de
temps le prélèvement qu'il supporte lui sera rede-
mandé, afin qu'il puisse régler ses productions en
conséquence. Si le prélèvement doit se renouveler
d'année en année, il faut qu'il élève le prix de ses
produits de telle sorte que la somme avancée lui rentre
annuellement : si le prélèvement doit se renouveler
de deux ans en deux ans, il lui suffit d'élever ses
prix de telle sorte qu'une moitié de la somme
avancée lui reste la première année, et une autre
moitié la seconde; ainsi de suite. Le plus grand vice,
entre beaucoup d'autres, de l'impôt sur les successions, sur les mutations de propriété, ce n'est pas,
comme l'ont pensé la plupart des économistes, d'entamer le capital de l'héritier, du nouveau propriétaire, c'est de tomber sur l'un et sur l'autre comme
un accident irréparable, comme un incendie,
comme un naufrage, sans leur inspirer le souci,
ni leur offrir le moyen de se récupérer aux dépens
des consommateurs. Si l'héritier savait précisé-

ment combien de temps il doit lui-même vivre,
dix ans, quinze ans, vingt ans, par exemple, il pourrait, dans l'intérêt de ses enfants, régler l'emploi du
capital qui lui reste de telle sorte que, en recouvrant
chaque année un dixième, un quinzième, un vingtième de la somme que le fisc a prélevée sur lui, il
se trouvât à sa mort dans sa succession une somme
égale pour acquitter le nouveau droit; si le nouveau
propriétaire savait précisément combien de temps
il conservera sa nouvelle acquisition, il pourrait, dans
son propre intérêt, régler l'exploitation de son domaine de telle sorte que, recouvrant chaque année
un dixième, un quinzième, un vingtième de la somme
que le fisc a prélevée sur lui, il se trouvât, au moment où il revendra ce domaine pour le prix qu'il en
a donné, possesseur d'une somme égale à celle-là, en
sus du prix de vente. Mais dans l'incertitude où les
laissent l'un et l'autre de telles éventualités, ni l'un
ni l'autre n'y songent, tous deux se résignent et
passent condamnation; c'est, sous ce rapport, un
impôt très difficile à justifier.

3° Pour que le recours du capitaliste sur le consommateur s'exerce régulièrement et compléte-
ment, il importe que chaque emploi du capital soit
taxé, non pas également, mais à proportion du degré

de facilité qu'éprouve chaque capitaliste à retirer de
son entreprise tout ou partie de son capital pour le
transporter dans une autre entreprise. C'est par ce
procédé, en effet, que les profits se maintiennent en
équilibre et que se règlent les valeurs des produits,
le capital étant, en quelque sorte, un liquide qui se
distribue par flux et reflux, et qui cherche incessamment son niveau. Dans tous les emplois du capital
social qui se prêtent, sans trop d'effort, à ce mouvement oscillatoire, l'élévation du prix des produits
suite presque immédiatement l'introduction d'une
taxe nouvelle. Il en est autrement là où le capital se
trouve assez profondément engagé pour qu'on n'en
puisse recouvrer la libre disposition que peu à peu,
lentement, difficilement. L'impôt, durant l'intervalle,
étant en pareil cas supporté par le capitaliste lui-
même et lui seul, il est juste et raisonnable de le
grever le moins possible ; et s'il est quelque entreprise
dans laquelle le capital se trouve engagé à tel point
qu'il n'en puisse être retiré dans un temps déterminé,
limité, appréciable, il convient de ne point taxer cette
entreprise-là. Un constructeur de bâtiments, par
exemple, s'il est frappé, dans son capital, d'un droit
de 5 p. 100, plus ou moins, ne peut rejeter ce droit
sur ses locataires qu'en diminuant le nombre et l'é-

tendue des maisons qu'il bâtit, et comme il bâtit
pour des années, quelquefois pour des siècles, si la
population est stationnaire, il peut s'écouler des
années, en nombre indéterminé, avant que le déficit
se fasse sentir; l'impôt pèsera dès lors exclusivement
sur ce capitaliste; ce sera une véritable exaction; en
pareil cas, il convient de prélever le droit sur les
locataires eux-mêmes, c'est-à-dire sur les consommateurs; d'ailleurs, en thèse générale, quand on
peut atteindre directement le consommateur, sans
passer par le capitaliste, en évitant les circuits, en
abrégeant les délais, en s'épargnant la perte de temps
et d'argent qu'entraîne inévitablement toute voie
détournée, c'est le plus court et le meilleur.

4° On ne doit pas qualifier d'impôt sur les salaires
les taxes imposées soit à la fabrication, soit au débit
des boissons ou des substances alimentaires. Ces
taxes sont avancées par les capitalistes et recouvrées
par eux, sur toutes les classes de consommateurs
indistinctement. Il est très vrai, néanmoins, que si
ces taxes étaient révoquées, il s'ensuivrait une nouvelle distribution du capital national; le prix des
boissons et des denrées diminuerait, et la classe
laborieuse y trouverait une augmentation de bien-
être; mais comme cette augmentation de bien-

être entraînerait infailliblement et promptement un
accroissement de population, sans accroissement
correspondant dans l'ensemble du capital national,
les salaires ne tarderaient pas à baisser, et, somme
toute, la condition de la classe laborieuse en souf-
frirait. Avec un salaire inférieur, l'ouvrier ne se
procurerait qu'une quantité égale de boissons
et de denrées, égale, dis-je, à celle qu'il obtenait
avant la suppression des taxes, et une quantité
moindre de toute autre espèce d'objets, dont la
valeur aurait augmenté par l'affluence du capital vers
les industries non taxées, au détriment des industries
taxées.

5° De toutes les recherches auxquelles se livre l'é-
conomie politique, la plus vaine assurément, la plus
inutile, quelque place qu'elle occupe dans les livres
des économistes, c'est celle dont le but est de constater sur quelle classe de citoyens tombe, en dernière analyse, tel ou tel impôt. Tout impôt tombe, en
dernière analyse, sur le consommateur; tout impôt
entre, comme élément intégrant, dans le prix des
choses consommables. Chaque chose, au moment où
le consommateur l'achète pour son usage, vaut ce
qu'elle a coûté, et rembourse dans son prix tous les
capitaux partiels qui ont successivement concouru à

sa production, y compris l'impôt, et plus les profits
afférents à chacun de ces capitaux partiels; il en est
de même précisément de la chose avec laquelle le
consommateur paie celle-là, et leur valeur réciproque
dépend de leur abondance relative. C'est un principe
général qui ne comporte que des exceptions acciden-
telles et passagères.

6° Il n'est guère moins inutile de s'ingénier pour
découvrir le moyen de proportionner l'impôt aux facultés des contribuables, d'exiger plus de qui plus a,
et moins de qui a moins. La dépense de chaque
membre de la société se règle naturellement sur sa
fortune, et puisque l'impôt se confond inévitablement avec le prix des choses, qui a beaucoup et dépense à l'avenant, paye beaucoup d'impôt; qui a peu,
dépense peu et paye peu d'impôt. Bien entendu qu'il
ne s'agit ici, ni de près ni de loin, de l'impôt dit
progressif, en d'autres termes de l'impôt qui taxe
un même objet en proportion de la fortune présumée
du contribuable, qui fait payer une même chose
cinq francs à celui-ci, dix francs à celui-là, quinze à
un troisième, etc. Si, en raison de l'évaluation arbitraire des facultés contributives de chacun, un tel
impôt, n'est pas un impôt, mais une *avance*, comme
il ne peut avoir pour résultat que de punir l'industrie

4

de ses progrès, d'encourager la dissipation et de transférer le capital, non plus d'un emploi à un autre,
mais des pays où il existe aux pays où il n'existe pas,
il n'y a pas même à s'en occuper.

7° L'unique obstacle à la répartition de l'impôt dans
le prix des choses étant la difficulté de retirer certains
capitaux de certaines industries, pour les transporter
à d'autres industries, le point essentiel, en pareille
matière, c'est le maintien et la durée ; tout impôt qui
a duré a fait son effet ; il ne gêne plus la distribution
du capital ; il n'affecte plus injustement le taux de certains profits ; le pli est pris, tout vient à point ; le producteur rentre progressivement dans ses avances ; le
consommateur est servi au prix coûtant ; on ne doit,
au contraire, et précisément par la même raison, ac-
cueillir qu'avec beaucoup de réserve la proposition
d'un nouvel impôt. Tout impôt nouveau, fût-il excellent, entraîne une perturbation plus ou moins grande
dans l'économie sociale, une inégalité momentanée
plus ou moins grande dans la répartition du fardeau,
une déperdition plus ou moins grande dans le déplacement du capital, etc. Sans doute il est des impôts préfé-
rables à d'autres impôts ; il en est dont la perception est plus ou moins coûteuse, plus ou moins vexatoire, il en est qui se prêtent plus ou moins aux

convenances du contribuable, il en est qui favorisent
plus ou moins la prévoyance et l'économie : il en est
qui tendent plus ou moins à l'amélioration du sort
des classes laborieuses, mais ce sont là, même à
l'égard des classes laborieuses, des considérations se-
condaires ; la durée, la durée : voilà le grand intérêt de
tous, en matière d'impôt ; *Je maintiendrai :* voilà la
vraie devise d'un vrai ministre des finances.

Sans remonter précisément jusqu'à l'origine, jusqu'aux fondements mêmes de la théorie qui vient
d'être développée, sans en serrer de très près les
principes, personne n'a mieux entrevu la vérité, personne n'en a mieux saisi et mieux expliqué les conséquences, que M. Thiers ; on trouve dans son livre
sur *la Propriété* les passages suivants[1] :

« L'impôt, en réalité, le meilleur même pour le
pauvre, est celui qui convient le mieux à la fortune
générale de l'État, fortune qui est celle du pauvre
beaucoup plus que celle du riche, ce dont on n'est
jamais assez convaincu. Quant à la manière dont l'impôt se répartit entre les diverses classes, ce qu'on
peut avancer de plus vrai, c'est qu'il se répartit en
proportion de ce que chacun consomme, par la rai-

1. Thiers, *De la propriété*, p. 352 et suiv.

son fort ignorée, j'en conviens, et fort peu comprise, que l'impôt se répercute à l'infini, et de répercussion en répercussion devient, en définitive, partie intégrante des prix des choses. De la sorte, celui qui achète le plus d'objets est celui qui paye le plus d'impôt.

» C'est ce que j'appelle la diffusion de l'impôt, d'une expression empruntée aux sciences physiques, qui appellent diffusion de la lumière ces réflexions innombrables par suite desquelles la lumière, ayant une fois pénétré dans un milieu obscur par la plus légère ouverture, s'y répand en tous sens, et de manière à atteindre tous les objets, qu'elle rend visibles en les atteignant.

» L'impôt, au premier aspect, paraît payé, tandis qu'il n'est qu'avancé par celui auquel on le demande, et qu'il est supporté en réalité par tous dans une proportion que je vais essayer d'indiquer.

» Un manufacturier qui fabrique une étoffe est obligé de se conduire de la manière suivante ou de périr. Il paye l'impôt foncier sur sa fabrique, le droit de douane sur la laine, sur le coton ou le fer, selon qu'il travaille l'une de ces matières, le droit de douane sur les machines qu'il emploie, sur la houille qu'il brûle, le salaire de l'ouvrier, qui, s'il est de 3 francs

dans l'intérieur de Paris, sera de 2 francs en dehors
de la ligne des octrois, parce qu'il faut rembourser
sous forme de salaire les impôts qu'a supportés
l'ouvrier sur toutes ses consommations. Ce même
manufacturier paye sa patente proportionnée à l'importance de son industrie, son impôt personnel et
mobilier proportionné à l'étendue des bâtiments qu'il
occupe, il paye enfin tous les autres impôts qui pèsent
sur les matières qu'il consomme lui-même... Il joint
ces divers déboursés aux frais de fabrication, et il en
compose le prix de revient, prix auquel il est obligé
de vendre le produit manufacturé dont il est fabricant. Il est possible qu'il ne se rende pas compte à
lui-même de tous les éléments qui concourent à
former le prix de revient, et tous les jours, en effet,
nous voyons dans les enquêtes industrielles qu'il ne
s'en rend pas un compte exact. Mais, sciemment ou
non, il n'en obéit pas moins à la nécessité de retrouver dans le prix de ses produits tous ses déboursés, plus un certain bénéfice, n'importe lequel,
mais un bénéfice quelconque.

» Supposez qu'il ait eu l'art d'attirer les acheteurs
à lui, et que le goût de ces acheteurs, très prononcé
pour ses produits, lui procure un bénéfice supérieur
à ceux qu'on obtient dans les autres industries :

qu'arrivera-t-il? A l'instant même des concurrents se
présenteront pour réduire les bénéfices. Ainsi un père
veut établir ses enfants. Il sait que, dans la filature
de lin ou dans la fabrication des sucres, ou dans
celle du fer, il s'est fait récemment des profits considérables ; il forme pour ses enfants un établissement
de ce genre, il augmente la masse du produit qui
donnait des bénéfices supérieurs à ceux des autres
industries, il finit bientôt par amener la réduction de
ces bénéfices. Là où il y avait gain, il y a perte. L'heureux fabricant, qui gagnait trop naguère, voit sa prospérité interrompue. Néanmoins il résiste pendant
un certain temps ; il consent à fabriquer à perte pour
ne pas abandonner son industrie, et il se résigne
passagèrement à ne pas retrouver tous ses frais, impôts et matières premières. Si sa perte s'arrête, il
persévère ; si elle continue, il se retire, afin de ne
pas se ruiner. En un mot, il ne persiste dans son
industrie qu'autant que, d'une manière continue, il
fait un petit bénéfice, si petit qu'il soit, mais un bénéfice quelconque, comprenant tous les déboursés que
j'ai énumérés avec une légère plus-value.

» L'impôt avancé par lui doit donc se retrouver
toujours dans le prix des marchandises qu'il a fa-
briquées, et l'acheteur paye cet impôt avec ces mar-

chandises elles-mêmes. L'impôt contribue-t-il à en augmenter le prix au delà du goût de l'acheteur, celui-ci se calme et en demande un peu moins. Son goût est-il supérieur à la cherté, il persiste, et en payant il fait fabriquer, en quantité proportionnée à ses désirs, la marchandise qui lui a plu. En définitive, l'impôt est partie intégrante du prix des choses, et c'est le penchant de l'acheteur pour ces choses qui le détermine à en payer une part plus ou moins considérable.

» En est-il ainsi pour les seuls produits manufacturés? Pas du tout. Le fermier qui sème du blé, qui élève des troupeaux, doit retrouver, lui aussi, dans le prix de ses denrées ou de ses moutons, non seulement le fermage, la semence, les journées d'ouvriers influencées par les impôts que payent ces ouvriers eux-mêmes, mais son impôt foncier, son impôt personnel, sans quoi il abandonnerait son état de fermier, et de la sorte le pain, le vin, la viande arrivent au consommateur chargés de frais de tout genre, dont l'impôt foncier forme une notable partie. Le fermier n'a donc fait, comme tous les autres producteurs, que l'avance de l'impôt, avance dans laquelle il doit rentrer ensuite, s'il veut continuer un métier qui autrement serait ruineux...

» Ainsi l'impôt, répercuté à l'instant même, vient prendre place dans le prix de chaque chose, prix qui est déterminé, à la fois, par les charges dont on l'a augmenté, et par le besoin qu'en ont les consommateurs, s'il s'agit de choses nécessaires, et par leur goût seulement, s'il s'agit de choses de pure jouissance ; mais si l'impôt les a trop fait renchérir, le besoin se restreignant, le goût se contenant, la consommation diminue et le produit de l'impôt avec elle. En fin de compte, le penchant à se procurer chaque objet détermine son vrai prix, et par suite la participation de chacun de nous à l'impôt. C'est au fisc à ne pas charger certaines productions pour ne pas en éloigner l'acheteur, s'il y a intérêt à les étendre.

» Ces répercussions sont encore plus nombreuses qu'on ne pourrait le rendre par la parole, car le pain va se trouver chargé de l'impôt qui a frappé la terre, des portions d'impôt qui ont frappé le vêtement du laboureur et le soc de la charrue ; le fer qui a servi à fabriquer ce soc de charrue va se trouver chargé de l'impôt foncier sur la forge, de l'impôt de douane sur la houille et sur les machines, de tous les impôts sur le pain et sur les vêtements. Le vêtement sera frappé, à son tour, des surenchérissements qui l'atteignent

directement ou indirectement, par les mille et mille
épercussions que je viens de retracer. Plus même
on produit sera compliqué, plus il sera un produit
le taxe, plus il aura passé par de nombreuses mains
pour arriver à sa perfection, plus il sera coûteux
enfin, et plus il aura reçu de ces surenchérissements
successifs, résultant des mille coups et contre-coups
le l'impôt. Ainsi une voiture de grand prix, dans
laquelle il entrera du fer, du bois, des cuirs, des
glaces, des soieries, des vernis, qui aura employé des
ouvriers de toute espèce, sera, de plus, surchargée de
ces surenchérissements provenant de tous les genres
le contributions qui représentent la protection sociale. Si on pouvait, en un mot, soumettre tous les
objets dont l'homme se vêtit, se nourrit, se pare, se
délecte l'âme et le corps, à une analyse morale aussi
parfaite que l'est l'analyse chimique, on retrouverait
dans leur valeur vénale des portions plus ou moins
considérables de tous les impôts, et on les y retrouverait en parcelles infiniment divisées. En somme, la
valeur d'une chose étant le composé de tous les genres
le travail qui ont concouru à la produire, le travail
le la protection sociale représenté par l'impôt doit
être l'un des éléments essentiels qui sont entrés dans
ce composé ; dès lors celui qui consomme le plus de

toutes ces choses est celui qui paye la plus grande
part d'impôt, et, par une loi des plus sages, des plus
rassurantes de la Providence, de quelque façon que
s'y prennent les gouvernements, le riche est, après
tout, le plus soumis à l'impôt... »

On ne saurait ni mieux penser, ni mieux dire.

Laissons-là maintenant les économistes, et venons
aux financiers.

En fait d'impôts, ai-je dit, les plus anciens sont
les meilleurs; et je n'ai fait, en cela, que répéter
ce que répètent eux-mêmes, sans cesse, les hommes
du métier, les financiers de profession. *Les vieux
habits ne gênent pas; ce sont les souliers neufs qui
font mal aux pieds*, nous disait autrefois M. Louis,
faisant peut-être, en ceci, la part de l'habitude plus
large, et celle de la raison moindre qu'elle ne l'est
réellement. Les anciens impôts sont ceux dont la perception entraîne le moins de faux frais et de non-valeurs; ce sont ceux dont le recouvrement est le plus
certain, le plus régulier, le plus ponctuel; ce sont
ceux qui excitent, de la part des contribuables, le
moins de murmures et d'impatiences; mais pourquoi? parce que les contribuables apparents, ceux
qui sont en rapport direct avec le fisc, ne font qu'a-
vancer l'impôt; parce qu'ayant la certitude de ren-

trer dans leurs déboursés, ils règlent sur cette perspective les progrès de leurs opérations et la distribution de leur capital; parce que les contribuables
réels n'ont rien à démêler avec le fisc, parce qu'ils
acquittent l'impôt à leur insu et dans la mesure de
leurs convenances.

Cet avantage est tel, je l'ai dit tout à l'heure, qu'il
compense et couvre, à peu près, tous les reproches
qu'un impôt quelconque pourrait mériter d'ailleurs.
Tout impôt, quel qu'il soit, s'il a duré assez longtemps
pour se fondre dans le prix des choses et devenir un
impôt de pure consommation, est par cela même, et
par cela seul, bon à conserver; l'abroger sous prétexte qu'il serait entaché de tel ou tel vice ne serait
pas raisonnable. L'impôt le plus injuste, à son origine, cesse de l'être avec le temps. Quand les fonds de
terre, quand les maisons, les bâtiments, les créances,
les rentes, les objets mobiliers d'une certaine consis-
tance, ont successivement passé de mains en mains,
toutes les conditions onéreuses attachées à ces choses,
en tant que matière imposable, ont été appréciées
par les acquéreurs, et compensées dans les prix de
rente.

Abroger l'impôt, dès lors, ce n'est pas *rendre*, c'est
donner; ce n'est pas *indemniser* le patient originaire,

c'est *gratifier* celui qui l'a remplacé. Supposons, par
exemple, le droit de succession introduit pour la première fois : l'héritier qui l'acquitte, ainsi que nous
l'avons vu tout à l'heure, ne peut guère le rejeter sur
personne ; il le subit intégralement ; il vend l'héritage,
il le vend grevé d'un nouveau droit de succession,
éventuel à la mort du nouveau propriétaire. L'héritage en vaut d'autant moins ; le nouveau propriétaire
profite de la moins-value ; il meurt à son tour, ses
enfants sont dédommagés d'avance du droit qui tombe
à leur charge ; abroger l'impôt, c'est trop, faire pour
eux, ce n'est rien faire pour l'héritier primitif.

Est-ce à dire que toute nation soit tenue de supporter à toujours tout système d'impôt qui s'y trouve
établi par la suite des temps ou le hasard des circonstances? Est-ce à dire que, dans aucun pays, aucun
contribuable ne puisse espérer raisonnablement
aucun soulagement? A Dieu ne plaise! Quand, par
l'introduction d'une sage économie dans les dépenses
publiques, ou par l'heureux progrès de la richesse
nationale, les recettes dans un pays quelconque
excèdent la dépense, il est juste et naturel, en ce
pays-là, de remettre aux contribuables ce surplus
qui leur appartient ; mais il convient en pareil cas de
ne point procéder par suppression d'impôts, parce

que toute suppression d'impôts entraîne inévitablement une nouvelle distribution du capital national,
laquelle entraîne, à son tour, une certaine déperdition
de ce même capital, des injustices partielles, momen-
tanées, des froissements, des embarras, des difficultés ;
il convient de procéder par voie de dégrèvement sur
l'ensemble des contributions, de telle sorte que
chaque emploi du capital y trouve à peu près son
compte.

Est-ce à dire encore qu'il soit nécessaire, si l'on
veut, convenable, d'opérer sur chaque nature d'impôts, en pareil cas, un dégrèvement proportionnel?
d'en réduire, au marc le franc, les tarifs ou les
contingents? Tout aussi peu. C'est ici qu'il convient,
au contraire, de tenir grand compte des vices ou des
qualités inhérentes à chaque nature d'impôts. Adam
Smith et ses disciples posent, à ce sujet, des règles
très sages; l'expérience en indique d'autres qui ne
le sont pas moins [1]. Ce sont les impôts dont la perception est la plus coûteuse; ce sont ceux qui se
prêtent le moins aux convenances des producteurs;
ce sont ceux qui gênent sous un plus grand nombre

---

1. *Rich. des nat.*, t. V, chap. II. — Say, *Trait. d'écon. polit.*,
l. III, chap. IX. — Ricardo, *Polit. econ.*, chap. XIII. — Macculloch,
On Taxat., p. 17. — Mill, *Polit. econ.*, l. V, chap. II.

de rapports les mouvements du commerce et les
progrès de l'industrie, ceux surtout qui respectent le
moins la liberté des contribuables et le secret de leurs
affaires, qu'il convient de dégrever dans la plus forte
proportion, afin d'en atténuer peu à peu les inconvénients, de les éteindre même insensiblement, sans
secousse, sans brusque transition, en ayant soin,
d'ailleurs, tant qu'ils subsistent, de ne les point si-
gnaler à l'animadversion publique.

Par la même raison, mais en sens inverse, quand
il arrive dans un pays quelconque, ce qui malheureusement n'est pas rare; quand il arrive, dis-je, que
les dépenses excèdent les recettes, qu'il faut recourir
à des mesures nouvelles pour maintenir l'équilibre des
budgets, l'exhaussement des contributions établies,
un exhaussement modéré, sagement distribué, réparti entre les impôts existants dans une proportion
raisonnable, c'est-à-dire de telle sorte que les rapports entre les diverses professions ne soient pas
sensiblement altérés, vaut infiniment mieux que la
création de nouveaux impôts.

Les impôts nouveaux rendent peu, du moins dans
les premiers temps; comme tous les essais, ils sont
sujets à de grands mécomptes; ils sont exposés à des
fraudes nombreuses, à des fraudes que l'expérience

ne découvre et ne déjoue qu'à la longue et à grand'-
peine. Mais le pire, c'est que les meilleurs portent
une atteinte plus ou moins profonde à la distribution
du capital et de la main-d'œuvre; c'est que, durant
tout le temps qui s'écoule entre le moment où ils
s'établissent et celui où ils se sont fondus dans le
prix des choses, l'économie sociale est en travail pour
faire passer le capital d'un emploi à un autre emploi,
ce qui n'arrive jamais sans quelque perte, et la classe
ouvrière d'une profession à une autre profession, ce
qui n'arrive jamais sans de grandes souffrances.

Aussi peut-on dire qu'il n'est aucune branche de
l'administration publique où les fantaisies des esprits
systématiques, les inventions des charlatans, les rêves
mêmes des gens de bien ne soient plus domma-
geables, et que le plus grand fléau pour un pays,
c'est un ministre des finances faiseur et brouillon.

Mais la conduite qui vient d'être indiquée, cette
conduite honnête, prudente, mesurée, par malheur
elle ne correspond guère qu'aux conditions ordinaires de la société civile. Quand surviennent des
circonstances en dehors de l'ordre commun, la guerre
par exemple, la guerre qu'on peut nommer, à son
choix, ou le plus ordinaire des événements extraordinaires, ou le plus extraordinaire des événements or-

dinaires, quand survient la nécessité de faire face à
des dépenses énormes et immédiates, tous les financiers estiment qu'il leur faut recourir à la voie des
emprunts, ou pourvoir, en temps utile, à l'amortissement des dettes ainsi contractées, en surimposant
simplement les contribuables d'une somme égale à
l'intérêt des emprunts et à l'amortissement qui les
doit rembourser dans un temps déterminé. Ils consi-
dèrent comme des esprits chimériques les théoriciens
qui préféreraient, en pareil cas, écraser un pays
d'impôts, à l'endetter plus ou moins.

Emprunter en temps de guerre, amortir en temps
de paix, à leurs yeux voilà la règle [1].

Ils ajoutent, mais sur ce point ils ne sont pas una-
nimes, à beaucoup près, qu'en temps de guerre, si
les emprunts deviennent trop onéreux, en temps de
paix, s'il survient un déficit momentané, un déficit de
quelque importance, on peut, sans trop d'inconvénients, recourir à l'impôt général sur les revenus,
moyennant ces trois conditions :

1° Que la durée d'un tel impôt soit limitée ;

---

1. Adam Smith, *Rich. des nat.*, l. V, chap. III, p. 33 du tome IV,
édit. Macculloch. — Say, *écon. polit.*, l. III, chap. XI. — Ricardo, *
on Funding syst. Encyclopédie d'Edimbourg*, t. XXIV, p. 421. —
Chalmers, *on Political economy. Appendice on the national debt.* —
Mill, *Polit. econ.*, l. V, chap. VII.

2° Qu'il soit léger ;

3° Qu'il respecte les très petits revenus.

J'estime que la saine théorie leur donne raison en ce qui touche l'emprunt et l'amortissement, et qu'elle leur donne tort en ce qui touche l'impôt général sur les revenus.

Les objections des économistes contre les emprunts, contre les dettes publiques, ne semblent pas dignes de leur sagacité habituelle. Les unes sont prises en dehors du cercle de l'économie politique ; ce sont des appréciations un peu vagues de l'influence que les emprunts peuvent exercer sur la politique des gouvernements, sorte d'arguments à deux tranchants, si l'on peut ainsi parler, qui se retournent à volonté contre qui les emploie, et qui se prêtent avec une égale facilité à prouver le pour et le contre. Les autres sont vraiment scientifiques, mais dénotent une observation très inexacte des faits.

« Si les dépenses de guerre, dit Adam Smith, étaient supportées par l'impôt, les guerres seraient plus tôt terminées, et moins légèrement entreprises. Le peuple en sentirait le fardeau pendant toute la durée de la guerre ; il s'en lasserait ; le gouvernement ne la prolongerait pas plus que de raison. La prévoyance même du fardeau inévitable détournerait

5

le peuple de vouloir la guerre, quand aucun intérêt réel et sérieux ne serait en jeu[1]. »

« Quand le poids de la guerre est ressenti, tout à la fois, dit Ricardo, nous sommes moins disposés à nous laisser engager dans des conflits dispendieux, et plus disposés à nous en retirer, à moins d'un grand intérêt national[2]. »

« Le plan qui consiste, dit M. Macculloch, àpourvoir annuellement aux frais de la guerre par un accroissement d'impôts, est exempt des reproches qu'on peut adresser au système opposé. Cet accroissement d'impôts prévient toute chance qu'on se décide à l'encourir pour des motifs qui ne seraient pas solides et sérieux[3]. »

Ne pourrait-on pas faire observer, en revanche, que le vice du plan serait de déplacer le droit de paix et de guerre, de le transférer du gouvernement aux gouvernés, des représentants aux représentés, d'enlever à la sagesse, à la direction des cabinets, les questions les plus ardues, les plus délicates de la politique extérieure, pour les faire descendre sur la

1. *Rich. des nat.*, l. V, ch. III, p. 33, t. IV. de l'édition de Macculloch.
2. *On fund. syst.* — *Encycl. d'Édimb.*, t. XXIV, p. 421.
3. *On Taxat.*, part. III, ch. I, p. 417.

place publique et les livrer aux égarements de la
multitude et aux criailleries des démagogues?

« Si les dépenses de la guerre étaient prélevées
sur le revenu annuel, poursuit Adam Smith, la puissance d'accumulation chez les particuliers, quoique
moindre pendant la guerre, serait plus grande pendant la paix que sous le système des emprunts. Les
périodes où cette puissance serait moindre seraient
plus rares et de plus courte durée ; celles où elle
agirait dans toute sa vigueur seraient plus durables[1]. »

« Il n'y a qu'un moyen, ajoute M. Macculloch, de
réparer les profusions de la guerre, c'est de provoquer chez les particuliers l'industrie et l'économie,
et pour cela de leur faire sentir toute l'influence que
les dépenses de la guerre doivent exercer sur les fortunes privées. Le défaut radical du système des emprunts, c'est de tromper sur ce point le public...
Supposez que la somme nécessaire pour faire face
aux dépenses de la guerre soit levée annuellement,
que le contingent d'un individu quelconque soit
de 1,000 livres. Le désir de conserver sa situation,
de maintenir sa fortune au même taux, l'excitera à
se procurer cette somme, en partie par de nou-

---

1. Adam Smith, *Rich. des nat.*, loc. cit.

veaux efforts d'industrie, en partie par une économie plus sévère sur ses dépenses; mais si, grâce
au système des emprunts, il est appelé simplement
à payer l'intérêt de cette somme de 1,000 livres,
soit 50 livres, c'est à recouvrer 50 livres qu'il
bornera ses économies et son industrie, oubliant
que sa fortune reste grevée du capital. Ainsi fait la
nation tout entière; elle ne répare les pertes cau-
sées par la guerre que dans la proportion de l'intérêt, et non dans la proportion du principal de la
dette [1]. »

Il serait inutile de multiplier les citations : ce que
disent les maîtres, les disciples le répètent; mais,
pour être banale, l'objection n'en semble pas plus
décisive. Les causes qui déterminent dans un pays
les progrès de l'industrie et l'accumulation des capitaux sont si nombreuses et si diverses, qu'en essayant de faire sa part soit à l'une, soit à l'autre, on
court grand risque de se tromper; mais ce qu'on
peut affirmer, presque à coup sûr, c'est que l'impôt,
pour devenir un stimulant à l'égard de ceux qui le
payent, producteurs ou consommateurs, pour exciter
ceux-ci à l'industrie, ceux-là à l'épargne, ne doit pas
les serrer de trop près et les accabler outre mesure.

1. On Taxat., p. 404.

Il se peut qu'un producteur atteint par l'impôt, au lieu de se borner à restreindre sa production, s'ingénie pour réparer la brèche faite à son capital, qu'il invente quelque procédé nouveau, quelque machine nouvelle, mais il faut pour cela que la brèche ne soit pas trop forte; ce sont les profits qui doivent faire les premiers frais, la mise en œuvre de l'invention; si la somme que le producteur doit, à cet effet, distraire de ses profits est trop considérable, il préférera réduire tout simplement la quantité de ses produits et rejeter le fardeau sur le consommateur. Il se peut qu'un salarié, atteint par l'impôt, au lieu de s'éloigner d'un pays où la vie est chère, économise sur ce qui lui reste une petite somme et la place à intérêt pour payer l'impôt de l'année suivante; mais c'est à condition que son salaire ne sera pas trop entamé; sans quoi, il ira porter ailleurs son travail et ses bras. Cela étant, ne peut-on pas dire qu'en temps de guerre un accroissement d'impôt modéré, simplement suffisant pour servir les intérêts et l'amortissement de l'emprunt, a plus de chances d'encourager l'industrie qu'un impôt énorme qui écrase le contribuable[1].

Mais le grand reproche après tout, le reproche éternel que les économistes adressent au système des

---

[1]. Garnier, *Préf. à l'introd. de Smith*, p. 66.

emprunts, c'est que les emprunts détruisent en partie le capital national, et portent ainsi atteinte aux ressources de l'avenir. C'est à chaque génération, disent-ils, à prendre soin d'elle-même et à s'imposer des sacrifices qui correspondent à ses besoins.

« Nulle richesse nécessaire aux travaux de la reproduction n'en peut, dit Turgot, être détournée sans nuire à cette reproduction, à la richesse nationale, et, par suite, aux moyens de puissance du gouvernement[1]. »

« Il y a, dit Say, cette grande différence entre les particuliers qui empruntent et les gouvernements qui empruntent, que le plus souvent les premiers cherchent à se procurer des fonds pour les faire valoir, pour les employer d'une manière productrice, tandis que les derniers n'empruntent ordinairement que pour dissiper sans retour les fonds qu'on leur a prêtés[2]. »

« Faisons face aux difficultés à mesure qu'elles se présentent, dit Ricardo, et préservons-nous des hypothèques permanentes[3]. »

« Sur ce sujet, dit M. Mill, la prudence dicte aux

---

1. *Œuvres de Turgot*, t. IV, p. 345.
2. *Econ. polit.*, l. III, ch. II.
3. *On funding syst. — Encycl. d'Édimb.*, t. XXIV, p. 423.

nations la même conduite qu'aux individus, à savoir,
de se soumettre à toutes les privations qu'on peut
raisonnablement supporter, et de n'engager l'avenir que pour le surplus. C'est une excellente maxime
de faire en sorte que les ressources actuelles suffisent
aux besoins actuels; l'avenir aura les siens pour absorber ses propres ressources[1]. »

A ceci les financiers répondent qu'à la vérité les
emprunts entament le capital social et le détruisent
en partie, ce qui est fâcheux; mais qu'il n'y aurait
aucun moyen de faire autrement; qu'en temps de
guerre, ou dans quelqu'une de ces grandes circonstances qui rendent les dépenses extraordinaires inévitables, il serait impossible de lever en bloc chaque
année les sommes nécessaires pour y faire face;
que la résistance des contribuables, fondée sur leur
impuissance réelle, serait insurmontable; d'ailleurs,
ajoutent-ils, puisque de telles circonstances engagent
l'honneur et la sécurité du pays, puisque leurs conséquences dépassent la génération présente, pourquoi
les générations à venir ne supporteraient-elles pas un
peu du fardeau?

« Vaines défaites, reprend Ricardo. Si les pro-

---

1. *Écon. polit.*, l. V, ch. VII, LV, II, p. 437-438.

priétaires fonciers, si les manufacturiers ne peuvent
payer les taxes de guerre sur leurs revenus, pourquoi n'emprunteraient-ils pas eux-mêmes aux lieu
et place du gouvernement? Pourquoi n'hypothéque-
raient-ils pas leurs propriétés? *A* emprunterait directement à *B*, au lieu de lui emprunter par l'entremise du ministre des finances. *A* payerait directement
à *B* l'intérêt de son emprunt, au lieu de lui payer
par l'entremise du Trésor. Il y aurait des dettes
privées, cela est vrai; il n'y aurait pas de dette
publique. Et quant à cette idée qu'il convient de
répartir le fardeau entre le présent et l'avenir, entre
la génération présente et celles qui lui succéderont,
c'est une pure illusion. Qu'importe à celui qui laisse
sa succession à son fils, de lui laisser un capital de
20 000 francs grevé à perpétuité d'un impôt de
1 000 francs ou de lui laisser, franc d'impôt, un capital de 19 000 francs[1]? »

Et qu'importe, dirai-je à mon tour, qu'importe à
l'intégrité du capital national, à l'avenir de la production, aux intérêts économiques des générations
futures, que le capital national soit entamé, en bloc,
par un emprunt public, ou, en détail, par une multi-

----

1. *On fund. syst. — Encycl. d'Édimb.*, t. XXIV, p. 122.

tude d'emprunts particuliers? Est-ce que dans les
deux cas la même somme n'aura pas été prélevée sur
les mêmes contribuables? Est-ce qu'elle n'aura pas
été distraite du même fonds productif? Est-ce qu'elle
n'aura pas été également dépensée, justement ou non,
utilement ou non, selon que la guerre aura été juste
ou injuste, utile ou nuisible?

Les dépenses publiques, on ne saurait trop le répéter, sont les frais généraux de la production annuelle; elles doivent être, et sont effectivement, prélevées sur le fonds productif, sur le capital circulant
de la société; elles doivent être, et sont effectivement,
avancées par les producteurs; elles doivent être, et
sont effectivement acquittées par les consommateurs,
sous forme de privations, c'est-à-dire en ce sens que
plus considérables sont les frais de production,
moindre est la quantité des choses produites, et,
partant, moindre la part de chaque consommateur.
C'est ainsi et seulement ainsi que son revenu net peut
être atteint, et l'est effectivement.

Cela est vrai en temps de guerre comme en temps
de paix; mais en temps de guerre les frais généraux
de la production sociale, c'est-à-dire les dépenses
de l'État augmentant subitement dans une proportion considérable, le gouvernement a le choix de s'a-

dresser, pour y faire face, soit au capital engagé actuellement dans la production, soit au capital actuellement libre et disponible.

Dans le premier cas, il a recours à l'impôt, c'est-à-dire à la coaction; dans le second, il a recours à l'emprunt, c'est-à-dire à la bonne volonté des capitalistes, ou, si l'on veut, à leur intérêt.

Lequel des deux procédés est le meilleur, en pareille circonstance? Lequel des deux est le plus conforme à l'intérêt public, à l'intérêt présent et à venir de la société?

Voilà toute la question.

Si le gouvernement, docile aux conseils des économistes, se décide pour le premier de ces deux procédés, il lui faut ou créer de nouveaux impôts, des taxes de guerre considérables, des taxes destinées à durer autant que la guerre et à finir avec elle, ou bien élever momentanément, dans une proportion considérable pour le taux, certains impôts déjà établis.

Rien de plus désastreux, tant que dure la guerre, rien de plus ruineux au retour de la paix.

Tant que dure la guerre, des taxes nouvelles et considérables, des tarifs nouveaux et considérables, déterminent infailliblement une perturbation pro-

fonde dans la distribution du capital et du travail.
Ces impôts, ces tarifs pèsent sur certaines industries
à l'exclusion de certaines autres, pèsent plus sur
celles-ci, moins sur celles-là. L'équilibre 'des profits
est détruit, le capital cherche son niveau, il afflue
vers les industries exemptées ou ménagées, et laisse
partout, sur son passage, des débris de lui-même ; ici
des bâtiments sans emploi, là des usines en chômage,
plus loin des machines de rebut qui ne se vendent
que pour la valeur des matériaux. La main-d'œuvre
suit péniblement ces évolutions du capital : l'ouvrier
congédié de l'industrie délaissée ou réduite, pressé
par le besoin, en passant d'une profession à une
autre, paye les frais d'un nouvel apprentissage, et ne
gagne qu'à grand'peine, dans son nouveau métier,
le modique salaire de l'inexpérience. Puis, quand
revient la paix, quand les taxes de guerre sont supprimées, quand les tarifs sont réduits à leur taux
primitif, une nouvelle révolution s'opère en sens inverse, le capital reflue vers les emplois qu'il a quittés,
semant sa route rétrograde de nouvelles ruines, impo-
sant de nouveaux déplacements, de nouveaux sacrifices aux modestes ressources de l'ouvrier.

Et ce n'est pas tout.

Ces impôts nouveaux, ces nouveaux tarifs, n'affec-

tent pas au même degré les contribuables qu'ils atteignent. Ceux dont tout le capital est très engagé,
qui n'en peuvent retirer, à volonté, rien ou presque
rien ; ceux dont les affaires sont embarrassées, en
souffrent beaucoup plus que les autres. Pour y faire
face, ils sont obligés de recourir à la ressource que
leur indique Ricardo ; ils sont obligés d'emprunter,
et subissent alors les conditions de leurs prêteurs,
dans la mesure de leur crédit personnel, en proportion de leurs difficultés, de leurs embarras ; ils payent
l'argent plus cher, et les conséquences de l'état de
guerre se prolongent, pour eux, longtemps après le
rétablissement de la paix.

Comment un écrivain aussi profond, aussi clairvoyant que M. Ricardo, a-t-il pu écrire les lignes
suivantes ?

« Le plus grand avantage qui résulterait de l'imposition des taxes de guerre, serait le peu de dérangement permanent qu'elles apporteraient à l'industrie
du pays. Les prix des marchandises ne seraient
point troublés par ces taxes, ou, s'ils l'étaient, ce
serait seulement pour une période où toute chose
est troublée ; au retour de la paix, chaque chose
retomberait à son prix naturel, et l'effet direct de ces
taxes n'offrirait aucune tentation, à personne, de

quitter l'emploi pour lequel il aurait plus d'aptitude et de facilité, afin de passer dans un autre emploi pour lequel il en aurait moins[1]. »

En affirmant exactement le contraire, on serait bien près de la vérité.

Quand, en revanche, au lieu de suivre les conseils des économistes, le gouvernement suit les traditions des financiers, quand il a recours aux emprunts pour faire face aux dépenses extraordinaires, que fait-il?

Ainsi que je l'indiquais tout à l'heure, au lieu de s'adresser au capital actuellement engagé dans la production, il s'adresse au capital libre et disponible; au lieu de s'adresser au capital actuellement employé, il s'adresse enfin au capital qui cherche un emploi.

Dans toute société civilisée, dans tout pays en progrès — que le progrès soit lent ou rapide, n'importe, quant au fond des choses — il se forme, chaque année, librement, naturellement, de nouveaux capitaux, fruits de la prévoyance et de l'économie; une partie aliquote des revenus nets se capitalise; une partie du fonds de consommation devient fonds productif, et c'est cette formation, libre, spontanée,

1. *On fund. syst.* — *Encycl. d'Édimb.*, t. XXIV, p. 422.

d'un nouveau capital qui détermine et qui règle l'extension progressive de l'agriculture, du commerce
et de l'industrie ; sans cela, la richesse publique demeurerait tout au plus stationnaire dans toutes ses
branches; tout au plus, dis-je, car probablement elle
déclinerait; pour la société humaine, comme pour les
êtres qui la composent, entre avancer et reculer il
n'y a guère de juste milieu.

De plus, dans toute société civilisée , dans tout
pays en progrès, il s'opère, chaque année, librement,
naturellement, par suite de changements qui surviennent dans les voies commerciales, dans les procédés de l'industrie, dans les besoins, dans les goûts des
consommateurs, un certain déplacement du capital
engagé ; ce déplacement s'opère peu à peu, avec précaution, sans secousse; mais il s'opère, et si, dans
l'intervalle qui s'écoule entre l'instant où il commence
et celui où il est consommé, les fractions successivement dégagées ne rencontrent pas quelque emploi
dont l'accès soit simple, facile, ces valeurs resteront
stagnantes dans les caisses ou dans les portefeuilles
des capitalistes.

L'emprunt puise à ces deux sources.

En appropriant *aux besoins de l'année* courante
le produit des économies faites *sur le fonds de* çon-

sommation de l'année précédente, et destinées à concourir au développement de la production *dans les
années subséquentes*, l'emprunt fait naturellement ce
que ne saurait faire l'impôt, ce qu'on lui demande en
vain de faire, par voie de coaction ; il taxe le revenu
net, car c'est sur le revenu net que les économies ont
été prélevées et capitalisées ; il met l'avenir à contribution, car c'est à l'avenir que ces économies sont
soustraites.

En recueillant, jour à jour, des fractions de capital
qui se dégagent d'un emploi pour passer plus tard
dans un autre emploi ; en leur offrant un placement
temporaire, un placement sûr, facile à l'entrée comme
à la sortie, si l'on peut ainsi parler, l'emprunt fait,
pour les capitalistes, l'office d'une caisse d'épargne ;
il fait tourner à leur profit, en même temps qu'au
service public, des valeurs qui, sans lui, demeureraient oisives et stériles.

En se bornant à taxer modérément les industries
existantes, à ne prélever sur elles qu'une somme
égale à l'intérêt et à l'amortissement du capital em-
prunté, l'emprunt préserve de toute atteinte, soit
pendant la guerre, soit au retour de la paix, la distribution du capital engagé, et celle du travail employé
par ce capital ; il ajourne simplement le progrès de

la richesse nationale, en consommant tout ou partie des économies annuelles de la société; encore faut-il ajouter que l'emprunt, lorsqu'il a pour but le développement de la production future, lorsqu'il est dépensé en routes, canaux, desséchements, etc., n'a pas même cet inconvénient, et ne doit être considéré que comme un placement anticipé de ces économies.

Le docteur Chalmers n'est pas de cet avis [1].

M. Mill, par de meilleures raisons, n'en est pas non plus [2].

Mais ni l'opinion du premier, ni celle du second ne paraît conforme à la vérité des choses.

Voici l'argument du docteur Chalmers.

Quand le gouvernement, dit-il, impose 20 000 000 de l. st. par exemple, sur les contribuables, pour subvenir aux frais de la guerre, il prélève cette somme à leurs dépens et les prive, par là, des objets qu'ils auraient achetés en la dépensant; c'est un mal, mais un mal unique et sans conséquence ultérieure. Quand le gouvernement, au lieu de prélever sur eux cette somme, l'emprunte en leur nom et pour leur compte, il la prélève sur l'agriculture, l'industrie, le com-

---

1. On polit. econ., t. II, p. 140, note D.
2. Princ. of pol. econ., t. I, l. I, ch. v, LIII, VIII, p. 98; t. II, l. V, ch. VII, LV, 1, p. 435-438.

merce du pays; les producteurs, privés d'une portion de leur capital, réduisent proportionnellement
la quantité de leurs produits, les prix s'élèvent d'autant; les contribuables subissent, en raison de l'élévation des prix, une perte égale à celle qu'ils auraient
subie dans l'autre hypothèse; mais ce n'est pas tout;
ils restent grevés d'une dette dont ils ont à servir les
intérêts et l'amortissement jusqu'à parfait remboursement.

En d'autres termes, ils paient deux fois la même
somme.

Cet argument repose manifestement sur deux graves
erreurs.

En premier lieu, ce n'est pas sur les capitaux engagés dans l'agriculture, l'industrie, le commerce, que
les emprunts sont prélevés; c'est sur les capitaux
libres et disponibles. Les producteurs ne pourraient
prêter au gouvernement tout ou partie de leur capital circulant qu'à la condition de mettre bas leurs établissements, de fermer leurs ateliers, de laisser en
chômage leurs machines, leurs équipages, leurs cours
d'eau, etc., de sacrifier, en un mot, leur capital fixe. Il
n'y a point d'intérêt, quelque élevé qu'on le suppose,
qui pût compenser, pour eux, une telle perte.

Si donc, en temps de guerre, les marchandises et

les denrées renchérissent, ce n'est pas parce que
l'État emprunte au lieu d'imposer, c'est parce que
ses dépenses, qui ne sont autre chose que les frais
généraux de la production annuelle, augmentent en
temps de guerre : l'État a besoin de plus de bras et de
plus d'argent qu'en temps de paix, pour rendre à la
production les mêmes services, pour l'assister et la
protéger ; par quelque voie qu'il se procure les fonds
nécessaires, la quantité totale, définitive, des produits
doit diminuer. Les contribuables auraient tort d'im-
puter à l'emprunt plutôt qu'à l'impôt des privations
inévitables, des privations qu'ils doivent encourir en
toute hypothèse on peut même dire qu'en ceci, l'emprunt les ménage plus que l'impôt. Quand, pour subvenir aux dépenses de la guerre, l'État impose au lieu
d'emprunter, c'est le capital actuellement engagé dans
la production qui fait l'avance de l'impôt ; c'est une
portion du capital actuellement productif que l'État
consomme ; avec ce qui leur reste, les producteurs
produisent un peu moins, et vendent au consommateur leur production réduite aussi cher que leur
production précédente ; chaque produit coûte un
peu plus qu'il ne coûtait. Quand, pour subvenir aux
frais de la guerre, l'État emprunte au lieu d'imposer,
c'est un capital disponible, un capital nouveau, un

capital destiné à venir accroître le fonds productif,
mais qui n'y est pas encore entré, que l'État emprunte
et consomme. Le fonds productif reste le même, mais
il n'augmente pas comme il eût augmenté sans la
guerre; la production ne diminue pas, mais elle
ne s'accroît pas comme elle se serait accrue sans la
guerre; chaque produit ne se vend pas à plus haut
prix, mais il ne se vend pas à meilleur marché, comme
il se serait vendu sans la guerre. Dans l'hypothèse de
l'impôt, les contribuables *perdent* plus ou moins ; dans
l'hypothèse de l'emprunt, ils *manquent à gagner*.

D'autre part, admettant par hypothèse que l'emprunt puisse être et soit effectivement prélevé sur
l'agriculture, l'industrie, le commerce du pays, sans
doute, si chaque producteur entre dans l'emprunt
pour sa quote-part au prorata de son capital; s'il réduit proportionnellement sa production, et s'il vend
aux consommateurs, dont le revenu est resté le même,
sa production réduite aussi cher que sa production
primitive, sans doute, dis-je, chaque producteur aura
reçu l'équivalent de ce qu'il aura donné; son capital
se trouve rétabli; il sera remboursé; et si l'État, en
qualité de fondé de pouvoirs des contribuables, le
reconnaît encore pour son créancier et le rembourse, sur nouveaux frais, il recevra des deux

mains; il y aura là double emploi. Mais pourquoi?
Parce qu'une telle opération ne serait pas un emprunt, ce serait une contribution dont les producteurs feraient l'avance, sauf à se récupérer sur les
consommateurs. Pour qu'il y ait emprunt, dans l'hypothèse où nous raisonnons, il faut que *certaines
productions* prêtent à l'État la somme dont il a besoin, et la lui prêtent à *la décharge* des autres producteurs qui conservent leur capital intact, et du reste
des contribuables qui sont affranchis de l'impôt de
guerre, par suite de ce prêt. Or, en ce cas, y aura-t-
il double emploi à faire rembourser graduellement,
par l'ensemble des producteurs et des contribuables
indemnes, des prêteurs très réels qui auront confié
leur capital à l'État, et n'auront eu ni l'occasion, ni
le moyen de s'en récupérer sur personne? Il se peut,
à la vérité, qu'en ceci les producteurs non prêteurs
gagnent quelque chose sur les consommateurs; qu'une
partie du fonds productif ayant passé à l'emprunt,
les produits du surplus se vendent un peu plus cher.
Il se peut même que les producteurs non prêteurs
gagnent plus en cette qualité qu'ils ne perdront en
leur qualité de contribuables obligés de concourir
à l'intérêt et à l'amortissement de l'emprunt. Mais
il s'agit ici d'une hypothèse purement scientifique,

et qui n'a rien de commun avec la vie réelle : c'est
un accident dont il suffit de tenir compte pour mémoire, et plutôt dans l'intérêt de la logique que dans
l'intérêt de la société.

M. Mill reconnaît en partie ces vérités.

Il reconnaît qu'aucun emprunt de quelque importance relative ne saurait être prélevé sur les capitaux
engagés dans l'agriculture, l'industrie ou le commerce. — « Les pays pauvres, dit-il, lorsqu'ils empruntent, empruntent à l'étranger; dans les pays
riches, les emprunts sont prélevés sur le produit des
économies annuelles [1]? » — Mais il estime néanmoins
que l'emprunt n'est admissible qu'autant qu'il est
prélevé sur cette partie des économies annuelles qu'il
crée lui-même par la facilité qu'il offre aux prêteurs,
ou qui serait exportée faute d'emploi à l'intérieur.
« Pour le surplus, [2] dit-il, c'est-à-dire pour cette
partie des économies annuelles qui pourrait être
employée profitablement dans l'intérieur du pays,
l'emprunt équivaut à une taxe sur les salaires, puisqu'il absorbe une somme qui, sans lui, se distribue-
rait en salaires [3]. Mieux vaut, dès lors, laisser cette

1. *Princ. of pol. econ.*, t. I, ch. v, LV, VIII, p. 99.
2. T. II, ch. v, LV, I, p. 435.
3. *Ibid.*, p. 437.

somme grossir le fonds productif, et remplacer l'emprunt par une taxe de guerre sur le salaire de la
classe laborieuse; elle ne s'en trouvera ni mieux ni
plus mal, et l'État ne sera point grevé d'une dette. »

Il y a ici, ce me semble, plus d'une sorte de méprises.

1° Il n'est pas exact de dire que le nouveau capital,
produit des économies de l'année, s'il est prêté au
gouvernement, sera absorbé par lui au détriment des
salaires; que l'emprunt équivaudra à une taxe sur
les salaires, car c'est en salaires que le gouvernement
le dépensera. Qu'il soit distribué à la classe laborieuse par le prêteur ou par l'emprunteur, peu importe à cette classe; l'unique différence, c'est que,
dans l'un des deux cas, il subvient aux dépenses de
la guerre, et que, dans l'autre, il n'y subvient
pas.

2° Un impôt de guerre sur les salaires ne saurait,
en pareil cas, remplacer l'emprunt, parce qu'un impôt sur les salaires n'est qu'une illusion. Le produit
d'un tel impôt, retournant immédiatement à sa
source, formant entre les mains de l'État une nouvelle demande de bras et de travail, élève d'autant le
taux des salaires, ce que l'État prend de la main droite,
il le rend de la main gauche : 1 p. 100 d'un côté,

1 p. 100 de l'autre, la dépense annule la recette.

Reste la nécessité de pourvoir aux frais de la guerre.

On le voit donc, les objections que les économistes opposent au système des emprunts ne reposent sur aucun fondement solide ni sérieux. Ce système tient à la disposition des gouvernements assez honnêtes pour avoir du crédit, une puissance considérable; s'ils en usent bien, tant mieux, s'ils en abusent, tant pis; c'est à la politique proprement dite, ce n'est pas à l'économie politique qu'il appartient de mettre ordre à ces abus. Quelle est l'étendue, la mesure, quelles sont les limites de cette puissance? Nul ne le peut dire avec quelque précision; cela varie d'époque en époque et de pays à pays. Ce qui est certain, c'est que, dans le quart de siècle qui s'est écoulé entre 1792 et 1817, l'Angleterre a fait face à la plus longue et à la plus terrible des guerres, en chargeant sa dette publique de près de 5 milliards en capital[1] et de près de 750 millions en intérêts[2], et que durant cette même période son agriculture, son industrie, son commerce, n'ont pas cessé de s'accroître dans des proportions gigantesques, preuve certaine que

---

1. L. l. 879,289, 943 l. st.
2. L. 1, 30,174,364 l. st. Macculloch, p. 445.

les emprunts annuels étaient loin d'absorber les économies annuelles de ce pays. Ce qui n'est pas moins certain, c'est que, durant le cours des trente-trois ans qui se sont écoulés entre 1815 et 1848, la France n'a presque pas cessé d'emprunter des sommes énormes; les frais des deux invasions, ceux de la guerre d'Espagne, le milliard des émigrés, les dépenses qui sont les conséquences d'une révolution, même heureuse et légitime, les préparatifs de guerre en 1840, les dépenses extraordinaires des travaux publics, sont écrits en gros chiffres sur son grand-livre. Qu'on nous montre dans l'histoire de France un autre tiers de siècle où la prospérité publique se soit développée avec autant d'énergie et de rapidité.

N'exagérons rien néanmoins.

Si dans un pays quelconque le gouvernement abusait des emprunts, s'il poussait imprudemment jusqu'à la dernière limite la puissance que le système des emprunts lui confère, ou, pour écarter toute question qui touche, de près ou de loin, à la politique générale, s'il y était réduit par une dure nécessité, d'une part, les avantages de ce système s'évanouiraient, d'une autre part, le pays courrait risque d'en être notablement appauvri.

Chaque emprunt impliquant la nécessité d'un

impôt modique, ne fût-ce que pour en servir les intérêts, beaucoup d'emprunts impliqueraient la nécessité de beaucoup d'impôts modiques, lesquels équivaudraient, par leur nombre, à ce fardeau même que le système des emprunts a pour but d'alléger en le répartissant entre le présent et l'avenir ; et dans un pays surchargé d'impôts la vie étant nécessairement chère, le prix des denrées et des marchandises étant comparativement élevé, précisément parce que les frais de production sont considérables, chaque capitaliste, avec des profits égaux à ceux que perçoivent les capitalistes des autres pays, achetant moins de denrées et de marchandises, chaque ouvrier avec un salaire égal à celui que perçoivent les ouvriers des autres pays, étant moins bien vêtu et moins bien nourri, la tendance naturelle et constante, pour le capital et le travail, serait de s'expatrier et de chercher fortune ailleurs; la richesse et la population déclineraient, plus ou moins rapidement. C'est ce qui est arrivé à la Hollande, à la suite des grandes guerres qu'elle a soutenues, dans le XVIIᵉ siècle, contre l'Angleterre et la France. « L'accroissement successif des impôts, la nécessité des emprunts, ont concouru, plus que toute autre cause, à faire décroître le commerce de la Hollande. C'est la suite inévitable surtout des

emprunts, parce qu'une paix n'amortit pas la dette
de l'État. Tous les avantages d'une guerre heureuse
ne bonifient pas les désavantages que l'État en
souffre [1]. »

Lorsque l'écrivain judicieux auquel cette citation
est empruntée s'exprimait ainsi, le système des emprunts publics était déjà connu et pratiqué, puisque
c'est à ce système qu'il attribue la décadence de son
pays, mais le danger n'en était pas encore tempéré
et contre-balancé par l'introduction d'un amortissement régulier et permanent. Dès 1716, il est vrai,
Stanhope, en Angleterre, en avait posé le principe,
et ce principe avait été apprécié et maintenu par
Walpole; mais dès 1733 il y avait été dérogé; et depuis cette époque jusqu'en 1786 le fonds d'amortissement ayant été habituellement détourné de son but,
dissipé en dépenses annuelles, ou grevé de nouveaux
emprunts sans accroissement correspondant, l'effet
n'avait nullement répondu à l'intention; c'était un
expédient à peu près discrédité. Depuis 1786, en revanche, c'est-à-dire depuis que les calculs du docteur
Price, adoptés par M. Pitt, rectifiés, remaniés, en
sens divers, par ses successeurs, Lord Sidmouth,

---

1. *Richesse de la Hollande*, t. II, p 20, édit. in-4, Amsterdam,
1778.

Lord Henry Petty et Vansitart, ont frappé tous les
esprits jusqu'au point de leur faire concevoir d'abord
des espérances chimériques, que le temps, l'expérience, la réflexion, et surtout l'excellent travail du
docteur Hamilton ont réduites, peu à peu, à leur juste
mesure, depuis cette époque, dis-je, le principe de
l'amortissement est venu s'ajouter à celui de l'emprunt, de telle sorte qu'il en compense à peu
près les périls, s'il ne les conjure pas entièrement.
Presque tous les pays ont désormais adopté con-
jointement l'un et l'autre. On tient aujourd'hui
pour maximes :

1° Qu'à toute dette publique doit correspondre un
fonds d'amortissement;

2° Qu'au début ce fonds d'amortissement ne doit
pas être moindre de 1 p. 100;

3° Qu'il doit s'accumuler à intérêts composés, de
telle sorte que la dette soit éteinte en quarante-
cinq ans, au plus tard, sauf la création de nouveaux
emprunts;

4° Qu'à chaque nouvel emprunt, le fonds d'amortissement doit recevoir un accroissement de dotation,
égal au moins à 1 p. 100 du capital du nouvel emprunt, de telle sorte que ce nouvel emprunt lui-même
soit remboursé en quarante-cinq ans;

5° Que le fonds d'amortissement **doit** être employé
à racheter les titres de la dette publique au fur et à
mesure qu'ils se présentent à la Bourse; qu'il doit, à
cet effet, être divisé en autant de sommes égales qu'il
y a de jours de bourse dans l'année, afin que, chaque
jour, l'intensité de son action puisse être parfaitement connue et appréciée ;

6° Que l'action de l'amortissement doit, néanmoins,
être suspendue quand l'État emprunte, attendu
qu'aucun amortissement *réel* ne peut avoir lieu,
qu'autant qu'il résulte d'un excédent *effectif* de la
recette sur la dépense, rien n'étant plus vain ni
plus puéril que de racheter de la main gauche ce
qu'on vend, en même temps, de la main droite ;

7° Qu'en conséquence, quand l'État emprunte, il
doit emprunter, avant tout, toutes les sommes dont
le fonds d'amortissement peut disposer, soit que ces
sommes proviennent de sa dotation, soit qu'elles
proviennent de l'intérêt des rentes qu'il a déjà rachetées, sauf à lui réintégrer ces sommes, plus leur
accroissement annuel, lorsque les recettes excéderont
de nouveau les dépenses ;

8° Qu'ainsi faisant, d'une part, le nouvel emprunt
sera moindre ; et, d'une autre part, l'extinction des
emprunts préexistants ne sera point retardée, puisque,

à la reprise, la dotation qui leur est affectée sera
égale à ce qu'elle aurait été, supposé qu'elle eût toujours opéré et que son action n'eût pas été suspendue[1].

Il n'y a rien à reprendre en tout ceci : c'est un
ensemble de précautions indiquées par l'expérience,
confirmées par la théorie, et l'on a tout lieu de penser
qu'un gouvernement qui réglera sévèrement sa conduite sur de telles maximes pourra faire face aux
dépenses extraordinaires des temps de guerre et
même aux dépenses réellement extraordinaires des
temps de paix, sans courir risque d'être accablé sous
le fardeau de sa dette, quelle que puisse être la diversité des épreuves qu'il est condamné à traverser ;
pourvu toutefois qu'il ne se décide à la guerre que par
de justes motifs, et qu'il ne s'engage pas dans des
entreprises extravagantes. Aucun plan de finances,
aucun système d'économie publique n'a le secret de
dispenser les États, plus que les hommes qui les
composent, d'un peu de modération dans leurs désirs, et d'un peu de sagesse dans leurs actions.

---

1. (*Note de l'Éditeur.*) Je n'ai pas besoin d'avertir le lecteur que
ces règles qui présidaient encore à l'amortissement de la Dette publique, au moment où ces pages ont été écrites, ne sont plus en
vigueur aujourd'hui. En outre, un système d'amortissement a été
inauguré l'an dernier par l'émission de rentes qui sont remboursées

Il arrive quelquefois, néanmoins, lorsque à tort ou à raison, fatalement ou par imprudence, un État a multiplié les emprunts coup sur coup, lorsqu'on voit sa dette grossir comme à l'œil, il arrive, dis-je, que le public et même le gouvernement en conçoivent de grandes inquiétudes, et tremblent de continuer. La confiance s'ébranle alors. Les esprits violents parlent de banqueroute, ou, ce qui revient au même, de réduction forcée du capital ou des intérêts de la dette; les théoriciens enfantent des projets, les financiers combinent des expédients.

On dit à l'appui de la banqueroute totale ou partielle, directe ou détournée, déguisée ou manifeste, qu'après tout, la dette publique, c'est la dette de l'État envers lui-même, la dette de l'ensemble des contribuables envers une poignée de prêteurs; qu'en prenant à l'un pour donner à l'autre, la nation ne perd rien; qu'en dépouillant les prêteurs au profit des contribuables, on ne fait que justice; que les prêteurs ont profité de la misère des temps pour rançonner le public; que c'est une manière de faire rendre gorge aux sangsues, aux vampires, aux loups-cerviers, comme

en 75 ans par voie de tirage annuel. Je laisse subsister cependant tout ce passage, parce que les réflexions qui vont suivre sont encore applicables avec quelques réserves que le lecteur fera de lui-même.

autrefois Sully et Colbert, par l'entremise de la
chambre ardente, faisaient rendre gorge aux traitants
et aux Turcarets.

A de telles indignités on ne peut et ne doit répondre
que par le mépris qu'elles méritent et le dégoût
qu'elles inspirent.

Il n'en est pas de même de ces mille systèmes que des
esprits honnêtes, ingénieux, mais chimériques, inven-
tent dans les temps de crise, et qui d'ordinaire s'é-
vanouissent avec la crise elle-même. De ce nombre,
le seul qui ne soit pas tout à fait oublié, le seul qui
ait obtenu l'honneur d'être sérieusement discuté par
les hommes sérieux, c'est celui qui fut proposé, sous
le règne de Georges Ier, par un membre très intelligent de la Chambre des communes, Archibald Hut-
cheson. Il consistait, non point à supprimer la dette
publique, mais à la transformer en dette privée ; à
la répartir entre tous les propriétaires du royaume,
au prorata de la valeur capitale de leurs propriétés,
tant mobilières qu'immobilières, de telle sorte que
chaque créancier de l'État eût pour le montant de sa
créance privilège ou hypothèque sur un débiteur
spécial et déterminé, laissant le choix à celui-ci, ou
de continuer à servir les intérêts de la portion de
dette publique qui lui incomberait en partage, ou

de s'en rédimer en vendant tout ou partie de la
propriété; moyennant quoi, toutes les taxes seraient
supprimées ou réduites jusqu'à due concurrence.

Hume, dans son *Essai sur le crédit public*, a com-
battu ce projet, en faisant remarquer qu'il serait injuste d'exempter de leur part contributive tous les
contribuables qui n'ont rien au soleil, et vivent exclusivement de salaires, et que, de plus, l'existence, la
consistances, et l'étendue de la propriété mobilière
étant très difficiles à constater, le fardeau presque
entier tomberait sur la propriété foncière.

M. Macculloch partage ce sentiment, il croit que les
difficultés pratiques seraient telles, qu'en définitive
une telle entreprise aboutirait à la banqueroute[1].

M. Ricardo estime, en revanche, qu'une contribution levée largement, pendant deux ou trois ans,
sur toutes les propriétés, éteindrait la dette publique,
et que ce grand effort vaudrait la peine d'être tenté.
Les propriétaires et les manufacturiers, dit-il, obligés
de verser de grosses sommes dans l'Échiquier, seraient
pressés de vendre tout ou partie de leurs établissements; les créanciers de l'État, appelés à recevoir
leur remboursement, en chercheraient le remploi;
ils s'arrangeraient entre eux, comme ils l'enten-

1. *On Taxat.*, l. III, ch. VIII, p. 465.

draient; mais la dette disparaîtrait, et avec elle les charges annuelles qu'elle entraîne [1].

Enfin M. Mill consentirait volontiers au rachat immédiat de la dette publique, par une transposition du capital entre les débiteurs et les créanciers, s'il était possible d'y faire concourir les contribuables qui vivent de traitements, appointements, salaires, etc., autrement qu'en les obligeant à contracter des emprunts personnels, plus onéreux pour eux que leur part contributive dans l'intérêt de la dette [2].

Il m'est impossible de comprendre quel serait le véritable but de cette opération gigantesque, ni quels avantages on pourrait raisonnablement s'en promettre.

Sans parler des difficultés d'exécution, en les supposant surmontées, en supposant l'opération terminée à souhait, en supposant que chaque créancier de l'État ait sous sa main un groupe de contribuables qui lui paye directement, de six mois en six mois, une somme égale à celle qu'il lui payait indirectement par l'entremise du fisc, ou mieux encore, si l'on veut, en supposant que chaque groupe de contribuables ait remboursé chaque créancier, en supposant la dette publique éteinte par un simple déplacement du

1. On fund. syst. — Encycl. d'Édimb., p. 425.
2. Princ. of pol. econ., l V, ch. VII, LV, II.

7

capital national, sans accroissement de ce capital, qu'en résulterait-il?

Les impôts destinés à servir les intérêts et l'amortissement de la dette seraient supprimés, cela est vrai, mais l'élévation des prix des denrées et des marchandises, comparativement aux autres pays, resterait la même, et par suite la tendance du capital et du travail à émigrer vers d'autres pays ne diminuerait pas.

L'élévation du prix des denrées et des marchandises tient, en effet, à l'élévation des frais de production, tant généraux que spéciaux : en rendant spéciaux certains frais généraux, on ne les atténue en rien. Que tel producteur paye à l'État 1 000 francs, que l'État lui-même paye à tel créancier de la dette publique, ou que ce producteur remette cette somme, de la main à la main, à ce créancier, sa position n'est pas changée : il ne produira ni plus ni moins, et ses produits ne lui coûtent ni plus ni moins : il les vendra au même prix. Que ce même producteur rembourse à ce même créancier le capital de ces 1 000 francs sur le pied de 5 p. 100, en d'autres termes, qu'il lui remette 20 000 francs une fois pour toutes, son capital productif sera réduit de 20 000 francs, il produira d'autant moins; celui du créancier remboursé sera augmenté de 20 000 francs, il produira d'autant plus, et toutes choses demeureront au même état, en ce qui concerne l'abondance, et, par suite, le prix des produits.

Il n'y a dans tout pays, obéré ou non obéré, et quelle que soit, dans le premier cas, l'élévation de la dette, qu'un seul moyen de réduire le prix des produits, en général ; c'est d'en accroître la quantité, ou par l'économie, qui forme sans cesse de nouveaux capitaux, ou par le progrès de l'industrie, qui rend les capitaux existants plus productifs, ou par la réduction des dépenses *actuelles* de l'Administration. La liquidation de la dette publique, le remboursement total ou partiel, simultané ou progressif de la dette publique, n'ont point de vertu productive ; c'est affaire d'ordre ou de raison, rien de plus. Le service de la dette publique, bien qu'il figure *nominalement* en tête du budget des dépenses, ne figure pas *réellement* parmi les frais généraux de la production *actuelle*. La dette publique, c'est la dette de A envers B ; que A rembourse B ou ne le rembourse pas, que A paie directement à B l'intérêt de ce qu'il lui doit, ou qu'il le lui paie par l'entremise du Trésor, cela ne fait point revivre le capital antérieurement dépensé, cela ne rend le capital actuel ni plus abondant, ni plus efficace.

Que si l'on craint, en laissant s'accumuler, l'une sur l'autre, plusieurs séries d'emprunts successifs, que les contribuables ne se lassent à la longue de faire honneur à leurs engagements, et n'invoquent la banqueroute, par impatience ou par impuissance, combien cela ne serait-il pas plus à redouter si l'on entendait leur faire rembourser, tout à la fois, le capital de tous ces emprunts? Qu'on demande à John Bull de payer en deux ou trois ans cinq ou six milliards pour éteindre la dette nationale, et, comme M. Macculloch, je tiens pour certain qu'il fera bon marché des droits de ses créanciers.

Sans prétendre liquider définitivement le passé, sans prétendre affranchir leur pays de la dette qui pèse sur lui, sans prétendre même l'affranchir de la nécessité d'emprunter sur nouveaux frais dans les circonstances extraordinaires, deux hommes d'État illustres, M. Pitt, en 1797, Sir Robert Peel, en 1842, se sont efforcés, l'un de rendre pour l'Angleterre cette nécessité moins onéreuse, en temps de guerre, l'autre de l'en préserver, en tant de paix, en substituant temporairement aux emprunts une taxe générale sur les revenus. Leur exemple, suivi par leurs successeurs, attaqué par les économistes, défendu par les financiers, commenté en sens divers depuis cinquante ans, a fini par donner naissance à la théorie que j'indiquerai tout à l'heure, savoir : que l'impôt direct sur le revenu peut être admis, à la rigueur, pourvu que la durée en soit limitée, qu'il soit modéré, et qu'il ne descende pas très bas; théorie désormais reçue en Angleterre, et qui menace de prendre pied sur tout le continent de l'Europe.

Je n'admets pas cette théorie; je la tiens, en principe, pour erronée, et pour désastreuse en pratique.

Supposé qu'il fût effectivement possible de taxer les revenus, un tel impôt serait, de tous, le plus inique, le plus immoral, le plus vexatoire, le plus arbitraire. Les économistes en conviennent, à leur grand regret. Les financiers ne disent pas non. *Mais, Monsieur, c'est voler*, disait-on à l'abbé Terray, à propos de je ne sais quelle de ses mesures fiscales. — *Je ne vous dis pas le contraire*, répondait-il. — *Mais c'est prendre dans la poche.* — *Où diantre voulez-vous que je prenne?*

Voilà l'impôt sur les revenus.

Quoi de plus inique en effet qu'un impôt qui pèse, ou du moins qui est censé peser également sur tous les genres de revenus, quelles qu'en soient l'origine, la durée, la nature, de telle sorte qu'un propriétaire foncier qui transmet à ses enfants un domaine dont

la valeur va toujours croissant, un propriétaire de
maison dont l'immeuble se détériore d'année en
année, un manufacturier dont le sort dépend d'une
altération dans le tarif des douanes, un armateur
dont le navire est exposé à toutes les chances de la
mer, un médecin, un avocat qui ne peut laisser en
mourant à sa famille que le produit de ses économies,
sont taxés, proportion gardée, au même taux! Et quoi
de plus impossible que de tenir compte de ces différences, en établissant ses équations sur une base qui
ne soit pas dérisoire?

Quoi de plus immoral qu'un impôt qui provoque
incessamment les contribuables à la dissimulation, à
la fraude, aux faux témoignages, au faux en écriture
privée, et qui fait payer à la bonne foi la rançon du
mensonge?

Quoi de plus vexatoire qu'un impôt qui force les
citoyens à prendre le fisc pour confident, voire même
pour confesseur, à lui révéler leur position de famille ou de fortune, le secret de leurs affaires, l'état
de leur crédit, la nature et l'étendue de leurs opérations en tout genre?

Quoi de plus arbitraire, enfin, que la décision du
fisc, en pareille matière; quoi de plus semblable au
procédé d'un pacha ou d'un cadi qu'une fixation de

chiffres fondée sur des éléments si vagues, si sus-
pects, si contradictoires ?

Mais c'est peu. Le plus grand vice de cet impôt,
celui dont les économistes ne tiennent pas compte,
c'est qu'il ne porte sur les revenus, ainsi que je me
suis efforcé de le démontrer dans cet écrit, qu'en
apparence, au début, au premier moment. C'est qu'il
n'en reste pas là; c'est qu'il provoque, dès qu'il ap-
paraît, une révolution complète dans toute l'économie sociale ; c'est qu'il rend inévitable la nouvelle distribution du capital et du travail entre toutes les
branches de l'industrie et du commerce, laquelle se
poursuit jusqu'au moment où les propriétaires fonciers, d'une part, et, de l'autre, les ouvriers, ont
réussi, à grand'peine et à grand prix, à rejeter
l'impôt sur les producteurs, et ceux-ci sur les consommateurs.

Ce que chaque impôt partiel fait en petit et sur une
échelle restreinte, celui-ci le fait en grand et sur
l'échelle la plus vaste, parce qu'il s'attaque tout à la
fois à toutes choses.

Est-il vrai maintenant que les conditions restrictives auxquelles les partisans de ce triste expédient entendent le soummettre en tempèrent
les inconvénients et le rendent plus supportable?

Tout au contraire.

S'il était possible qu'un tel impôt fût réellement temporaire, si les contribuables en le subissant pouvaient compter qu'ils en seront débarrassés au bout d'un an, deux ans, trois ans tout au plus, peut-être se résigneraient-ils ; peut-être prendraient-ils patience et ne feraient-ils aucun effort pour le rejeter de l'un sur l'autre. Ce serait alors véritablement un impôt sur les revenus ; un impôt dont la rente, les profits, les salaires feraient les frais, vaille que vaille.

Mais personne n'y compte, et personne n'y doit compter.

Une fois en possession de cet appareil d'inquisition fiscale aussi commode pour celui qui s'en sert que fâcheux pour celui qui l'endure, tout gouvernement entend le garder aussi longtemps qu'il se peut et ne s'en dessaisir qu'à la dernière extrémité.

Il s'établit sur ce sujet une lutte entre lui et les contribuables armés de la promesse qui leur a été faite, et le résultat de cette lutte est une alternative de victoires et de défaites, intermittence pire que le maintien pur et simple.

Quand M. Pitt introduisit, en 1794, l'impôt sur les revenus, il en fit un impôt de guerre ; dans sa

pensée cet impôt devait durer autant que la guerre,
et lui survivre *en temps de paix* durant un nombre
d'années égal au nombre des années de guerre[1]. Dès
1802, à la paix d'Amiens[2], il fut supprimé, puis rétabli l'année d'après; puis continué pour un an en
1814; supprimé en 1816, puis rétabli en 1842 pour
trois ans[3], puis continué à deux reprises différentes
tant et si bien que nul ne peut affirmer s'il survivra
ou ne survivra pas au prochain assaut. Cette intermittence, je le répète, est plus nuisible aux intérêts
généraux de la société que ne le serait le maintien
pur et simple; elle ne permet à la nouvelle distribution du capital et du travail ni de s'accomplir régulièrement, ni de s'asseoir définitivement : l'opération
avance ou recule, se reprend ou s'interrompt, tour
à tour; c'est un désordre dans le désordre; c'est un
élément aléatoire de plus ajouté à tous ceux qui se
jouent déjà dans l'infinie complication des affaires
humaines.

Autant en faut-il dire de la seconde condition restrictive.

L'impôt sur les revenus doit être modéré; d'accord:

---

1. *Parliamentary Debates*, 1816, t. XXXIII, p 423.
2. *Ibid.*, t. XXXIII, p. 1126.
3. *Ibid.*, third series. t. LXI.

tous les impôts en sont là. Cela est surtout essentiel
lorsqu'il s'agit d'un impôt dont l'assiette est vexatoire et la répartition d'une iniquité révoltante; mais
pour que la condition soit remplie, ce n'est pas assez
qu'au début le taux de la taxe n'ait rien d'effrayant,
il faut que la taxe porte en elle-même son frein, sa
limite; qu'il ne suffise pas, pour la doubler ou pour
la tripler, d'un mot, d'un trait de plume, de l'entraînement du moment.

Les impôts indirects ont cette vertu qu'on ne peut
en élever arbitrairement les tarifs; il y faut de la
mesure, de la précaution, du discernement, sous
peine d'échouer net; car, en matière d'impôts indirects, ainsi que Swift l'a très ingénieusement remar-
qué, il n'est pas toujours vrai que deux et deux
fassent quatre.

L'impôt foncier, tel qu'il existe en France, se compose d'un principal fixe, invariablement réglé une
fois pour toutes et affecté aux dépenses générales de
l'État; d'un nombre fixe de centimes additionnels,
correspondant à ce qu'il y a de fixe dans les dépenses
départementales; puis enfin d'un nombre variable
de centimes facultatifs dont le maximum est mis
par la loi à la disposition des localités, et ne peut
être augmenté que sur la demande des intéressés,

— dans un but spécial et local — sous la sanction de la législature qui ne peut qu'en permettre ou en défendre l'emploi, sans jamais le dénaturer. Et néanmoins, en dépit de ces règles sévères, tout le monde sait que le nombre des centimes facultatifs s'est élevé, depuis trente ans, dans une proportion vraiment inquiétante.

Que doit-il arriver d'un impôt direct prélevé indistinctement sur tous les genres de revenus, indistinctement affecté à tous les genres de dépenses, toujours et tout entier à la disposition du pouvoir législatif, auquel il suffit de changer un chiffre pour en obtenir, selon l'urgence des besoins ou la vivacité des fantaisies, les millions par dizaines et par vingtaines? M. Pitt avait d'abord réglé l'impôt à 10 p. 100 du revenu; en 1803, il fut réduit à 5 p. 100; en 1805, il fut reporté à 6 et 1/4 p. 100; en 1806, à 10 p. 100. M. Peel l'a fixé à 3 p. 100 [1]; on parle de le porter à 5. Le taux varie selon la somme dont on a besoin. Sa modération, lorsqu'il s'agit de l'établir ou de le rétablir, n'est qu'un leurre; c'est l'engrenage d'une machine : dès qu'on y met le bout du doigt, le corps court risque d'y passer tout entier. A l'incertitude sur la durée vient se joindre l'incertitude sur la proportion, laquelle se greffe, à

1. *Parliamentary Debates*, third series, t. LXI, p. 139.

son tour, sur l'incertitude quant à la quote-part. S'il est vrai qu'en matière d'impôts l'essentiel, pour chaque contribuable, soit de savoir à quoi s'en tenir, il est difficile de rien inventer qui soit plus propre à dérouter toute prévoyance.

Quant à la troisième condition restrictive, c'est-à-dire, quant à l'exemption des petits revenus, elle a pour principe un sentiment d'humanité, très respectable sans doute, mais qui mènerait loin en fait d'impôts ; ce qu'elle a de bon, c'est d'épargner les salaires, et, par là, d'épargner au gouvernement la double opération qui consiste à prendre d'une main pour rendre de l'autre, à prélever sur la classe laborieuse des sommes qu'il est forcé de lui restituer le lendemain ; mais ce qu'elle a de déplorable, c'est d'introduire dans la législation française le principe de l'impôt progressif.

Est progressif, en effet, tout impôt qui tient compte de l'homme au lieu de tenir compte de la chose, qui s'adresse à la *richesse* au lieu de s'adresser à la *propriété*, qui taxe le riche, *en tant que riche*, en raison de ce qu'il *est* et non en raison de ce qu'il *a*, qui l'atteint, plus ou moins, selon le rang qu'il tient dans le monde, selon la position relative qu'il y occupe.

Il est si vrai que l'exemption des petits revenus est le germe même de l'impôt progressif, qu'à l'origine on ne s'est pas fait faute de le laisser se produire au grand jour sous son vrai caractère.

De 1797 à 1803, en Angleterre, tous les revenus inférieurs à 60 livres sterling étaient exempts de l'*income tax*; de 60 à 65 livres sterling, ils étaient taxés à raison d'un cent-vingtième, et la proportion s'élevait *gradatim*, jusqu'aux revenus de 200 livres sterling et au-dessus, qui tous alors étaient soumis au même droit de 10 p. 100 [1].

En 1803, le même droit progressif fut réglé différemment [2].

En 1806, toute distinction entre les revenus fut abolie, excepté en ce qui concerne le droit sur les revenus professionnels [3].

En 1842, on a exempté tous les revenus inférieurs à 150 livres sterling; mais on s'est du moins abstenu de toute gradation dans le taux du droit, et il faut rendre à M. Passy cette justice que, dans la proposition qu'il a soumise à l'Assemblée nationale, en 1849, toute distinction entre les revenus avait disparu.

1. Marculloch, *On Taxat.*, p. 143.
2. *Ibid.*, p. 144.
3. *Ibid.*, p. 145.

Mais quelque effort que l'on fasse pour s'arrêter au bord de l'abîme, lors même qu'on y réussirait pendant quelque temps, il ne faut pas compter qu'on y puisse échapper. Tout impôt qui n'est pas assis sur une matière imposable spéciale, déterminé sur une matière tangible, en quelque sorte, indépendante des mains qui la détiennent, et de la quantité qu'en possède Pierre ou Paul, tout impôt qui fait acception de la personne des contribuables, qui s'enquiert de leur bien-être, de leur fortune prise en bloc, de leurs facultés relatives, entraîne forcément le fisc à régler ses exigences sur ce qu'il en apprend, à rapprocher, pour chaque contribuable, ce qu'il lui prend de ce qu'il lui laisse; à se dire : c'est trop peu; bref, à s'ériger en providence au petit pied, et à rectifier, par son intervention paternelle, l'inégale répartition des biens de ce monde.

Cela est fatal.

Quiconque s'engage sur cette pente, tôt ou tard, ira jusqu'au bout. L'impôt sur les revenus contient, en puissance, l'impôt progressif, et l'impôt progressif, le socialisme.

On ne saurait donc repousser de trop loin, ni de trop haut, toute idée de recourir à de tels moyens pour subvenir aux nécessités fiscales. Et lorsqu'on

songe qu'en 1842 il s'agissait simplement pour
sir Robert Peel de combler un déficit de 2 469 000
livres sterling, produit par l'imprudente abolition
de certaines taxes[1] ; et lorsqu'on songe qu'en 1849
il s'agissait simplement pour M. Passy de suppléer à
l'impôt sur le sel et à l'impôt sur la poste, non moins
imprudemment abolis l'année précédente, on ne saurait trop déplorer que des hommes aussi éclairés, au
lieu de revenir sur les fausses mesures de leurs prédécesseurs, ou, si la chose leur paraissait momentanément impossible, au lieu d'ajourner, de patienter,
de combler simplement le déficit de l'année par un
léger accroissement de la dette flottante, aient préféré
sonner le tocsin d'alarme, et faire appel à *l'ultima
ratio* de la fiscalité.

Laissant là maintenant cet incident et ses fâcheuses
conséquences, — fâcheuses en Angleterre, où la
proposition de sir Robert Peel a prévalu, fâcheuses
en France, où la proposition de M. Passy, n'ayant
péri qu'avec son auteur, menace, sans cesse, de
revenir sur l'eau, — terminons par quelques considérations d'un ordre plus élevé et d'un caractère
plus général.

1. *Ann. Rey*, t. LXXXIV, p. 73.

En prenant parti pour les financiers contre les économistes dans la question des emprunts, je n'ai point entendu méconnaître ce qu'il y a de fondé dans les appréhensions de ces derniers ; je n'ai point entendu soutenir que leurs adversaires eussent toujours fait ce qu'il était possible de faire pour désarmer des appréhensions que l'expérience justifie, à certains égards, ou, tout au moins, pour en atténuer la portée.

Les économistes redoutent l'extension indéfinie de la dette publique. Ils ont raison; l'extension indéfinie de la dette publique pourrait devenir l'occasion de grands embarras; peut-être même, un jour, rendre la banqueroute inévitable.

Ils se défient des facilités qu'offre le système des emprunts aux fantaisies belliqueuses ou dispendieuses des gouvernements, des législateurs, quelquefois même des peuples. Ils n'ont pas tort ; ni les gouvernements, ni les législateurs, ni les peuples ne sont toujours sages.

Ils se défient même de l'amortissement. L'accumulation des rentes rachetées peut devenir une proie sur laquelle on soit tenté de porter la main. Tel gouvernement qui n'oserait, pour un intérêt douteux, ouvrir un nouvel emprunt, créer des rentes nouvelles, peut être moins timide à l'égard des rentes achetées, et les remettre en circulation, sous un prétexte quelconque. Cela s'est vu; c'est ainsi que M. de Villèle s'est procuré le milliard de l'indemnité.

Mieux vaut donc, disent-ils, se résigner à l'obligation d'imposer, même en tout cas, même dans les grandes circonstances, même pour soutenir une guerre. Le mécontentement des contribuables, s'il gêne quelquefois, à l'excès, ou l'action du gouvernement, ou le libre arbitre de la législature est un point d'appui nécessaire contre tous les genres d'entraînement.

Eh bien, soit, faisant à l'exagération sa part, et une grande part, il y a là du vrai, beaucoup de vrai. Mais faut-il que *la peur d'un mal nous conduise dans un pire?* Ne serait-il pas possible d'atteindre au degré suffisant le but qu'on se propose, à savoir : un temps d'arrêt à la dette publique; un frein aux dépenses extraordinaires? ne serait-il pas possible d'obtenir, dans une juste mesure, la garantie que l'on cherche, sans se jeter dans l'extrémité opposée?

Il est d'usage de régler la dotation de l'amortissement à raison de 1 pour 100 du capital; pourquoi ne pas la porter plus haut; pourquoi ne pas l'élever à chaque nouvel emprunt, et élever, par contre-coup, l'impôt correspondant, autant que le peut comporter le respect des intérêts existants, l'équilibre actuel des capitaux? On obtiendrait par là ces deux résultats :

1° D'accélérer rapidement l'extinction de la dette publique ;

2° De tenir les contribuables en éveil, et le gouvernement en bride.

Il est d'usage également, il est d'usage, en France du moins, de n'emprunter qu'en rente perpétuelle, ou en bons du Trésor à courte échéance ; on paraît avoir renoncé aux rentes viagères et aux annuités à long terme. Ces deux sortes d'effets ont cependant pour l'État ce double avantage, que l'intérêt en étant très élevé, parce qu'il comprend une prime éventuelle d'amortissement, le contribuable en sent l'aiguillon, et que leur extinction étant certaine et successive, la dette publique en est dégrévée sans remboursement ni rachat.

Pourquoi ne pas leur faire, dans chaque emprunt, une part raisonnable ; d'autant que la diversité des fonds offerte aux prêteurs, par cela même qu'elle se prête à leurs convenances, permet toujours d'emprunter dans de meilleures conditions? En Angleterre, ce qu'on nomme l'*omnium*, c'est l'ensemble des fonds divers dont se compose chaque emprunt, et le coupon de l'*omnium*, c'est-à-dire la fraction aliquote de cet ensemble, est toujours coté, à la Bourse, plus haut qu'une égale fraction de chaque fonds particulier.

Je sais ce qu'on a dit, je sais ce qu'on peut dire contre les placements à fonds perdus. Offrir au prêteur l'occasion et le moyen de *manger son fonds avec son revenu*, c'est encourager la dissipation, favoriser l'égoïsme, préparer la ruine des individus et des familles. Je sais tout ce que Panchaud a écrit sur ce sujet contre M. Necker, mais, ou je m'abuse, ou il y a là plus de déclamation que de raison. Du moment où la loi civile autorise les rentes viagères, du moment où la loi civile en règle la constitution, soit à titre gratuit, soit à titre onéreux, moyennant une somme d'argent pour un immeuble, ou pour une chose mobilière [1], c'est apparemment parce que ce genre de placement n'a rien d'immoral en soi, parce qu'il répond à certaines situations dans la vie, à certains besoins légitimes de la société; or, si cela est, pourquoi serait-il interdit à l'État de faire, dans l'intérêt de tous, ce qu'il est permis à chacun de faire dans son intérêt privé? Dans l'ordre civil, l'intervention du notaire, en pareille matière, est une garantie morale pour la famille. Ne pourrait-on pas soumettre les constitutions en rentes viagères sur l'État, ou les

1. *Code Civil*, l. III, titre XII, ch. II, art. 1968.

annuités à long terme, à des conditions tutélaires, à des formalités protectrices? Et d'ailleurs, en quoi diffère, après tout, ce genre de placement des placements en rentes perpétuelles, sinon en ce que la prime d'amortissement qui doit s'accumuler et rétablir un jour le principal est, dans l'un des deux cas, tenue distincte de l'intérêt, et confiée à la bonne foi de l'État, et, dans l'autre cas, confondue avec l'intérêt et confiée à la prudence des créanciers?

Les effets à court terme, les bons du Trésor, en France, les billets de l'Échiquier, en Angleterre, conviennent aux négociants qui cherchent pour leurs capitaux un placement temporaire; ce sont ces fonds-là qui alimentent la dette flottante. Les rentes perpétuelles conviennent, d'une part, aux personnes aisées qui recherchent, avant tout, un revenu liquide et régulier, de l'autre aux spéculateurs de profession qui regardent plus aux variations du capital qu'au taux de l'intérêt. Les placements à intérêt élevé conviennent à cette classe qu'on peut nommer la providence des fonds publics, à la classe des petits rentiers, qui achètent pour garder, qui vivent d'économies, qui entassent sou sur sou, et replacent chaque année, sur l'État, une partie de ce que l'État leur a payé. On peut abuser de ce genre de placement, sans doute, mais de quoi n'abuse-t-on pas?

Quant au danger de voir les rentes rachetées, soustraites à la Caisse d'amortissement et remises en circulation, il n'est malheureusement que trop réel.
Rien n'est plus tentant, en effet, que de satisfaire
sans bourse délier les exigences de l'esprit de parti
ou les fantaisies populaires, en dépouillant un pré-
tendu propriétaire qui ne souffre, ne se plaint, ni ne
se défend. On trouve facilement, en pareil cas, la législature complaisante et le public de bonne volonté.
Mais ce danger provient exclusivement de l'idée bizarre qu'ont eue, par tout pays, les fondateurs de
l'amortissement, d'ériger l'instrument de cette opération purement administrative en être fictif, en *tiers*,
vis-à-vis du Trésor public, et de considérer comme
existant toujours entre ses mains des rentes dont le
capital est remboursé. Si l'on eût, à l'origine, appelé
les choses par leur nom; si l'on eût stipulé, d'une
part, que la rente serait annulée, au fur et à mesure
des rachats, et, de l'autre, que le fonds destiné à
servir l'intérêt de ces rentes viendrait en accroissement à la dotation de l'amortissement; si l'on eût
fait de cet engagement une des conditions du contrat
passé avec les prêteurs, de sorte qu'y manquer, c'eût
été manquer à la foi publique et commencer la banqueroute, le danger n'existerait pas.

Mais ce qu'on n'a pas fait à l'origine, il est toujours temps de le faire. En rendant meilleure la condition de son créancier, l'emprunteur ne lui fait aucun tort; et peut-être qu'un moment tel que celui-ci, où, par suite de deux révolutions successives, l'action de l'amortissement se trouve indéfiniment suspendue, peut-être, dis-je, qu'un moment tel que celui-ci serait bien choisi pour régler définitivement cette action à l'avenir, pour constituer l'amortissement sur des bases nouvelles.

Doubler la dotation, renoncer à toute réserve, à toute faculté, non d'en suspendre le progrès, mais d'en réduire l'accroissement indéfini, annuler les rentes achetées, attribuer d'année en année à la caisse d'amortissement une somme égale à l'intérêt de ces rentes, renouveler en termes formels cet engagement à chaque nouvel emprunt, telle serait la marche à suivre; à moins toutefois qu'on ne préférât répartir les rentes rachetées, à titre de dotation, entre les divers établissements publics qui jouissent d'une certaine indépendance, dont les dépenses sont fixes, et ne figurent au budget de l'État que pour ordre et pour mémoire, la liste civile, par exemple, le clergé, l'Université, la Légion d'honneur. L'indépendance de ces établissements en serait plus grande; les fonds qui leur sont alloués passeraient, par voie d'échange

à la Caisse d'amortissement, et l'on n'aurait point à
redouter qu'en annulant le principal de la rente, la
tentation vînt d'en annuler en même temps l'intérêt.

Que si maintenant on voulait arriver, arriver
sans écraser les contribuables d'impôts, sans les provoquer à la banqueroute, sans bouleverser toute
l'économie intérieure de notre société, à cette utopie
des théoriciens, le remboursement intégral et complet de la dette publique, cela peut-être ne serait pas
impossible; il faudrait alors reprendre en sous-œuvre
une opération commencée en 1819, qui ne fut pas
comprise à cette époque, et qui ne fut pas comprise
parce qu'elle était prématurée.

En 1819, l'un des meilleurs ministres des finances
que la France ait eus [1], M. Louis, fit rendre une loi
portant qu'il serait ouvert, dans chaque département,
un livre auxiliaire au grand-livre de la dette publique. Le but direct de cette loi était de favoriser la
dissémination des rentes sur toute la surface de la
France, en offrant à tout porteur d'inscriptions la
facilité d'en toucher les arrérages, et même d'en
opérer le transfert en cas de vente, par l'entremise
du receveur général de son département, sans déplacement, sans frais, et pour ainsi dire à domicile.

1. Loi du 14 avril 1819.

Cette loi contenait en outre un article ainsi conçu :

« Tout propriétaire d'inscriptions directes ou d'inscriptions départementales qui voudra en compenser les arrérages soit avec des contributions directes, soit avec celles d'un tiers à ce consentant, en fera la déclaration au receveur général, qui se chargera de la recette desdits arrérages, et de l'application de leur montant au payement de ces contributions en quelque lieu qu'elles doivent être acquittées [1]. »

Cet article renfermait, en puissance, le rachat intégral de la dette publique. Qu'il me soit permis, pour l'expliquer, de rappeler ce que je disais à la chambre des pairs le 13 avril 1819.

« Si la loi actuelle obtient le succès qu'on est en droit d'en attendre, les acheteurs ne manqueront pas, et la Caisse d'amortissement sera puissamment secondée par une opération tout à fait analogue à la sienne.

» En effet, qu'est-ce que la dette publique? Une assignation que certaines personnes ont sur le revenu du reste des citoyens et dont le montant leur est payé par la voie de l'impôt.

» Qu'est-ce que l'amortissement? Une opération

[1]. Art. VI.

par laquelle la société en nom collectif rachète les créances au profit des débiteurs, sauf à annuler ensemble les créances et l'impôt, quand une fois ils se compenseront mutuellement.

» Mais si chacun des débiteurs de l'impôt, dont le contingent est certain, rachetait à aussi bas prix que la Caisse d'amortissement une portion équivalente de la dette publique, l'opération ne serait-elle pas consommée quant à lui ?

» La loi nouvelle autorise ce genre de compensation entre les mains du receveur général.

» Lorsque le contribuable lui remet une rente équivalant à sa quote-part dans la contribution foncière, il acquiert par là le droit de ne plus entendre parler des percepteurs.

» On voit clairement ce que l'État, c'est-à-dire, ce que la communauté gagne à une semblable opération ; les frais de perception, les taxations, les remises, bonifications diminuent d'autant ; le mouvement des fonds devient moindre, la rétribution allouée à la Banque, pour l'acquittement des arrérages de la rente, s'allège ; en un mot, comme il n'y a plus de services, il n'y a plus de salaires.

» Il est plus difficile de démêler au premier coup d'œil quel sera l'attrait qui portera le contribuable à acquérir une rente pour compenser sa part de contributions foncières.

» Au fait, dit-on, qui l'empêche dès aujourd'hui d'acheter cette rente, et d'employer l'intérêt à solder les impositions?

» Mais on oublie que la contribution est exigible par douzième, tandis que la rente se paye en deux termes; il faudrait donc, pour imiter l'opération proposée, que le propriétaire possesseur de la rente divisât chaque semestre qu'il aurait touché en six portions égales et les tînt en réserve sans les affecter à aucune dépense, sans en tirer aucun profit. Cette nécessité qui résulte de notre système de contributions, laquelle oblige perpétuellement le contribuable qui ne se défait, avec avantage, de ses denrées qu'à certaines époques de l'année, soit d'en encombrer le marché et de les vendre à bas prix, soit d'emprunter et de réserver des fonds pour satisfaire à ses cotes mensuelles, n'est jamais tirée en ligne de compte parmi les frais de perception; elle est pourtant très réelle et très onéreuse. De plus, le projet de loi autorise la compensation entre les mains du même receveur général de chaque partie de contribution dépendante de plusieurs propriétés séparées l'une de l'autre et sises dans plusieurs départements, ce qui est certainement une très grande commodité.

» Ce serait mal connaître l'esprit humain que de
ne pas s'apercevoir combien les terres, affranchies de
ces visites régulières du fisc qui vient, de mois en
mois, faire main basse sur les premiers produits de
l'agriculture, acquerront plus de prix aux yeux de
ceux qui les possèdent. Le propriétaire et le fermier
se trouveront placés, l'un vis-à-vis de l'autre, dans
une position plus avantageuse à tous deux.

» Le premier pourra attendre la vente de ses ré-
coltes; le second, soulagé par des délais bien entendus,
pourra hausser le prix de son fermage. Une plus
grande partie des revenus agricoles se reversera
sur les terres; en un mot, l'état d'urgence où la propriété foncière est à l'égard du fisc venant à cesser,
chacun en sera plus à l'aise.

» Qui sait même si la facilité laissée par la loi à un
riche propriétaire de compenser les impositions de
ceux de ses fermiers qui possèdent en propre quelques
arpents de terre ne sera pas mise à profit. Ce serait
un fort bon calcul; dans un pays où la propriété se
morcelle avec une si grande rapidité, dans un pays où
l'exploitation agricole est faite très souvent par des
fermiers propriétaires, en enrichissant son fermier,
c'est soi-même qu'on enrichit. En le mettant à l'abri

des contraintes, des frais, des ventes de meubles qui détruisent cent francs pour un reliquat d'impôt de cent sous, c'est pour soi-même que l'on travaille.

» Mais les avantages actuels de la mesure que le gouvernement vous propose sont peu de chose en comparaison des espérances qu'elle permet de concevoir.

» Lorsque, durant quelque temps, le titre de l'État contre le propriétaire, et celui du propriétaire contre l'État, se seront trouvés dans la même main, ne s'apercevra-t-on pas qu'ils sont absolument identiques, et que, si la confusion s'opère si naturellement entre les arrérages, elle peut aussi bien s'opérer entre les capitaux, sans aucune perte pour l'État, et avec grand avantage pour le propriétaire, qui aura ainsi placé sur lui-même en terres, à raison de 5 pour 100, sans frais d'enregistrement?

» De là, l'affranchissement de la propriété foncière, opération commencée en Angleterre, il y a cinquante ans, sur un plan purement fiscal, et que cette circonstance aussi bien que la manière dont la propriété est non seulement distribuée, mais possédée en ce pays, a fait échouer en grande partie, mais que beaucoup de bons esprits appellent chez nous de tous leurs vœux. Au fond, qu'y aurait-il d'inconstitutionnel dans ce rachat?... A quel titre refuserait-on au propriétaire le droit de se rédimer de l'impôt par voie de compensation? Le fisc n'en serait ni plus riche ni plus pauvre; le gouvernement n'en obtiendrait ni plus ni moins de pouvoir, la société y gagnerait en s'épargnant bien des frais, et le propriétaire en plaçant sur soi-même à un taux très avantageux. »

Cette offre faite par l'État aux propriétaires, dans un intérêt commun, je le répète, n'a point eu de suite. En 1819, les rentes sur l'État étaient à peine connues hors de Paris; il existait, contre leur dissémination dans les villes de second ordre et dans les campagnes, de grands préjugés; la loi du 14 avril 1819 est tombée en oubli. Si l'on entendait désormais la faire revivre, il faudrait, avant tout, avertir le public de son existence, la remettre en lumière par les discussions de la tribune et de la presse; il faudrait en outre :

1° Accorder certains avantages aux propriétaires qui entreraient dans cette voie, et donneraient le bon exemple, entre autres la garantie contre tout impôt à venir, pour constructions nouvelles, sur les terrains rédimés, la certitude qu'à l'avenir toute contribution purement locale, en ce qui concerne ces terrains, aurait pour point de départ un contingent qui n'excéderait pas celui qui aurait servi de base au remboursement, peut-être une certaine modération du droit sur les successions et les transactions de famille ;

2° Autoriser le morcellement des inscriptions de rente en autant de fractions qu'il serait nécessaire pour correspondre à l'exiguïté des cotes ;

3° Allouer une prime aux compagnies qui se chargeraient de poursuivre l'opération en bloc, au nom et dans l'intérêt d'un nombre quelconque de propriétaires ;

4° Autoriser les départements et les communes, les hospices et les autres établissements publics à vendre une portion aliquote de leurs immeubles pour rédimer le surplus.

Il faut toutefois considérer comme une pure utopie le succès complet d'une semblable opération. Sans compter les difficultés qu'elle rencontrerait dans l'ignorance et les préjugés des petits propriétaires, l'élévation rapide du prix des fonds publics, pour peu qu'elle prît du développement, y opposerait un obstacle considérable ; mais en revanche cette élévation même offrirait au gouvernement la possibilité de réduire progressivement l'intérêt de ces fonds, par

les conversions bien ménagées , de telle sorte que
entre ces trois actions convergentes et continues de
l'amortissement, de la compensation et de la conver-
sion, la dette publique se trouverait bientôt réduite
à des proportions si exiguës qu'aucun économiste
ne persisterait à s'en effrayer.

Puisque nous voici transportés, bien ou mal à
propos, sur le terrain de la spéculation pure, disons
quelques mots en finissant, sur une idée tout aussi
chimérique, peut-être, que celle qui vient de nous
occuper, mais qui, peut-être aussi comme elle, mérite d'être examinée. L'absorption réciproque de la
dette publique par l'impôt foncier, et de l'impôt foncier par la dette publique, aurait pour résultat d'affranchir l'industrie agricole de toute contribution,
sauf les centimes facultatifs qui varient d'année en
année. Ne pourrait-on pas rendre le même service
à l'industrie manufacturière, en faisant quelques pas
de plus dans la voie où nous sommes entrés quand
nous avons établi le monopole des tabacs? Ne pourrait-on pas abandonner exclusivement à l'exploitation du gouvernement deux ou trois branches considérables d'industrie, la fabrication du sucre par exemple,
tant des colonies que dans la métropole; l'extraction
du sel gemme et du sel marin, sous la condition

qu'il laisserait libres toutes les autres, en réservant toutefois l'impôt sur les boissons; et s'il convenait jamais à la France de renoncer, en matière de douanes, au régime protecteur pour passer au régime purement fiscal, ne pourrait-on pas remplacer l'impôt des boissons lui-même par une répartition plus intelligente et plus fructueuse des droits d'entrée à la frontière ?

Une telle révolution, en la supposant possible, aurait ce grand avantage, que toute augmentation ou diminution d'impôts se résolvant alors nécessairement et directement dans une augmentation ou dans une diminution du prix des objets manufacturés par le gouvernement ou par l'étranger, d'objets prêts à être livrés au consommateur, il n'en résulterait aucune altération dans la distribution intérieure du travail et du capital.

Mais je m'aperçois qu'en prononçant le mot de régime protecteur, en parlant de son abolition ou de son maintien, en considérant les impôts sous cet autre point de vue, j'effleure en passant une question étrangère au but de cet essai. Il vaut mieux s'en tenir là quant à présent.

Chaque chose en son lieu et en son temps.

LIBERTÉ COMMERCIALE

LIBERTÉ COMMERCIALE

(1851[1])

Dans l'une des dernières et des plus vives discussions de notre dernière assemblée, les défenseurs clairsemés du *laissez faire* et du *laissez passer* ont été rudoyés plus que de coutume. On leur a dit en propres termes [2] que leurs principes étaient sots, que leur science n'était pas une science, qu'ils n'étaient eux-mêmes que de pauvres littérateurs, et, qui pis est, des littérateurs fort ennuyeux [3]. Sans rendre précisément coup sur coup, ils auraient pu répondre que l'appréciation des principes est libre sans doute, mais

---

1. *Note de l'Éditeur.* La date de cet écrit est fixée par celle de la discussion de l'Assemblée nationale qui y a donné naissance. C'est le 27 juin 1851 que fut prononcé le discours de M. Thiers auquel il est fait allusion. Je n'ai pas besoin de rappeler qu'à cette époque le régime protecteur régnait encore en France et que les défenseurs de la liberté commerciale n'étaient qu'en petit nombre et peu en crédit. Les traités de commerce concédés par l'Empire ont renversé cette situation.

2. *Discours de M. Thiers*, p. 72.

3. *Ibid* , p. 25.

libre apparemment de part et d'autre, qu'à tout prendre, il n'est pire science que la pure routine, et que
les nombreux écrits de leurs adversaires composent
une littérature, si littérature il y a, qui n'est pas non
plus très riche en agréments.

Ils pouvaient ajouter que l'étude de l'économie politique n'étant pas un passe-temps, quand elle en-
nuie, il n'est pas toujours sûr que le tort soit de son
côté. Les questions qu'elle entreprend d'éclaircir
sont sérieuses et difficiles. La question de la liberté
du commerce, en particulier, devient, chaque jour,
plus importante, à mesure que les rapports entre les
peuples s'étendent et se diversifient, que leurs intérêts se croisent et se compliquent, que le monde entier devient de plus en plus, grâce à la vapeur et à la
télégraphie, un marché ouvert à tout le monde ; il n'y
a pas dix ans qu'en Angleterre là solution donnée
inopinément à cette question a changé la face du
pays, transporté, pour un temps, la prépondérance
des campagnes aux villes, confondu les partis, déplacé les influences, suspendu le jeu régulier des institutions politiques. Il n'y a pas quatre ans que, du
nord au midi, toute l'Allemagne a failli courir aux
armes, ceux-ci pour, ceux-là contre l'extension du
Zollverein. Tant que les nations les plus éclairées en

seront là, tant que les hommes d'État, les hommes de
théorie, les hommes de métier ne seront pas, sur ce
point, plus près de s'entendre, il sera naturel et
même sage d'en préoccuper sans cesse les esprits, au
risque de mettre quelque peu leur patience à l'é-
preuve, et personne n'aura droit, sur un tel sujet,
d'imposer silence à personne.

J'use donc du droit qui m'appartient, comme à tout
autre, en reprenant la question dont il s'agit en sous-
œuvre. Je m'efforcerai de n'en point abuser. Au lieu
de me borner à compiler des lieux communs, j'essayerai de leur enlever ce caractère en les présentant
sous un nouveau jour ; j'essayerai de faire faire à la
controverse un pas de plus, si petit qu'il soit.

Si j'y réussis, ce sera autant de gagné, et je n'au-
rai perdu tout à fait ni mon temps ni ma peine.

J'indiquerai sur-le-champ où j'en veux venir.

J'estime :

1° Qu'au fond et en principe, entre les adversaires
de la liberté du commerce et ses défenseurs, le dissen-
timent, dans l'état actuel de la science, n'est pas aussi
grand qu'on le croit, et qu'ils le croient eux-mêmes ;

2° Qu'à la vérité, ce qui est règle pour les uns, pour
les autres est exception, et réciproquement ; mais que,
de part et d'autre, la règle est si souple et l'exception

tellement élastique, qu'il ne faudrait qu'un peu de logique aidée d'un peu de sincérité, pour ménager,
dans chaque cas particulier, une transaction amiable ;

3° Que ce qui les tient à distance, c'est, avant tout,
leur vieille animosité, leur méfiance réciproque, et
surtout le grand soin que chacun prend d'oublier ou
d'éluder, dans l'application, tout ou partie de ce
qu'il admet en théorie ;

4° Que les gouvernements, avertis par le sentiment
de la responsabilité, et par cet instinct d'équilibre qui
ne leur permet de verser entièrement d'aucun côté,
tout en professant, d'ordinaire et non sans motif, le
système protecteur, sont néanmoins infiniment plus
sensés, dans leur conduite, que les bruyants adeptes
de ce système dans leur langage, et qu'ils n'ont souvent d'autre tort que de défendre des mesures dérai-
sonnables par des arguments qui ne le sont pas ;

5° Que leur vrai terrain pour résister plus ou
moins aux progrès croissants de la liberté commerciale, ce n'est pas l'économie politique, qui les con-
damne, mais la politique proprement dite, qui domine
et doit toujours dominer l'économie politique ;

6° Enfin qu'il ne faut s'exagérer ni les bienfaits de
la liberté du commerce, ni les inconvénients du système contraire, quelque réels que soient les uns et les

autres, attendu qu'il n'est pas donné à des combinaisons artificielles d'intervertir ou même d'altérer con-
sidérablement le cours naturel des choses.

Je tiens ces propositions pour vraies ; je ne déses-
père point de le démontrer. En supposant qu'elles
vinssent à prévaloir, les adversaires de la liberté du
commerce, ses défenseurs, les gouvernements, les
intérêts généraux de la société y trouveraient également leur compte.

Les adversaires de la liberté du commerce ont aujourd'hui le haut du pavé presque partout, hormis en
Angleterre ; mais leur position n'en est pas moins
précaire et périlleuse ; presque partout il leur arri-
vera, s'ils n'y prennent garde, ce qui leur est arrivé
en Angleterre. Ils passent en général, et non sans
raison, pour des esprits étroits, des hommes à préjugés, ou, pis encore, pour les représentants, les organes d'intérêts privés en lutte contre l'intérêt général.
Un beau jour il s'élèvera, je ne sais d'où, je ne sais
quel vent de réforme, au besoin même de révolution,
qui soufflera sur l'édifice un peu vermoulu derrière
lequel ils s'abritent et le dispersera sans en laisser
pierre sur pierre, dépassant ainsi le but, comme il
arrive toujours en temps de réaction, au lieu de se
borner à l'atteindre.

Lorsqu'en 1840 sir Robert Peel rentrait au pouvoir, à la tête du parti conservateur, au nom du système protecteur, porté sur le pavois par les grands
seigneurs, les propriétaires fonciers, les fermiers de
la Grande-Bretagne; lorsqu'il épuisait tous les trésors de son savoir, toutes les ressources de son élo-
quence pour couvrir les intérêts agricoles du bou-
clier de l'échelle mobile; lorsqu'il n'avait sur ce
point en face de lui qu'une poignée d'économistes
décriés sous le nom de rêveurs, tous ses vrais adversaires politiques étant, comme lui, plus ou moins engagés à la protection des céréales, qui lui eût dit
qu'au bout de quatre ans il professerait la liberté
absolue du commerce, qu'il couvrirait de sarcasmes
le système protecteur, et ouvrirait aux blés étrangers
les portes de l'Angleterre sans précaution, sans condition, entrant plus avant dans cette voie qu'aucun
de ces rêveurs dont il se raillait : qui lui eût dit
cela l'aurait fort surpris, à coup sûr.

Avis aux protectionnistes de France et d'ailleurs.

Avis surtout à ceux qui se livrent aveuglément,
pieds et poings liés, au pouvoir absolu.

Ne leur vaudrait-il pas beaucoup mieux abandonner un terrain qui n'est pas tenable, des principes
qui ne sont que des pétitions de principes, des argu-

ments surannés et rebattus, et, se plaçant sur un terrain solide, armés d'arguments admis d'un commun aveu, défendre sans faiblesse et sans violence ce qu'il y a de légitime dans leurs prétentions, en sacrifiant le surplus de bonne heure et de bonne grâce ?

Les défenseurs de la liberté du commerce, en revanche, sont partout, hormis en Angleterre, opprimés et en petit nombre; mais ce n'est pas là leur plus grand malheur. Leur vrai malheur, c'est qu'ils ne jouissent pas d'une meilleure réputation que leurs adversaires. Si les protectionnistes passent, aux yeux du public, pour des esprits étroits, routiniers, les économistes passent, aux yeux de ce même public, pour des esprits chimériques, pour des utopistes ; si les protectionnistes sont considérés comme des hommes intéressés au maintien des abus, les économistes sont considérés comme des logiciens à outrance qui ravageraient, pour peu qu'on les laissât faire, tous les intérêts existants, et mettraient le feu aux quatre coins de la société. Rien n'est plus injuste assurément, du moins en France ; car, lorsqu'il arrive, ce qui n'est pas sans exemple, que les vicissitudes de la politique portent à la tête de nos finances quelque économiste de profession, le premier soin du pauvre homme, c'est de mettre son drapeau dans

sa poche, d'enfermer ses principes dans son tiroir,
et d'agir comme s'il n'avait jamais rien dit, ni rien
écrit.

En 1814, au début de la Restauration, la France
avait pour ministre des finances un homme doué de
rares talents et, ce qui est plus rare encore, d'une
grande fermeté de caractère. M. Louis avait devant
lui table rase. Le système continental venait de
tomber sous les coups de l'Angleterre, et sous les
anathèmes de l'Europe. Nos douanes avaient été
expulsées de tous les pays conquis par nous et recon-
quis sur nous; nos douaniers étaient dispersés, notre
frontière de terre et de mer était ouverte de toutes
parts. Les intérêts manufacturiers qui périssaient avec
le régime impérial avaient l'oreille basse; la liberté
était à la mode, au moins pour quelques instants.

Certes l'occasion était belle pour établir la liberté
du commerce sur des bases sages, mais larges.

Qu'a fait M. Louis, disciple fervent d'Adam Smith,
libre échangiste, s'il en fut, pour parler le jargon du
jour?

Il a établi le système protecteur, d'abord timidement, par quelques mesures de gouvernement, puis
ouvertement, par la loi du 17 novembre 1814.

Lors de la mémorable discussion que je rappelais

en commençant, nous avions à la tête du ministère du commerce un économiste de profession; à la tête du ministère de l'intérieur un économiste de profession; à la tête de la commission du budget, souveraine à cette époque en matière de finances, un économiste de profession. Qu'est-il arrivé?

Par une singulière fatalité, tous trois étaient absents, et leur science chérie a été traînée sur la claie, sans qu'un mot ait été articulé pour sa défense.

N'est-il pas permis de penser que la crainte de se trouver en minorité n'est pas la seule qui les domine, qu'ils partagent, à un certain degré, la frayeur qu'ils inspirent, et que, à tout prendre, ils préfèrent n'avoir point à répondre des conséquences de leurs principes?

En posant à ces principes des limites que la science autoriserait, ne les mettrait-on pas un peu plus à l'aise?

Mais c'est surtout aux gouvernements, c'est surtout aux intérêts sociaux qu'on rendrait service.

Les gouvernements professent, en général, le système protecteur et pratiquent à petit bruit, autant qu'ils peuvent, autant qu'ils osent, le système libéral. Il n'y a rien là que de naturel. Tout gouvernement est conservateur, et le système protecteur a pour but la conservation de ce qui est. Mais tout gouvernement éclairé connaît les faits, en mesure la valeur, en détermine la portée, pénètre les ruses et les exagérations des intérêts privés, et s'efforce de les déjouer dans l'intérêt général. Il suit de cette double tendance que les gouvernements n'ont guère, en pareille matière, aucun plan de conduite fixe, qu'ils changent à chaque instant de direction et de langage, qu'ils faussent les principes ou dénaturent les faits, à bonne intention, par prudence, par ménagement, pour les approprier aux circonstances; qu'après avoir avancé, ils reculent plus qu'ils n'ont avancé, qu'après avoir reculé, ils avancent plus qu'ils n'ont reculé.

Or, rien n'est plus dommageable aux intérêts sociaux, aux vrais intérêts, aux intérêts honnêtes, sensés, aux intérêts patients, persévérants, économes, que d'être ainsi tenus sur le qui-vive, de ne savoir jamais sur quoi compter, de ne savoir jamais ni ce que pense le gouvernement, ni ce qu'il fera, car ce qu'il dit n'est pas ce qu'il pense, et ce qu'il fait n'est pas ce qu'il dit.

Voyons donc, je le répète, s'il ne serait pas possible de frayer la route vers un ordre d'idées qui pût être admis, de part et d'autre, dans ses bases principales, et qui ne laissât plus à discuter que l'application des principes communs à chaque cas particulier.

Efforçons-nous, d'abord, de bien poser la question et, pour y réussir, essayons de la dégager de tout ce qui n'y tient pas essentiellement :

L'économie politique, aussi ancienne que le monde, est devenue science vers le milieu du dernier siècle. L'axiome *laissez faire, laissez passer*, auquel on voudrait mal à propos la réduire, est, comme la science elle-même, d'origine française. Gournay l'avait mis en circulation; Turgot l'avait mis en pratique, avant qu'Adam Smith n'eût écrit. C'était, dès cette époque, la liberté de l'industrie, la liberté du commerce que réclamaient ces hommes éclairés, mais c'était principalement la liberté du commerce à l'extérieur, la liberté de l'industrie à l'intérieur. On sait à quel régime rigoureux étaient alors soumises les diverses professions, quelles entraves pesaient sur le commerce des grains, sur le commerce des vins, de province à province; combien était dur, selon les localités, le monopole du sel. La France était alors partagée en trois grandes régions : la première, dite des cinq grosses fermes, était régie par les tarifs de 1664 et 1667; la seconde avait conservé les anciens tarifs, qui variaient de province à province; la troisième se composait des provinces traitées comme étrangères, commerçant librement avec l'étranger, mais dont les produits étaient traités comme étrangers, lorsqu'ils pénétraient dans le reste du pays. L'Assemblée constituante a fait justice de ces combinaisons oppressives, de ces anomalies, de ces bigarrures. Après avoir supprimé les corporations, les maîtrises, les jurandes, les monopoles de toute nature, elle a fait disparaître la diversité des tarifs, de provinces à provinces, et les lignes de douanes intérieures qui les protégeaient. Personne aujourd'hui ne l'en blâme; il n'existe pas, que je sache, de protectionniste assez intrépide pour réclamer, sous ce rapport, le rétablissement de tout ou partie de l'ancien régime.

Il ne faut pas, néanmoins, se faire illusion.

L'introduction de la liberté du commerce à l'intérieur n'a pas été, dans le temps, moins rigoureuse pour les intérêts privés qui s'étaient formés et développés à la faveur du système contraire, que ne le serait aujourd'hui la liberté du commerce à l'extérieur pour les intérêts privés qui se sont formés et développés à la faveur de nos tarifs actuels.

Soumis à la concurrence, ceux de ces intérêts privés qui n'ont pu la soutenir, ont été forcés alors, comme ils le seraient aujourd'hui, d'abandonner, à peu près sans retour, le capital fixe engagé dans leurs établissements, de subir une dépréciation plus ou moins notable sur leur capital circulant, de laisser enfin sans emploi tout ou partie de ce capital pendant un temps plus ou moins long ; et les ouvriers employés dans ces établissements ont été forcés, de leur côté, de subir un chômage plus ou moins long et de se résigner aux embarras, aux dépenses d'apprentissage qu'entraîne inévitablement le passage d'un genre de main-d'œuvre à un autre.

Quoi qu'il en soit, ce qu'a fait l'Assemblée constituante, le Directoire et l'Empire l'ont fait avec la même décision, dans des circonstances différentes.

Lorsqu'en 1797 le traité de Campo-Formio a réuni définitivement à la France la rive gauche du Rhin, le Directoire a placé sous un même régime les anciens et les nouveaux départements.

Autant en a fait l'empereur Napoléon Ier, le moins libéral des hommes, lorsqu'il a successivement réuni à la France :

En 1804, le Piémont [1],

En 1808, la Toscane, Parme et Plaisance [2],

En 1809, Rome et l'État romain [3],

---

1. 24 fructidor an X.
2. 30 mai 1808.
3. 17 mai 1809.

En 1810, le Valais, la Hollande et les villes Anséatiques[1].

De telle sorte qu'en 1813, à la chute de l'empire, la France s'étendant des Pyrénées à l'Elbe et de Rome à Hambourg, la liberté du commerce se trouvait établie, de plein droit, sur un territoire égal aux deux tiers de l'Europe.

Pour en venir là, il avait fallu sacrifier bien des intérêts privés, bien des établissements préexistants; il avait fallu faire ou laisser subir aux classes laborieuses bien des déplacements onéreux, bien des souffrances réelles.

Personne n'avait réclamé.

Personne ne réclamerait non plus si le sort des armes nous rendait nos conquêtes, si ce qui fut fait alors, il était question de le faire aujourd'hui. Mais supposé que, en pleine paix, on proposât aujourd'hui d'établir la liberté du commerce entre la France et la Belgique, entre la France et la Hollande, entre la France et la moitié de l'Allemagne ou de l'Italie, se figure-t-on quels cris de fureur et de détresse nous entendrions retentir de toutes parts!

Où serait cependant la différence?

A ne considérer les choses que sous un point de

1. Les 13 et 14 décembre 1810.

vue purement économique, on n'en aperçoit guère
dont il soit possible de se rendre compte. Admettons,
par exemple, que, demain, le gouvernement français
et le gouvernement belge convinssent d'établir, entre
la France et la Belgique, la liberté du commerce,
qu'arriverait-il ?

Exactement ce qu'il arriverait si les deux pays
étaient incorporés l'un à l'autre.

Certains établissements belges, hors d'état de soutenir la concurrence des établissements similaires
français, seraient abandonnés et leurs ouvriers con-
gédiés. Les établissements similaires français et leurs
ouvriers en profiteraient plus ou moins.

De part et d'autre, le travail et le capital restés
libres seraient contraints de chercher un nouvel emploi. En définitive, profits et pertes compensés, de
part et d'autre, il interviendrait, dans chaque pays,
une nouvelle distribution de travail et de capital,
une distribution plus en harmonie avec les avantages
particuliers que chaque pays tient de la nature.

Ce n'est donc qu'en considérant les choses sous un
point de vue tout politique, c'est uniquement en tenant compte de l'indépendance réciproque où se
maintiendraient les deux pays, et de la diversité,
réelle ou supposée, actuelle ou possible, de leurs in-

térêts, de leur position, de leur destinée, que les effets d'une telle mesure pourraient, non sans raison, paraître tout autres et de tout autre conséquence.

Quoi qu'il en soit, personne, je le répète, ne conteste aujourd'hui cet axiome passé presque en force de lieu commun, à savoir, que dans un même pays, soumis aux mêmes lois, régi par le même gouvernement, la libre concurrence, en matière d'industrie et de commerce, est de plein droit, quelque opinion qu'on se forme, d'ailleurs, sur la convenance d'étendre ou de restreindre ce principe dans les relations d'État à État.

Ajoutons que même entre pays contigus, mais indépendants à certains égards, soumis à des lois différentes, régis par des gouvernements différents, s'il arrive que ces pays, réunis par un lien fédératif, confondent leurs intérêts politiques et fassent corps vis-à-vis de l'étranger, la libre concurrence s'établit à peu près inévitablement dans l'intérieur de la confédération tout entière. Il n'a jamais existé de ligne de douanes entre les cantons helvétiques; jamais entre les États-Unis de l'Amérique du nord, qui couvrent la moitié de l'un des deux hémisphères; et si, dans l'enceinte de la confédération germanique, le principe de l'union douanière rencontre encore des difficultés

qu'il surmonte progressivement et dont il semble
près de triompher tout à fait, c'est parce qu'au nombre des confédérés figurent des puissances de premier ordre, qui doivent naturellement hésiter avant
de s'enchaîner l'une à l'autre, et d'abdiquer, en
grande partie, leur autonomie intérieure.

Le principe de la libre concurrence, dans l'enceinte d'une même circonscription politique, étant
donc admis — admis d'un commun aveu — ad-
mis par les protectionnistes les plus décidés, on doit
par conséquent tenir également pour admises les
maximes qui lui servent de fondement, savoir :

1° Qu'en thèse générale, l'intérêt privé, l'intérêt
de chaque homme, en particulier, est bon juge,
est le meilleur des juges, quant à la direction qu'il
convient de donner à l'emploi du capital et du travail
dont chaque homme dispose, et, partant, à l'emploi du capital et du travail de la nation tout entière ;

2° Que le gouvernement doit, autant que possible, se garder d'intervenir en pareille matière, et
d'intervertir le cours naturel des choses ;

3° Qu'il faut, pour rendre, en cela, son intervention légitime, un intérêt public bien caractérisé,
évident, sérieux, *dignus vindice nodus ;*

4° Que toute intervention de ce genre, ayant pour

but et pour effet d'élever artificiellement le prix de
certains produits, se résout nécessairement en impôt
prélevé sur le public, au profit de certains producteurs;

5° Que, le public ayant évidemment droit de n'être
imposé que dans son intérêt, aucun producteur, quel
qu'il soit, n'a droit de réclamer, à son profit, l'intervention de l'État, si ce n'est en prouvant que l'intérêt
public se confond avec le sien, et que le public y
gagne, en définitive, plus qu'il n'y perd, au premier
instant.

C'est ainsi qu'on justifie, par exemple, le monopole
temporaire accordé aux brevets d'invention, les restrictions imposées à certaines professions, les encou-
ragements momentanés ou permanents donnés à
certaines entreprises, l'entretien, aux frais de l'État,
de certains établissements qui coûtent plus qu'ils ne
rapportent, mais qui honorent le pays et sèment pour
l'avenir.

Or, maintenant, se pourrait-il que ces règles si
simples, si sages, que ces maximes si justes, si naturelles, n'eussent cours entre les citoyens qu'en ce
qui concèrne le commerce des productions indi-
gènes?

Se pourrait-il que le commerce des productions

exotiques fût soumis à des règles différentes, à des maximes contraires?

En thèse générale, et sauf exception, l'intérêt privé, c'est-à-dire l'intérêt de chacun, et, partant, celui de tous, n'est-il pas, dans un cas comme dans l'autre, bon juge de ce qui convient à chacun?

En thèse générale, et sauf exception dûment justifiée, le gouvernement ne doit-il pas, dans un cas comme dans l'autre, se garder d'intervertir le cours naturel des choses?

Toute protection accordée à tel ou tel produit contre l'introduction de tel ou tel produit similaire provenant de l'étranger, a-t-elle un autre but que d'élever artificiellement le prix du produit national?

Cet excédant de prix est-il autre chose qu'une taxe prélevée sur les consommateurs au profit des producteurs nationaux?

Les producteurs peuvent-ils, cette fois, réclamer légitimement protection, en leur propre nom, pour leur propre compte, dans un intérêt exclusivement personnel?

Sont-ils dispensés, dans cette occasion, plus que dans toute autre, de prouver que leur intérêt se confond avec l'intérêt public, qu'ils agissent pour tous et non pour eux seuls, et que, en définitive, ils font les

affaires des consommateurs autant et plus que les
.eurs.

Personne, en théorie du moins, ne l'a jamais pré-
tendu, mais il fut un temps, et ce temps n'est pas
encore assez éloigné de nous pour qu'il soit permis
de l'oublier, il fut un temps où l'on soutenait qu'en
tout pays, tous les habitants étaient, à peu près, également intéressés à protéger, à peu près dans toutes
ses branches, l'industrie nationale contre l'industrie
étrangère; qu'aucun pays ne devait subir la condition de tributaire de l'étranger, pour peu qu'il dé-
pendît de lui de s'y soustraire.

Ce temps n'est plus; aucun gouvernement, de nos
ours, quelques principes qu'il professe en économie
politique, n'entend interdire à ses administrés le
commerce extérieur; tous, au contraire, s'efforcent
d'ouvrir, sans cesse, à ce commerce de nouveaux
débouchés; tous tiennent à prouver, chaque année,
par des tableaux hérissés de chiffres, que leurs efforts
n'ont pas été vains.

Personne aujourd'hui, protectionniste ou non,
personne, à quelque pays, qu'il appartienne, n'entend
qu'on élève, autour de ce pays-là, la grande muraille
de la Chine; qu'on l'oblige à produire, coûte que
coûte, pour son propre usage, des denrées, des

marchandises auxquelles se refusent son sol, son climat, ses circonstances particulières; qu'on lui défende de vendre, à l'étranger, l'excédent des produits de son industrie naturelle ou acquise.

Sans aller jusqu'à défendre tout commerce extérieur, il fut un temps où l'on estimait que l'exportation des métaux précieux était, pour tout pays, une cause certaine de ruine, et leur importation, presque l'unique source de la richesse; qu'en conséquence le commerce extérieur ne devait être favorisé ou même toléré qu'avec les pays auxquels on vendait plus de denrées ou de marchandises qu'on n'en achetait, et dont on pouvait réclamer, en fin d'année, un solde en numéraire, au lieu d'avoir à le leur payer.

Ce temps n'est plus. Aucun gouvernement ne tient compte aujourd'hui de la *balance du commerce* qu'à titre de renseignement statistique.

Personne aujourd'hui, protectionniste ou non, ne s'imagine qu'un pays, dans l'ensemble de ses transactions commerciales, puisse vendre sans acheter, c'est-à-dire exporter sans importer; personne aujourd'hui n'ignore qu'à l'extérieur comme à l'intérieur tout commerce se résout en simple troc; que les marchandises se soldent définitivement en marchandises; que le numéraire, simple instrument d'échange, ne figure, dans ses transactions, que comme appoint; qu'à ce titre, le même écu suffisant à faire circuler, dans un temps donné, un million de choses différentes, la quantité de numéraire qui passe, alternativement, d'un pays dans un autre pays, est presque toujours insignifiante; et qu'en tout cas, le numéraire étant, en quelque sorte, un liquide qui cherche, sans cesse, son niveau, aucune puissance humaine ne saurait ni le retenir là où il surabonde, ni l'empêcher d'affluer là où le besoin s'en fait sentir.

Cela étant, je suis donc fondé à dire qu'aujourd'hui, dans l'état présent des esprits et de la science, il n'existe, de l'aveu des protectionnistes eux-mêmes, entre les principes qui régissent le commerce extérieur et ceux qui régissent le commerce intérieur, aucune différence réelle, essentielle, intrinsèque;

Que tout se réduit en question de plus ou de moins;

Que la libre concurrence étant le droit commun, et la protection, sous une forme quelconque, l'exception, la différence purement relative est dans le nombre des exceptions, nombre qui peut être tel, il est vrai, pour certains esprits, qu'en point de fait, l'exception supplante la règle, et garde le haut du pavé dans leur argumentation;

Qu'enfin la raison même de cette différence est principalement, sinon uniquement, politique ; qu'elle tient, sinon uniquement, du moins principalement, à la diversité d'intérêts qu'entraîne ou peut entraîner l'indépendance réciproque des États.

Ces vérités, qu'en thèse générale aucun protectionniste ne conteste désormais, il va sans dire que les amis de la liberté industrielle et commerciale ne les contestent pas non plus en ce qu'elles ont de favorable à leur cause ; mais les contestent-ils, en thèse générale, dans ce qu'elles auraient de restrictif ? Professent-ils le principe de la libre concurrence, tant à l'extérieur qu'à l'intérieur, dans toute la rigueur du terme et de l'idée ? N'admettent-ils dans aucun cas de tempéraments ni d'exceptions ?

C'est un reproche qu'on pouvait peut-être adresser aux premiers économistes, Quesnay, Gournay, l'abbé Baudeau, Mercier de la Rivière. Au début de toute science les principes se produisent avec l'ambition des conquérants, avec toute l'arrogance d'une logique inflexible.

« Qu'on maintienne l'entière liberté du commerce, car la police du commerce intérieur et extérieur la plus sûre, la plus exacte, la plus profitable à la nation

et à l'État, consiste dans la pleine liberté de la concurrence [1]. »

« Il est impossible que dans le commerce, aban-
donné à lui-même, l'intérêt particulier ne concoure
pas avec l'intérêt général [2]. »

« Liberté générale, immunité parfaite, facilités
universelles, voilà ce qu'il faut procurer aux trafi-
quants [3]. »

« Les premières notions du commerce, rapprochées
de la véritable idée qu'on doit se former du meilleur
état possible d'une nation, démontrent sans réplique
la nécessité que le commerce jouisse de la plus
grande liberté [4]. »

Ainsi parlaient les premiers maîtres de Turgot et
d'Adam Smith.

Mais déjà Turgot, d'un esprit aussi ferme et plus
étendu que le leur, remarquait avec sagacité que,
« pour bien traiter une question économique, il
fallait oublier qu'il y a des États politiques séparés
les uns des autres et constitués diversement [5] ». Ce
qui implique, *ex contrario*, qu'en dehors de la pure

---

1. Tableau économique de Quesnay, maxime XXV.
2. Éloge de Gournay (*Collect. des économistes*, t. III, p. 270).
3. *Introd. à la phil. écon.* de l'abbé Baudeau, ch. v, art. 5, 55, 2.
4. Mercier de la Rivière (*Ordre naturel des sociétés politiques*,
ch. xiv). .
5. Corresp., lettre VIII (*Collect. des écon.*, t. IV, p. 800).

théorie, c'est-à-dire dans la réalité, dans la vérité
des choses, il est nécessaire d'en tenir compte.

Adam Smith, bientôt après, fut plus net et plus
explicite.

Adam Smith reconnaît deux cas où l'industrie
nationale *doit* être protégée contre l'industrie étrangère, et deux autres où elle *peut* l'être, selon l'occasion et la circonstance.

« La sécurité, dit-il, est pour un pays de plus
grand prix que la richesse; en conséquence, il convient d'encourager, par de certains avantages, toute
industrie domestique qui paraît nécessaire à la défense de l'État[1]. »

Par ce motif il approuve l'acte de navigation, passé
sous Cromwell, en 1651, lequel peut être considéré
comme un code de droits protecteurs, très divers et
très compliqués.

« Quand un produit quelconque de l'industrie nationale, dit-il encore, devient l'objet d'un impôt, et
que le prix de ce produit s'élève en conséquence,
il convient de le protéger contre la concurrence
étrangère, et de rétablir ainsi l'équilibre, pourvu
toutefois qu'on puisse discerner suffisamment com-

---

1. *On the wealth of nations*, édit. de Macculloch, liv. IV, ch. II,
t. II, p. 292-295.

ment et jusqu'à quel point ce produit est affecté par l'impôt[1] ».

Ce n'est pas tout.

« Quand l'étranger, continue-t-il, entrave par des prohibitions ou des droits protecteurs l'exportation de ses produits, on peut user de représailles à l'égard des siens, s'il y a espérance de l'amener à composition. *L'acquisition d'un marché plus étendu compense alors et au delà cet inconvénient passager*[2]. »

Enfin, quand un nombre plus ou moins grand d'établissements s'est formé dans un pays à l'abri d'un certain degré de protection, il y aurait, selon Adam Smith, de graves inconvénients à la leur retirer brusquement; on n'y doit procéder que peu à peu et avec circonspection[3].

Aucun des vrais disciples d'Adam Smith, aucun des hommes dont le nom compte dans la science, ne s'est jamais départi de ces sages réserves.

Le Parlement d'Angleterre, il est vrai, après avoir successivement, à vingt reprises différentes, et notamment en 1825 et en 1826, modifié l'acte de na-

---

1. *On the wealth of nations*, édit. de Macculloch, liv. IV, ch. II, t. II, p. 299-300.
2. *Ibid.*
3. *Ibid.*, p. 301-302.

vigation de 1651, a fini, en 1849, par l'abroger tout
à fait, mais sans en désavouer le principe, en déclarant simplement que cet acte avait fait son œuvre et
son temps.

« Je suis d'avis autant que qui que ce soit, disait
en 1826, au nom du gouvernement, M. Huskisson,
que notre devoir est de ne jamais perdre de vue la
nécessité politique, et que, chaque fois que les intérêts de la navigation et ceux du commerce sont en
conflit, les intérêts de la navigation doivent avoir la
préférence [1]. »

« Je reconnais, disait, en 1849, lord Lansdowne, au
nom du gouvernement, qu'on doit sacrifier sans
hésiter la richesse à la sécurité [2]. »

Mais, au dire de l'un et de l'autre, cette opposition entre les deux intérêts n'existait plus, et le régime restrictif était devenu nuisible aux progrès de
la marine, autant qu'à ceux du commerce. Les pro-
moteurs les plus ardents de l'abrogation, les théoriciens les plus absolus, d'accord, sur ce point, avec
les hommes d'État, n'invoquaient pas un autre motif
et ne tenaient pas un autre langage [3].

---

1. *Parliam. Debates*, new series, t. XV, p. 1146.
2. *Ibid*, third series, t. CIV, p. 1318.
3. *The anatomy of the navigation laws*, p. 220.

Lorsqu'en 1821 commença dans le Parlement et
dans la presse la grande controverse de la liberté du
commerce des grains, M. Huskisson, principal auteur
du remarquable rapport déposé le 18 juin sur le
bureau de la Chambre des communes [1], et M. Ricardo,
dans un pamphlet célèbre [2], en se prononçant pour
la libre importation des grains étrangers, recon-
nurent qu'il fallait que l'agriculture anglaise fût
protégée contre toute concurrence, dans les proportions des charges spéciales dont elle est grevée ; la
taxe des pauvres, par exemple, la *land-tax*, la dime,
le *county rate ;* et cinq ans après, en 1826, M. Macculloch réclamait en sa faveur précisément la même
exception [3].

Quant à l'emploi du régime des représailles envers
l'étranger, comme il rentre plutôt, de l'aveu d'Adam
Smith lui-même [4], dans le domaine de la politique
générale que dans celui de l'économie politique, les
économistes les plus rigides ne l'ont jamais contesté; ils se sont toujours bornés à recommander
de prendre, en pareille matière, pour règle et

---

1. *Parliam. Debates*, new series. Appendice, t. XXXVII.
2. *On protection to agricult.*, p. 83. Voy. également ce qu'en dit
Say, liv. I, ch. XVIII, p. 55-4.
3. *Edimb. review*, t. XLIV, p. 353 et suivantes.
4. *Wealth of nations*, édit. de Macculloch, t. II, p. 301.

pour mesure, les chances raisonnables de succès.

« S'il est quelquefois à propos, en diplomatie, était-il dit dans la pétition des négociants de Londres, présentée par M. Baring, mais rédigée par E. Ch. Tooke, de faire dépendre l'abolition ou la diminution de droits élevés, des concessions correspondantes faites en notre faveur par d'autres États, il ne s'ensuit pas que nous devions maintenir nos restrictions dans le cas où les concessions que nous désirons nous seraient refusées; nos restrictions, en effet, ne cesseraient pas de nous être préjudiciables, parce que d'autres gouvernements conserveraient des règlements impolitiques [1]. »

Et quant à cette idée, qu'il serait imprudent, lorsque telle ou telle industrie s'est élevée sous l'abri d'une certaine protection, de la lui retirer brusquement, de la laisser écraser tout à coup, sans ménagements et sans égards, non seulement les économistes actuels ne font aucune difficulté de l'admettre, mais ils lui donnent une extension qu'Adam Smith, dans son rigorisme, aurait peut-être trouvée excessive. On tient, en effet, pour maxime, aujourd'hui, que toute industrie qui promet de soutenir, un jour, la libre concurrence avec l'étranger, doit être protégée,

1. *Parliam. Debates*, new series, t. I, p. 183.

tant qu'elle est encore en état d'infériorité relative, sauf à réduire graduellement le taux de la protection, jusqu'au moment précis où elle cesse d'en avoir besoin [1].

C'est en prenant ce principe, ainsi entendu, pour règle de sa conduite, que M. Huskisson a constamment procédé à la réforme de la législation commerciale en Angleterre, plaçant, par exemple, l'industrie des soieries sous la protection d'un droit spécial de 30 p. 100 [2]; l'industrie linière sous la protection d'un droit réductible pendant huit ans, d'année en année, jusqu'au taux de 25 p. 100 [3]; c'est ce qu'il entendait par ces paroles qu'il prononçait le 10 mai 1826 :

« Notre intention est de réduire le tarif le plus bas que comportent, sur chaque article, les deux objets légitimes de tous les droits de douane, les besoins du Trésor public, et la *protection nécessaire à l'industrie du pays* [4]. »

C'est également en prenant ce principe, ainsi entendu, pour règle de leurs prétentions, que les économistes français les plus rigides réclament la revision de notre tarif de douanes [5].

---

1. Say, *Traité d'écon. polit.*, 1. liv, ch. xvii, lv, I.
2. Acte du 12 avril 1824.
3. Acte du 5 juillet 1825.
4. *Parliamentary Debates*, new series, t. XV, p. 1180.
5. Michel Chevalier, *Exam. du syst. commerc.*, p. 293-313.

Enfin, pour ne rien omettre, qu'il soit permis
d'ajouter que, si le principe du *laissez passer* admet
aujourd'hui même en pure théorie des exceptions
que les premiers économistes auraient peut-être con-
testées, le principe du *laissez faire* en admet encore
davantage. On reconnaît aujourd'hui, d'un commun
aveu, qu'il est bien des cas où l'intervention du gouvernement ne doit pas se borner à garantir un champ
libre à l'activité individuelle ; où beaucoup de choses
très utiles deviendraient impossibles sans son concours, voire même sans son initiative.

Le dernier ouvrage de M. Mill, exposé complet du
dernier état de la science, et dont assurément l'autorité n'est pas suspecte, contient, à ce sujet, les
considérations les plus élevées et les plus sages [1].

Il suit de là, qu'en se maintenant sur le terrain des
principes, sur les hauteurs de la théorie, on ne voit
pas bien en quoi désormais les doctrines professées
par les protectionnistes diffèrent précisément des
doctrines professées par leurs adversaires ; on ne voit
pas bien ce que les premiers pourraient *légitimement* demander qui leur pût être légitimement re-
fusé par les seconds.

---

1. *Elements of polit. econ. by John Stuart Mill*, t. II, book V,
chap. XI.

Du moment où les protectionnistes renoncent à demander protection pour toute industrie quelconque, par cela seul qu'elle existe ou qu'elle peut exister; du moment où ils consentent à prendre l'intérêt général, l'intérêt bien entendu des consommateurs, pour arbitre entre eux et les consommateurs; du moment, en revanche, où leurs adversaires admettent que toute industrie dont le maintien importe à la sécurité publique doit être protégée coûte que coûte, que toute industrie grevée d'impôts doit être protégée dans la proportion de l'impôt qu'elle supporte; que toute industrie qui promet de soutenir, un jour, la libre concurrence doit être protégée, dans une juste mesure, durant sa minorité; qu'enfin les représailles contre l'étranger sont permises, en matière commerciale, lorsqu'elles ont chance de réussir et d'atteindre leur but; du moment, en un mot, que protection n'est refusée qu'aux industries qui n'en ont pas besoin ou à celles qui ne pourraient subsister qu'au détriment des consommateurs tant actuellement qu'à l'avenir, sur quoi dispute-t-on? sur quoi peut-on disputer, en théorie s'entend, car il va sans dire qu'en ceci, comme en toutes choses, on disputera toujours sur l'application des principes généraux aux faits particuliers?

Hélas! on dispute parce que originairement on a
disputé, parce que, avant de se rapprocher sur le terrain de la raison et de l'équité, on est parti des deux
extrémités opposées, parce que les adversaires nour-
rissent, les uns contre les autres, des préventions
invétérées, des rancunes implacables, d'insurmon-
tables méfiances; on dispute pour l'honneur du drapeau, on dispute surtout parce que le plus fort, dans
chaque occasion, le plus fort quel qu'il soit, est toujours tenté d'abuser de sa position, parce qu'il oublie
ou méconnaît, dans la pratique, ce qu'il a concédé en
théorie, parce qu'il se laisse aller à raisonner intrépi-
dement, comme s'il n'avait rien accordé.

N'avons-nous pas entendu, dans la célèbre discussion que je rappelais tout à l'heure, l'orateur qui
charmait l'assemblée établir aux applaudissements
frénétiques de toutes les parties de la salle, que toutes
les industries, en France, avaient besoin d'être protégées, partant qu'aucune n'est en état de supporter,
par ses propres forces, la concurrence étrangère,
qu'aucun producteur ne pouvait faire ses affaires
sans prélever un impôt sur les consommateurs, et
citer, en preuve, l'industrie vinicole, où la France
n'a point d'égale : — « Nos vins de Bordeaux, s'écriait-
il, peuvent, il est vrai, se passer de protection, mais

gare aux vins de Provence ; ils pourraient, dans les
mauvaises années, avoir à lutter contre les vins
d'Espagne ou d'Italie ; donc un droit protecteur pour
tous nos vins, sans exception [1]. »

N'était-ce pas là rétrograder bien en arrière de
Colbert et de Forbonnais? N'était-ce pas là reconnaître à tout producteur le droit de taxer tout consommateur, non pour quelque motif de sécurité
publique, de compensation, d'encouragement temporaire, ou de représaille ; mais *ipso facto*, parce
que le producteur produit, et que le consommateur
est *gent taillable à merci* et miséricorde?

Est-il besoin de faire observer, en outre, que
dans un pays où toutes les industries seraient également protégées, aucune ne le serait effectivement,
puisque chaque industriel rendrait de la main droite
ce qu'il recevrait de la main gauche, et rembourserait
comme consommateur de matières premières et de
denrées, l'équivalent de ce qu'il percevrait à titre de
producteur?

N'avons-nous pas vu, en revanche, lors du triomphe
de l'*Anti-corn-league*, non seulement les hommes de
parti, en Angleterre, — l'esprit de parti abuse de
tout — non seulement les hommes d'État — les hommes

1. *Disc. de M. Thiers.* Préface, p. VIII, texte, p. 14.

d'État sont trop souvent les serviteurs des circonstances — mais les théoriciens, les hommes de science,
oubliant ce qu'ils n'avaient cessé de proclamer durant
la lutte, à savoir que l'agriculture britannique étant
grevée de près de 13 millions sterling de taxes spéciales, elle avait droit, sous ce rapport, et dans cette
mesure, à un certain degré de protection; ne les
avons-nous pas vus, dis-je, livrer l'agriculture britannique à la concurrence étrangère, sans droit fixe ou
mobile, sans exception, ni condition, ceux-ci prenant
pour prétexte qu'à tout bien considérer la *land-tax*,
par exemple, n'était pas trop onéreuse; ceux-là que
le bas prix des grains permettrait de supprimer les
poor laws; d'autres, ce qui peut se soutenir à la rigueur, que la dîme n'affecte pas sensiblement le
prix des grains; les plus sincères enfin, déclarant
nettement que l'intérêt public devait passer avant
celui des propriétaires fonciers et de leurs fermiers,
et qu'après avoir si longtemps opprimé le peuple, encore étaient-ils heureux de s'en trouver quittes à si
bon marché.

Il en sera toujours ainsi.

L'esprit de parti est sincère, mais aveugle dans son
entraînement. Il dépasse et dépassera toujours le
but. L'intérêt privé est clairvoyant, mais rusé dans

son manège ; il se souvient de ce qui lui convient; il oublie, il ignore, il oubliera, il ignorera toujours ce qui ne lui convient pas. Mais les gouvernements dont la mission est d'imposer l'impartialité à l'esprit de parti et l'équité aux intérêts privés, les gouvernements, dont le devoir est de faire prévaloir en toute chose l'intérêt général et le bon sens pratique, les gouvernements, qui remplissent ce devoir beaucoup plus réellement que, d'ordinaire, on ne le suppose, pourquoi continueraient-ils à suivre timidement l'esprit de parti, passant avec lui, tour à tour, d'un bord à l'autre en essayant de le modérer? Pourquoi continueraient-ils à parler le langage des intérêts privés et à caresser leur convoitise en essayant de la contenir? Pourquoi n'auraient-ils pas, une fois pour toutes, un plan fixe, une politique certaine, des principes arrêtés, un langage ferme et personnel? Pourquoi n'entreprendraient-ils pas de diriger l'opinion au lieu de l'attendre, et de commander au lieu d'obéir?

Supposons un gouvernement qui, profitant de l'état de paix au dehors, et de prospérité intérieure dont jouit la nation qu'il dirige, ce qui, de nos jours, n'est heureusement pas rare, annoncerait ouvertement le dessein de réformer son tarif de douanes

conformément aux principes consacrés par la science,
d'assurér indéfiniment aux industries dont le maintien importe à la sécurité, à la défense de l'État, une
protection suffisante, aux industries grevées de quelque impôt spécial, une protection égale au montant
de cet impôt, aux industries qui promettent de soutenir un jour la concurrence avec l'étranger, une
protection progressivement décroissante jusqu'à une
époque déterminée, aux industries destinées à périr
le temps nécessaire pour que le déplacement des
capitaux et des populations laborieuses s'opère avec
aussi peu que possible de perte et de souffrances ;
supposons un gouvernement qui se montrerait résolu
à soumettre, en matière de douanes, le principe de
la réciprocité aux chances raisonnables de succès, et
qui, fidèle à sa parole, se mettrait sérieusement à
l'œuvre, avec discernement et mesure, sans doute,
mais avec vigueur et persévérance, qui oserait, en
théorie, l'attaquer sur ce terrain ?

Quel serait le protectionniste assez entêté pour demander plus en propres termes et de propos délibéré ?

Quel serait l'utopiste assez emporté pour ne se pas
montrer satisfait ?

En tenant un pareil langage, le gouvernement dont

il s'agit garderait la position élevée, l'attitude grave
et paternelle d'un gouvernement véritable; il se décla-
rerait ouvertement le protecteur de tous les intérêts
existants, de l'intérêt des consommateurs comme de
l'intérêt des producteurs; il promettrait à ceux-ci, justice, égards, ménagement en tout ce que leurs prétentions peuvent avoir de légitime ou simplement d'a-
vouable, les maintenant, pour le surplus, sous le droit
commun, c'est-à-dire sous le régime de la liberté,
qu'aucun gouvernement qui se respecte et qui connaît ses devoirs ne doit enfreindre ni restreindre sans
un motif réel et suffisant.

En tenant un pareil langage, le gouvernement dont
il s'agit ne professerait point expressément le libre
échange; un gouvernement grave et prudent ne doit
jamais s'engager dans les liens d'un système, mais il
pratiquerait le libre échange en tout ce que ce système a d'incontestable et d'incontesté, tout en le
soumettant rigoureusement aux exceptions qu'il
comporte, de son propre aveu.

En tenant un pareil langage, le gouvernement dont
il s'agit éleverait un drapeau derrière lequel viendraient se ranger tous les hommes justes et sensés,
tous les hommes éclairés et modérés. Sans porter
atteinte à la sécurité du présent, d'une part, il réha-

biliterait la théorie aux yeux des timides ; d'une autre part, il indiquerait à l'esprit d'entreprise sur quelle nature et sur quelle mesure d'appui il doit compter dans l'avenir.

Tout dépendrait néanmoins du degré d'activité et d'énergie, d'intelligence et de décision avec lequel on procéderait à la classification des diverses industries appelées à recevoir définitivement ou temporairement un certain degré de protection. Tout dépendrait du discernement qui présiderait à cette classification, des données qui lui serviraient de base, des principes qui lui seraient assignés comme point de départ ou de repère.

C'est sur ce sujet que j'ai maintenant dessein d'insister ; mais avant d'en venir là, il ne sera peut-être pas sans utilité de présenter deux ou trois considérations générales, qui dominent toute la question et qui me paraissent avoir été jusqu'ici, ou tout à fait méconnues, ou négligées mal à propos.

1° L'économie politique pure, rationnelle, théorique, est une science ; elle enseigne aux esprits cultivés les lois qui président naturellement à la formation et à la répartition des richesses. L'économie politique appliquée est un art ; elle enseigne aux gouvernements les règles de conduite qui favorisent la multi-

plication des richesses, ou préviennent leur destruction, assurent l'abondance et le bon emploi du revenu
public. Envisagée sous ce dernier point de vue, l'économie politique n'est qu'une branche de l'art de gou-
verner, de ce grand art qu'on nomme, par excellence,
la politique, et n'en est qu'une branche secondaire.
S'il est bon de s'enrichir, en effet, ce n'est là, ni pour
les individus ni pour les peuples, l'unique but de
leur existence ; si la richesse est chose excellente,
l'indépendance, l'honneur, la puissance, la ferme
résolution de garder dans le monde son rang et son
bon renom, de croître sans cesse, en civilisation, en
lumières, et de remplir ainsi les vues de la Providence,
sont choses meilleures encore. Lors donc qu'il s'agit
d'engager les nations dans des voies nouvelles en vue
de leur bien-être, lorsqu'il s'agit de les y convier
toutes indistinctement, petites ou grandes, toutes,
quel que soit leur état actuel, prochain, possible, ce
n'est pas à l'économie politique, art ou science, c'est
à la politique qu'appartient la haute main et le dernier mot. C'est à la politique qu'il appartient de s'assurer si toutes les nations ont un égal intérêt aux
changements qui se préparent ; s'il n'en est pas telle
ou telle qui payerait à ce marché les avantages qu'on
lui promet plus qu'ils ne valent, qui perdrait en sécu-

rité, en position sociale, en prépondérance, en liberté d'action plus qu'elle ne gagnerait en aisance,
en opulence.

Supposons, pour bien faire comprendre ma pensée,
supposons, dis-je, ce qui n'est pas probable, j'en
conviens, ni prochain certainement, mais ce qui se
peut, à la rigueur, que le principe de la libre concurrence, d'État à État, vint à prévaloir, en même
temps ou à peu près, chez toutes les nations civili-
sées, supposons que l'Europe, disons mieux, que la
chrétienté, persistant à demeurer divisée, comme aujourd'hui, en nations politiquement indépendantes,
en vint néanmoins, à former, sous le double rapport
de l'industrie et du commerce, cette vaste et libre
république que rêvaient les premiers économistes, et
que leurs successeurs appellent de tous leurs vœux,
qu'arriverait-il ?

Pour le savoir, il ne faut que se rendre compte de
ce qui arrive lorsqu'un grand pays, tel, par exemple,
qu'était la France avant 1789, un grand pays traversé
par plusieurs lignes de douane intérieures, soumis,
quant à son industrie, à des règlements compliqués,
abaisse tout à coup toutes les barrières, abolit toutes
les restrictions, établit dans son sein la liberté du travail, de l'industrie et du commerce.

Selon les principes les moins contestés de l'économie politique, la conséquence naturelle, inévitable, disons mieux, la conséquence désirable de ce grand changement, c'est une nouvelle distribution du capital et du travail national, c'est un grand déplacement des forces industrielles et de la population laborieuse.

Le capital et le travail répartis artificiellement entre des circonscriptions arbitraires, artificiellement parqués dans des localités déterminées, artificiellement appliqués à l'exploitation de terrains relativement improductifs, artificiellement engagés dans des entreprises relativement infructueuses, désertent ces circonscriptions, ces localités, se retirent en tout ou en partie de ces exploitations, abandonnent plus ou moins ces entreprises et viennent affluer là où les richesses naturelles sont abondantes, où les frais de culture et de fabrication sont peu coûteux, où les transports sont faciles, là, en un mot, où la même quantité de travail et de capital rend dix, quinze, vingt pour cent de plus qu'ailleurs, où les bénéfices, en s'accumulant rapidement, forment de nouveaux capitaux, provoquent à l'existence, entretiennent mieux et à meilleur compte une population nouvelle.

Voilà le bien.

Voilà le but qu'on se propose et qu'on doit se proposer.

Mais point de bien, ici-bas, sans une certaine dose de mal. Le mal, c'est d'abord la destruction du capital fixe engagé dans les exploitations, dans les industries délaissées ; le mal surtout, c'est le dépérissement des localités désertées, la réduction dans la valeur des propriétés rurales et urbaines, la baisse des revenus et des loyers. C'est un mal compensé et fort au delà par le bien, quant à l'ensemble du pays ; mais c'est un mal sans compensation pour la localité qui l'éprouve, du moins pendant un temps indéfini, jusqu'à cette époque toujours éloignée, et plus ou moins incertaine, où la surabondance du capital et du travail force l'un et l'autre à refluer, faute de mieux, vers leur premier gîte.

En un mot, le résultat définitif, c'est d'accroître dans l'enceinte d'un même pays la prospérité des contrées, des territoires favorisés par la nature, au détriment des contrées, des territoires qui ne jouissent pas des mêmes avantages. ·

Ces propositions sont évidentes.

Ces notions sont élémentaires.

Soit maintenant, aux lieu et place du pays dont il

s'agit, l'Europe entière, toute la chrétienté ; soient, aux lieu et place des provinces entre lesquelles ce pays est partagé, les différents États, les différentes nations indépendantes de l'ancien et du nouveau monde, le résultat sera le même, bien que sur une plus grande échelle ; le résultat sera le même quant à la tendance générale du mouvement économique, et sauf les raisons d'exceptions que nous apprécierons tout à l'heure.

Si nous supposons que ces États conviennent de supprimer les lignes de douane qui les séparent, d'établir entre eux la liberté du commerce, ou la théorie a deux poids et deux mesures, ou le résultat définitif doit être une nouvelle distribution du capital et du travail européen et autre, un grand déplacement des forces industrielles et de la population laborieuse, dans l'ancien et le nouveau monde.

Le capital et le travail, artificiellement répartis entre les États par le cours des événements ; artificiellement parqués dans l'enceinte de chaque État par les lignes de douane et le système prohibitif ; artificiellement appliqués ainsi à des territoires relativement improductifs ; artificiellement engagés dans des entreprises relativement infructueuses, émigreront, dans l'hypothèse dont il s'agit, des pays peu

favorisés par la nature vers ceux qui le seront davantage ; les premiers dépériront, se dépeupleront graduellement ; les derniers croîtront plus ou moins
rapidement en richesse, en population, et s'il est vrai,
comme le dit Adam Smith, qu'en politique richesse
soit l'équivalent de puissance, l'équilibre entre les
États en sera plus ou moins altéré ; tel pays qui compte
pour beaucoup aujourd'hui verra diminuer son influence, son importance relative ; tel autre deviendra
le satellite d'un voisin dont il est maintenant indépen-
dant.

L'humanité y gagnera.

L'ensemble des richesses produites dans le monde
civilisé sera plus considérable ; les capitaux dépaysés
obtiendront des bénéfices plus élevés ; la condition
des populations transplantées sera meilleure ; mais
les avantages attachés à cette révolution économique
seront exclusivement recueillis par les pays fertiles et
bien situés ; les autres y perdront en richesse, en population, en puissance ; les autres se couvriront de
ruines et verront leurs campagnes tomber en friche ;
par une nouvelle et rigoureuse application du précepte évangélique : *Il sera donné à ceux qui ont, et
à ceux qui n'ont pas on ôtera même ce qu'ils ont.*

Tant s'en faut donc qu'on puisse dire qu'en principe général la liberté de commerce, dans l'état présent de l'Europe, du monde civilisé, soit également utile, également désirable pour tous les peuples indistinctement, et qu'on puisse conseiller à tous les gouvernements de se lancer à l'envi dans cette voie, sans regarder aux conséquences.

2° Ce n'est pas ainsi, j'en conviens, que raisonnent les économistes; ils raisonnent exclusivement dans cette hypothèse, que le déplacement du capital et du travail produit par la suppression des droits protecteurs d'État à État doit s'opérer exclusivement dans l'intérieur de chaque État.

Dans chaque État, disent-ils, les industries qui ne pourront, après l'abolition du régime protecteur, soutenir la concurrence étrangère, tomberont; cela est vrai; il y aura déperdition du capital fixe, et souffrance momentanée, mais le capital circulant et le travail que ces industries employaient sera transféré à d'autres industries également nationales; ils seront consacrés à produire des équivalents destinés à s'échanger contre les importations nouvelles que le nouvel état des choses introduira sur le marché national.

Il le faut bien, ajoutent-ils, sans cela ces importations n'auraient pas lieu. D'État à État, comme

d'homme à homme, on ne donne rien pour rien. Si
la France, par exemple, abolissait demain les droits
protecteurs qu'elle impose à la houille anglaise, la
houille anglaise pénétrerait sur le marché français ;
mais elle n'y pénétrerait qu'à la condition d'y trouver des objets d'échange ; or ces objets d'échange,
qui les produirait, sinon les capitalistes et les travailleurs qui déserteraient l'exploitation de nos houillères les moins fécondes et les moins bien placées?

Tout accroissement d'importation implique un accroissement d'exportation, tout accroissement d'exportation un accroissement de produits exportables ;
et tout accroissement de produits exportables, un
nouvel emploi du capital et du travail déplacés.

Quelque spécieux que soit ce raisonnement, quelque accrédité qu'il soit dans la science, je n'hésite
point à dire qu'il est fondé sur une méprise.

Si la France abolissait demain les droits protecteurs qu'elle impose à la houille anglaise, la houille
anglaise n'attendrait pas pour pénétrer sur le marché
français que le capital et le travail consacrés à l'exploitation de nos houillères les moins fécondes et les
moins bien placées s'en fussent retirés, et qu'autrement employés ils eussent produit de nouveaux équivalents. L'invasion du marché français, *pro parte*

qua, serait immédiate, et les .équivalents seraient
tout trouvés, puisqu'ils existeraient dans les caisses
et dans les magasins des consommateurs de houille,
qui s'approvisionneraient de houille anglaise au lieu
de s'approvisionner de houille française. Les consommateurs français payeraient celle-ci dans la monnaie dont ils auraient payé celle-là ; le résultat définitif serait par conséquent que le travail et le capital
déplacés auraient non seulement à trouver un nouvel
emploi, mais à trouver de nouveaux débouchés pour
leurs nouveaux produits, et si je voulais appliquer
ici cette logique inflexible dont abusent si souvent les
économistes, il ne tiendrait qu'à moi de dire que le
capital et le travail déplacés émigreraient sur-le-
champ en Angleterre où leur nouvel emploi serait
tout trouvé, puisque les producteurs de houille anglaise auraient besoin d'étendre leur exploitation
pour faire face à l'extension du marché qu'ils auraient à desservir.

Mais, sans pousser ainsi jusqu'à l'extrême la rigueur du raisonnement et la symétrie des suppositions, en laissant toute latitude au jeu des événements,
des intérêts, des conjectures, toujours est-il vrai que
la réponse des économistes à cette question :

Que faire, en pareil cas, du capital et du travail

employés dans les houillères peu fécondes ou mal situées?

Que cette réponse, dis-je, n'en est pas une, qu'elle
ne satisfait, ni pratiquement, ni logiquement, aux
exigences du problème, et qu'elle provoque, pour
peu qu'on y regarde de près, une réplique sans réplique.

3° On tient également pour maxime, en économie
politique, que dans l'hypothèse de l'abolition totale
ou partielle des droits protecteurs, le capital et le
travail déplacés par la concurrence étrangère re-
flueraient dans chaque pays vers les emplois à l'é-
gard desquels chaque pays est privilégié, vers les
exploitations, vers les entreprises à l'égard desquelles
chaque pays possède des avantages exclusifs ou spéciaux, de telle sorte qu'étant donnée la liberté complète du commerce et de l'industrie, d'État à État,
chaque pays consacrerait la totalité de son capital et
de son travail à produire les choses qu'il fait seul, ou
qu'il fait mieux et à meilleur compte que tout autre,
échangeant le surplus de sa production contre le surplus de la production de ses voisins au grand avantage des uns et des autres.

Que cela puisse arriver quelque jour, je ne dis pas
non, mais que cela puisse arriver sans avoir été

précédé par une révolution générale dans la distribution du travail et du capital, entre les pays tels
qu'ils se comportent actuellement ; que cela puisse
arriver par le simple déplacement du capital et du
travail national dans l'intérieur de chaque pays, j'estime que c'est une pure utopie — une utopie fondée
comme toutes les utopies sur l'oubli et les circonstances essentielles qui déterminent la réalité, et limi-
tent la possibilité des choses.

Et, d'abord, est-il exact de dire qu'il existe dans
chaque pays des emplois privilégiés de travail et de
capital, en d'autres termes, des terrains qui produisent ce que d'autres ne sauraient produire en aucun
cas, à aucun prix, qui jouissent, à cet égard, d'un
véritable monopole ?

Évidemment non ; il n'y a qu'un petit nombre de
pays qui possèdent de ces terrains d'exception, et
dans ces pays-là les terrains d'exception étant très
limités, et d'une exploitation très profitable, ils sont
inévitablement cultivés, et très bien cultivés. Y a-t-il
dans les bons crus du Bordelais, de la Champagne et
de la Bourgogne, un pouce de terrain qui soit en
friche, un pouce de terrain qui réclame plus
de travail et de capital qu'il n'en absorbe, un
pouce de terrain dont le produit puisse augmenter

en quantité, autrement qu'en perdant en qualité?

Ce n'est donc pas de ce côté que le travail et le capital déplacés par l'abolition des droits protecteurs peuvent trouver un refuge. Mais, sans posséder de ces terrains privilégiés dont les produits n'ont point de similaires, il est des pays qui peuvent braver, sous certains points, à l'égard de certains objets, la concurrence étrangère — toute concurrence étrangère, et qui peuvent offrir au capital oisif, au travail en chômage, un emploi indéfini, un emploi qui n'a de limites appréciables que l'étendue des débouchés. L'Angleterre, par exemple, possède des mines de fer très multipliées, très étendues, très abondantes, et au-dessous ou à proximité de ces mines, des couches de houille d'une profondeur inconnue; en outre, la configuration même de l'Angleterre, sa position insulaire, les voies de communication de toute nature dont elle est traversée en tous sens, assurent aux produits de son industrie métallurgique des facilités de transport incomparables. Nul doute donc que, dans l'hypothèse de l'abolition universelle du droit protecteur, le capital et le travail déplacés ne trouvassent de ce côté un emploi certain, immédiat et très étendu, puisqu'en pareil cas l'industrie métallurgique de l'Angleterre supplanterait, inévitable-

ment, une grande partie de l'industrie métallurgique
des autres contrées. Mais ce sont encore là de ces
avantages exceptionnels qui n'appartiennent qu'à
certains pays, et dans ces pays-là qu'à certaines régions privilégiées. La plupart des pays de l'Europe,
et même, dans les pays privilégiés, la plupart des
provinces, des régions, des localités donnent à peu
près les mêmes produits, non sans doute à frais
égaux, non en quantité et en qualité précisément
égales, mais avec des différences de frais, de quantité,
de qualité qui se rapprochent plus ou moins, qui
s'échelonnent en degrés, qui n'assurent à aucun pays,
à aucune région, à aucune localité, une supériorité
absolue sur ses voisins, et n'ouvrent, dans aucun
genre d'exploitations, d'entreprises, un champ sans
limites à l'emploi d'un nouveau travail et d'un nouveau capital.

Cela étant, et l'effet direct, l'effet naturel de l'universelle abolition du droit protecteur étant de faire
tomber dans chaque pays toutes les exploitations,
toutes les entreprises qui ne pourraient soutenir la
concurrence étrangère, c'est de nécessité, pour les
pays relativement pauvres, que le coup serait le plus
rude; c'est dans les pays où les éléments de prospérité sont rares et médiocres — où le territoire,

pris dans son ensemble, est comparativement ingrat
— où les voies de communication sont difficiles à établir — où la division des industries en une multitude
de branches est presque impossible — que le nouveau
régime opérerait le plus de ravages : il n'y aurait que
les terrains de première ou tout au plus de seconde
qualité, il n'y aurait que les industries d'élite, si l'on
ose ainsi parler, que les entreprises favorisées par
des positions de choix, qui résisteraient au choc, et
comme ils n'y résisteraient qu'à grand'peine, ils ne
pourraient guère offrir, par une extension d'activité,
un nouvel emploi à la très grande quantité de capital
et de travail qui se trouverait déplacée; c'est là où
le mal serait le plus grand qu'il y aurait le moins de
remède.

Dans les pays, au contraire, où les éléments de
prospérité sont abondants et multipliés, où le territoire, pris dans son ensemble, est comparativement
fertile — où tous les points du territoire sont d'un
facile accès, par terre et par eau — où l'industrie se
divise naturellement en entreprises très diverses —
dans les pays riches, en un mot, l'abolition des droits
protecteurs n'aurait que des effets peu sensibles, il
n'y aurait qu'un petit nombre d'exploitations, qu'un
petit nombre d'industries qui succomberaient, qu'une

petite quantité de travail et de capital en chômage, et
le surcroît d'activité que les autres exploitations, que
• les autres industries acquerraient par l'ouverture de
nouveaux débouchés, non seulement leur permettrait
d'employer cet excédent de capital et de travail national, mais les engagerait à demander au dehors une
augmentation de bras et de capitaux.

Nous en venons donc toujours et forcément au
même point.

De deux choses l'une :

Ou le capital déplacé, dans les pays pauvres, se
dissiperait en pure perte, et la population laborieuse
s'éteindrait dans la misère; ou l'un et l'autre émigreraient vers les pays riches.

Comment en pourrait-il être autrement?

Les droits protecteurs sont des digues, des écluses
qui maintiennent le capital et le travail dans des
canaux artificiels. Comment penser qu'en abattant
les digues, en renversant les écluses, l'eau ne re-
prendra pas son niveau?

Prétendre que l'abolition des droits protecteurs
n'entraînerait, *d'État à État*, aucun changement
dans la distribution du travail et du capital, et que
le changement n'aurait lieu *que dans les limites de
chaque État*, c'est prétendre que, *d'État à État*, elle

est ce qu'elle doit être, *malgré les droits protecteurs*, et que, *dans l'intérieur de chaque État*, elle n'est pas ce qu'elle doit être, *malgré la liberté*.

Cela n'est pas soutenable.

4° Reste donc à compter, pour prévenir l'émigration du capital et du travail, dans l'hypothèse où nous raisonnons, sur la répugnance naturelle qu'éprouvent les capitalistes à placer leurs fonds en pays étranger, et sur la répugnance, plus grande encore, qu'éprouvent les classes laborieuses à se transplanter dans d'autres pays.

Cette répugnance est réelle, très réelle.

Il est très vrai que les capitalistes aiment à conserver, sinon la direction, au moins la surveillance de leurs placements, et qu'ils se résignent, au besoin, pour conserver cet avantage, à des profits moindres que ceux qu'ils obtiendraient en envoyant leurs fonds à l'étranger.

Il est très vrai qu'en général les populations laborieuses tiennent au sol qui les a vues naître, et que, par une foule de raisons qui s'offrent d'elles-mêmes à l'esprit, l'homme, comme le dit Adam Smith, est de toutes les choses la plus difficile à déplacer, et que les ouvriers se contentent souvent d'un salaire moindre que celui qu'ils obtiendraient en changeant

de patrie. Il est très vrai qu'en économie politique
on tient grand compte de cette répugnance ; qu'on la
considère comme un élément qui modifie, plus ou
moins, d'État à État, voire même dans l'intérieur de
chaque État, pour peu qu'il soit étendu, la loi des
échanges, le principe sur lequel repose la valeur respective des objets, savoir la tendance à l'égalité dans
les frais de production.

Mais cette répugnance a ses limites.

Elle tend d'ailleurs à diminuer de nos jours, dans
une proportion rapide et constante. Les capitaux
tendant à devenir cosmopolites par cette excellente
raison qu'ils trouvent, dans tous les pays civilisés, à
peu près la même protection, un degré de sécurité à
peu près égal, et que la rapidité des communications
électriques, permettant à chaque capitaliste de connaître, à chaque instant, le mouvement des affaires,
le taux des valeurs, la fluctuation des prix, il est aujourd'hui plus sûr et plus commode pour un capitaliste français de placer ses fonds à Vienne, à Berlin
ou à Londres, qu'il ne l'était, il y a cinquante ans,
pour un habitant du centre de la France de placer les
siens à Bordeaux ou à Paris.

Les mêmes circonstances tendent à combattre,
bien qu'avec moins d'activité et de succès, parce

qu'elles opèrent sur des masses et non sur des individus, parce qu'elles opèrent sur des ignorants et
non sur des hommes éclairés, les mêmes circonstances, disons-nous, tendent à combattre l'aversion
des classes laborieuses pour tout déplacement temporaire ou définitif. Plus de différences essentielles
dans le genre de vie, les mœurs, les habitudes de
tous les pays.

Partout un respect à peu près égal pour le travail, sa condition, sa liberté, la propriété de ses produits; à peu près les mêmes rapports entre les maîtres
et les salariés; facilité toujours croissante à se transporter d'un pays dans un autre; progrès toujours
croissant dans la modicité des frais de transport. La
navigation à vapeur a fait merveille en ceci; l'établissement des chemins de fer fait bien plus encore.
Aussi quelle différence entre le temps passé et le
temps présent! Combien n'en a-t-il pas coûté, il y a
quarante ans, d'efforts et de sacrifices, à Lord Sel-
kirk et aux grands seigneurs écossais, pour faire
passer au Canada une partie, une faible partie de la
population des highlands? Aujourd'hui, c'est volontairement et par centaines que les paysans de la Suisse
et des bords du Rhin encombrent au Havre les pa-
quebots transatlantiques, que les Basques se pressent

pour fonder une colonie sur les rives de la Plata ;
c'est par milliers que les Américains du Nord
émigrent en Californie, et les Anglais à la Nouvelle-
Hollande ; c'est par centaines de milliers que les paysans irlandais inondent les États-Unis ; et bien que
ces grands mouvements aient pour cause des circonstances extraordinaires, ils n'en dénotent pas moins
dans les classes laborieuses une disposition nouvelle,
une disposition qui mérite de fixer sérieusement l'attention des hommes d'État.

Il ne faut donc point se faire illusion. En thèse générale, la tendance de la liberté commerciale est
d'accroître la puissance et la richesse des contrées
favorisées par la nature, des pays avancés en civilisation, et d'affaiblir, au contraire, d'appauvrir plus ou
moins les contrées maltraitées par la nature, les pays
arriérés en civilisation. Or la conséquence rigoureuse
de cette vérité, rigoureusement déduite elle-même
des principes les plus avérés de la science, serait
d'admettre pour chaque État, en matière de liberté
commerciale, une politique particulière, une politique
qui se réglerait sur le degré que chaque État occupe
dans l'échelle de la civilisation et de la richesse, plus
libérale pour celui-ci, pour celui-là plus restrictive ;
peut-être même une politique particulière, pour

chaque État, à l'égard de chaque autre État, selon leur
degré respectif de richesse et de civilisation.

Et qu'on y prenne garde, ce ne serait pas là
rentrer par un détour sous le régime protecteur,
car il ne s'agirait nullement en cela de protection,
prise au sens scientifique, ou, si l'on veut, technique
de ce mot; il ne s'agirait point d'économie politique,
mais de pure politique.

Autant il est absurde, en effet, autant il est injuste
d'imposer, dans un pays, les consommateurs, c'est-à-
dire la nation tout entière au profit exclusif de certains producteurs, autant il serait juste, au fond,
autant il paraîtrait raisonnable, au premier aspect,
d'imposer la nation tout entière au profit d'elle-
même, de l'imposer pour le maintien de son indépendance, de sa puissance relative, du rang qu'elle
occupe dans le monde. Est-ce donc pour autre chose
qu'on lève des armées, qu'on construit, à grands
frais, des places fortes, qu'on entretient des léga-
tions?

N'exagérons rien toutefois.

Parce qu'une telle conduite semblerait conseillée
par la raison d'État, parce qu'à tout prendre elle ne
serait pas désavouée par la science, il ne s'ensuit
pas qu'elle fût toujours, ou même habituellement,

habile et sage. A vouloir obstinément se cramponner à ce qui croule, à prétendre lutter exclusivement, par des moyens artificiels, contre le progrès des idées générales et la pente des intérêts privés, non seulement on s'épuiserait, tôt ou tard, en vains efforts, mais on méconnaîtrait les vrais moyens de salut.

S'il est constant que, même en portant, dans certains cas, quelque atteinte à la prépondérance de certains États, la liberté commerciale profite à l'humanité, qu'elle accroisse la somme de la richesse et du bien-être dans le monde, la liberté commerciale fera son chemin, et tôt ou tard elle triomphera de tous les obstacles comme la goutte d'eau perce, à la longue, le rocher le plus dur.

S'il est certain qu'en exposant ces États à perdre une portion de leur capital et de leur population laborieuse la liberté commerciale assure aux capitaux, ainsi dépaysés, des profits plus élevés, aux ouvriers expatriés une condition meilleure, tôt ou tard les uns et les autres s'en aviseront et émigreront de leur propre mouvement; tôt ou tard il ne sera pas moins impossible de les retenir par des combinaisons de tarifs que par la menace et par la contrainte.

Pour les États dont il s'agit, le vrai moyen de salut n'est pas de lutter perpétuellement contre la liberté,

mais de lutter énergiquement contre la nature. Le
vrai moyen de salut, c'est de redoubler d'efforts et
de persévérance, d'activité et d'industrie, pour sur-
monter les difficultés de leur position, pour compenser l'ingratitude de leur sol et de leur climat. De
tous les agents qui concourent à la production, le
plus puissant, le plus efficace, c'est l'homme lui-
même; et c'est aussi celui sur lequel l'homme lui-
même a le plus de puissance.

« Les avantages naturels, dit M. Mill, sont trop
évidents pour être passés sous silence; mais l'expérience a démontré que, de même que la fortune ou le
rang pour un individu, ces avantages ne sont rien
pour les nations, en comparaison de ce qu'il est en
leur puissance d'obtenir par leurs capacités. Ni aujourd'hui, ni autrefois, les nations les mieux dotées
en climat et en fertilité de sol n'ont été les plus
puissantes et les plus riches [1]...

» Dans les contrées fertiles la vie humaine est sou-
tenue à si peu de frais, que les pauvres éprouvent
rarement la souffrance de l'inquiétude du lendemain, et dans ces climats, où l'existence est déjà un
plaisir, le luxe qu'ils préfèrent n'est autre chose que
le repos.....

1. *Principes d'économie politique*, t. 1, p. 121.

» Le succès dans la production, comme toute autre espèce de succès, dépend plus des qualités des agents humains que des circonstances au milieu desquelles ils fonctionnent, et ce sont les difficultés et non les facilités qui entretiennent l'énergie mentale et physique. Le berceau des tribus qui ont envahi et vaincu les autres, et les ont forcées à travailler pour les vainqueurs, a presque toujours été placé au milieu des difficultés. »

« Jetez les yeux 'sur les zones tempérées, dit M. Thiers, et voyez la petite place que nous occupons sur la surface du globe; il y a 15 à 16 degrés de latitude, 45 de longitude. Toute l'Europe — tournez une mappemonde dans vos mains — toute l'Europe n'est rien par rapport au reste du monde. Eh bien, qu'est-ce que Dieu lui avait donné? Des chênes, des sapins, des pâturages, à peine des céréales, du bétail fort en taille, médiocre en beauté, et, au contraire, il avait donné à la Chine la soie, à l'Inde le coton, au Thibet les plus belles races de moutons, à l'Arabie le cheval, à l'Amérique les métaux précieux et les bois les plus admirables. En un mot, il avait tout prodigué à ces autres parties du monde, mais en Europe, qu'y avait-il donc de supérieur? Une seule chose : l'homme, l'homme! Tout était inférieur, en Europe, excepté l'homme, parce que les contrées tempérées sont les plus propres au développement de l'organisation humaine. Dans les pays froids, l'homme s'engourdit ; dans les pays chauds, il s'endort dans la mollesse. Là seulement l'homme pouvait être grand, fier, ambitieux. Aussi est-il allé tout prendre dans ces contrées si bien dotées sous le rapport matériel; il a pris à la Chine la soie, à l'Inde le coton, au Thibet le mouton, à l'Arabie le cheval, à l'Amérique les métaux, les bois; avec toutes ces choses, il a paré l'Europe, sa chère patrie, il en a fait le théâtre de la civilisation ; et puis il en est reparti sur des machines puissantes pour aller conquérir et civiliser ces contrées lointaines où il n'était pas né et auxquelles il avait tout ravi [1]... »

Or, s'il en est ainsi;

Si les États peu favorisés par la nature, médiocrement avancés en civilisation, sont exposés, par le cours des événements, par la force même des choses, à perdre tôt ou tard cette portion de leur capital accumulé et de leur population laborieuse qui peut trouver ailleurs une meilleure fortune, un emploi mieux rétribué;

1. *Discussion sur le régime commercial de la France*, p. 112.

Si le progrès de la liberté commerciale ne fait que précipiter le moment fatal;

Si l'unique moyen pour eux de le conjurer, c'est d'imprimer, dans leur propre sein, au capital une direction plus intelligente, au travail une impulsion plus vigoureuse;

On irait directement contre le but en maintenant indéfiniment l'un et l'autre, sous l'abri trompeur et torpide du régime protecteur, père nourricier de l'ignorance, de la paresse et de la routine.

On irait droit au but, au contraire, en abordant de front la difficulté, en acceptant de bonne heure et de bonne grâce un avenir inévitable, en éclairant avec sincérité les intérêts compromis sur leur position, en les soumettant, avec mesure et discernement, sans doute, mais réellement et résolument, à l'aiguillon de la concurrence. Adopter, par conséquent, comme leurs heureux rivaux, adopter, en même temps que leurs heureux rivaux, le principe de la liberté commerciale, sous le bénéfice des exceptions qu'il comporte, dans les limites que la science lui assigne, mais en se réservant d'étendre plus ou moins ces limites, de régler ces exceptions, quant au nombre, à la nature, à la durée, selon l'exigence de leurs circonstances respectives, telle devrait être, à mon avis,

la politique ou, si l'on veut, la conduite des États
dont il s'agit; c'est ainsi seulement qu'ils pourraient
espérer de regagner d'un côté ce qu'ils seraient
exposés à perdre de l'autre, et de compenser par
l'activité et l'industrie les torts de la nature et de la
fortune; et c'est à ces conditions seulement qu'on
peut considérer le principe de la liberté commerciale
comme universellement applicable, comme utile indistinctement à tous les États — mérite qu'on aurait
tort de lui attribuer si l'on négligeait de tenir
compte de ses conséquences, dans les cas importants
et nombreux que nous venons d'indiquer, et surtout
si l'on n'accordait point, dans ces cas, aux exceptions
que le principe lui-même admet, un certain degré
d'élasticité.

INTRODUCTION

A L'ÉTUDE DE L'ÉCONOMIE POLITIQUE

———

PREMIER ESSAI.

DE LA VALEUR

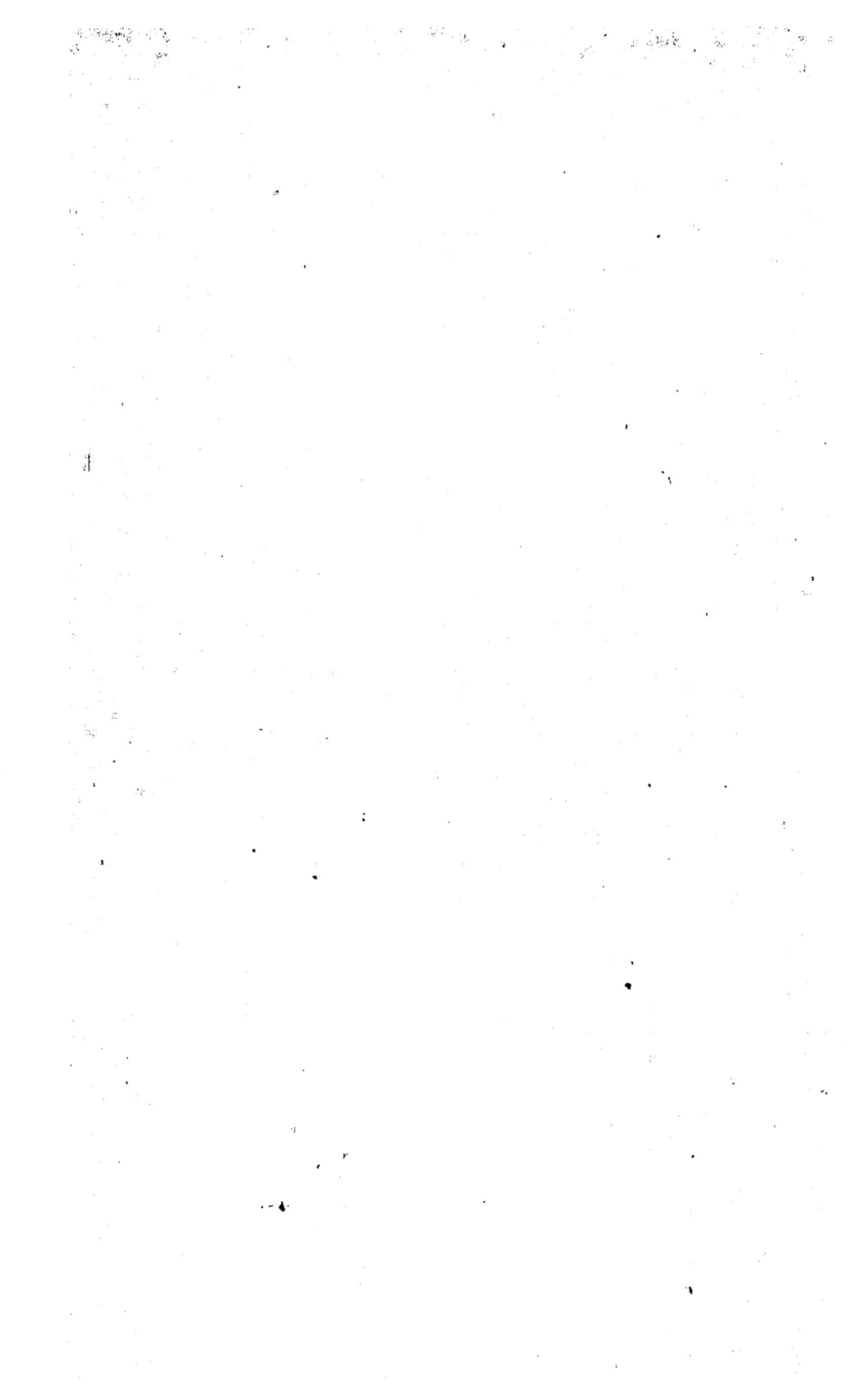

SECTION PREMIÈRE

VALEUR EN GÉNÉRAL

Considéré sous un point de vue restreint et purement extérieur, l'homme ressemble à tous les êtres
animés dont la main de la Providence a peuplé notre
globe : il naît, grandit, décline, durant les différentes phases de son existence; il est soumis en
esclave à des besoins impérieux; s'il vit, c'est à la
condition d'y pourvoir.

Vu de plus haut, apprécié dans ce qu'il a d'intime
et d'éminent, l'homme se distingue du reste des
créatures, ou plutôt il les domine et règne sur elles.
Au dedans de son enveloppe terrestre habite une
intelligence qui ressent de nobles penchants, s'ouvre
à des impulsions généreuses, s'adonne à des plaisirs
ingénieux et délicats.

De cette diversité dans ses facultés résulte l'infinie variété de ses désirs, de ses aptitudes et des mobiles qui le dirigent.

S'il était un simple animal, ses appétits seraient en petit nombre, grossiers, promptement apaisés; s'il était un pur esprit, à peine lui est-il donné de pressentir dans quelle sublime contemplation il demeurerait absorbé. Mais tant qu'il réside sur cette terre, c'est un être double (qu'on tolère l'expression); comme tel, il aspire à plusieurs sortes de biens. C'est, en même temps, et par essence, un être mixte; aussi rien de ce qui l'affecte n'est tout à fait exempt de mélange. Les besoins qu'il subit, les émotions qu'il recherche, les idées qui l'enchantent ou le consolent, les sentiments mêmes auxquels il rend un culte, se tiennent de près ou de loin, naissent l'un de l'autre, se fondent l'un dans l'autre par des gradations insensibles, se combinent sous mille formes et par là se multiplient sans mesure. Il n'est, dans sa nature matérielle, aucune jouissance que la vertu ne puisse sanctifier, la raison ennoblir ou le goût épurer. Il n'est, dans sa nature intellectuelle, aucune notion qui se détache, avec une précision rigoureuse, des données primitivement fournies par les sens.

Inépuisable en désirs, l'homme semble l'être également en ressources.

Pour subvenir à ses besoins les plus légitimes,
pour contenter ses caprices les plus fugitifs, il met à
contribution l'univers entier. La terre lui cède les
plantes qu'elle porte à sa surface et les minéraux
qu'elle recèle dans ses entrailles. Les animaux se laissent apprivoiser, pour le nourrir ou le servir. Les
mers, les lacs, les rivières lui fournissent des aliments divers ; il y puise tour à tour des sels propres
à son usage, et des bagatelles dont sa frivolité s'enor-
gueillit ; il emprisonne le vent et le transforme en
moteur ou en véhicule ; il trouve enfin, soit dans le
développement de ses propres forces, soit dans l'activité de sa pensée, soit dans ses relations avec ses
semblables, des sources de satisfaction qui se renouvellent sans cesse.

Ce rapport entre nous et les dons du créateur, cette
propriété inhérente à tant de choses, commune à des
choses si diverses, de modifier l'homme au gré de ses
souhaits, le vulgaire la nomme tantôt utilité, tantôt
agrément, selon qu'il attribue aux objets qui en sont
pourvus un but sérieux ou frivole. On dit qu'une
chose est utile lorsqu'elle est telle que l'homme en
puisse faire, pour lui-même ou pour ses semblables,
un emploi avoué par la raison ; on dit qu'une chose
est simplement agréable, lorsqu'elle ne sert qu'à con-

tenter quelque fantaisie. Du reste, ce sont là deux
nuances d'une même idée, deux nuances dont il n'est
besoin de tenir compte ici que pour mémoire.

« L'économie politique, dit avec raison M. Mill,
n'a rien à voir dans l'appréciation que peut faire des
différents usages un philosophe ou un moraliste ;
l'usage d'une chose en économie politique désigne
son aptitude à satisfaire au désir ou à servir un dessein. »

En confondant ces deux nuances, on donne à la
notion complexe qui en résulte le nom de *valeur*;
on dit d'une chose utile ou agréable que cette chose
a de la valeur.

Jusqu'ici point de difficulté ; le langage est arbitraire, et si le mot valeur était réduit à cette unique
acception, il n'engendrerait ni confusion ni équivoque.

Mais ce terme a deux significations distinctes, l'une
primitive, essentielle, c'est celle que l'on vient d'indiquer ; l'autre accessoire, dérivée et purement relative.

1. *Princ. d'écon. polit.*, liv. III, ch. 1, § 2.

SECTION II

DEUX SORTES DE VALEUR

Entre tous les êtres doués de vie et de spontanéité, l'homme, à ce qu'il semble, est le seul qui sache ce que c'est que posséder. L'instinct de la propriété devance, chez lui, la raison. A peine né, ce qu'il peut isoler, détacher, mettre à part, il l'usurpe à l'instant et le fait sien.

Or, de cette première idée : *ceci est à moi*, — *ceci est à vous*, à cette autre idée : *ceci est à moi, je vous le donne ; ceci est à vous, donnez-le moi*, il n'y a qu'un pas. La propriété conduit à l'échange ; ainsi procède en nous la nature.

Le mot valeur se réfère également à ces deux sortes d'idées.

Il désigne, en même temps et dans un même objet, son aptitude à satisfaire immédiatement celui qui le possède, le mérite intrinsèque de cet objet, et, d'autre part, un second attribut qui dérive éventuellement du premier, à savoir : celui de devenir, au besoin, susceptible d'échange, celui de procurer par voie d'échange, à son possesseur, tel ou tel autre objet qui lui semble préférable.

Soit un habit de drap, par exemple; cet habit a d'abord une certaine valeur, en ce sens que l'homme qui en est possesseur est en position d'en tirer parti pour lui-même, de l'employer à son usage.

Ce même habit est, de plus, doué d'une seconde sorte de valeur, en cet autre sens que le propriétaire, par cela seul qu'il en dispose, est maître de l'échanger contre deux paires de souliers, un chapeau, une pièce de 20 francs, n'importe la chose ou la quantité.

Sous le premier point de vue, l'habit *vaut* par lui-même; il est doué d'une valeur propre, directe, immédiate; il *vaut* en raison du service qu'il rend.

Sous le second, il n'est pourvu d'aucune valeur directe, du moins pour celui qui le possède et ne se soucie pas d'en faire usage; mais il lui confère la possibilité de se procurer, par voie d'échange, deux paires de souliers, un chapeau, une pièce de 20 francs; il *vaut*, pour lui, autant que deux paires de souliers, qu'un chapeau, qu'une pièce de

20 francs; ou, plus brièvement, il *vaut* chacune de ces choses, et, en revanche, précisément par les mêmes raisons, chacune de ces choses le *vaut*.

Ce sont là, comme on voit, des expressions très différentes.

Adam Smith[1] semble être le premier qui ait fait cette remarque; il est, du moins, le premier qui l'ait mise à profit. Cette propriété qu'ont des choses infiniment diverses de rendre à l'homme un service quelconque, il la désigne sous le nom de *valeur en usage*. Cette autre propriété qu'ont les mêmes choses de devenir, dans certains cas, la matière d'un troc, il l'appelle *valeur en échange*.

A ces deux termes techniques M. Sismondi[2] a substitué ceux-ci : *valeur intrinsèque, — valeur relative*.

M. Storch[3] ceux-ci : *valeur directe, — valeur indirecte*.

D'autres écrivains, MM. Say[4], Torrens[5], lord Lauderdale[6], l'auteur de l'article : ÉCONOMIE POLITIQUE

---

1. Liv. I, ch. iv, p. 42 de l'édit. d'Édimb.
2. *Rich. commerc.*, t. I, p. 122, édit. de Genève, 1803
3. *Cours d'écon. pol.*, t. I, p. 69.
5. Say, *Traité d'écon. pol.*, t. I, p. 4 et passim.
5. Torrens, *Essay on the prod. of wealth*, ch. I.
6. Lauderdale, *Rich. pub.* ch. I et XI.

dans l'*Encyclopédie d'Édimburg*, réservent le mot
de valeur, sans nulle qualification, pour exprimer la
valeur en échange ; quant à la valeur en usage, ils
l'appellent simplement utilité.

De ces diverses terminologies, la dernière a l'inconvénient de faire quelque violence aux habitudes
du langage, et d'exposer, par là, ceux qui l'emploient
à des méprises dont le livre de lord Lauderdale four-
mille, et que M. Say lui-même n'a pas toujours
évitées.

La nomenclature introduite par Adam Smith semble, à tout prendre, la plus claire, la plus expressive,
la plus correcte ; elle mérite de prévaloir.

C'est l'opinion de M. Mill, l'un des maîtres de la
science dans son état actuel. Quant à M. Bastiat,
quelque ingénieuses que soient ses vues sur ce sujet,
il a, ce semble, trop souvent le tort de confondre la
cause avec l'effet, la raison principale de la valeur
en échange avec la valeur elle-même, et de dénaturer
le sens de ce mot, non seulement par une restriction
peut-être justifiable, mais par une transposition
d'idées qui certainement ne l'est pas.

SECTION III

VALEUR EN USAGE

Tout objet, sitôt qu'il devient utile à quelque chose ou agréable à quelqu'un, est doué de valeur en usage.

Entre l'utile et l'agréable, la distinction est familière à tous les esprits et ne requiert aucun commentaire, mais il en est une autre moins remarquée et dont on doit aussi tenir compte.

Un objet de pur agrément n'est réputé tel qu'autant qu'il éveille en nous, immédiatement et par lui-même, un sentiment de plaisir.

Une chose utile, au contraire, est réputée telle; soit qu'elle nous procure une satisfaction directe et positive, soit qu'elle concoure au même but indirectement et par voie détournée.

Le pain, aliment de l'homme, est une chose utile; l'usage en est immédiat, le champ qui reçoit la semence et porte la moisson, la charrue qui sert à cultiver le champ, sont en même temps des choses utiles, bien que l'avantage que nous en pouvons retirer n'existe qu'en perspective.

Il y a même ceci de bizarre que, tout en disant d'une bagatelle, d'un jouet d'enfant, par exemple, que c'est une chose simplement agréable, nous nommons utile l'outil qui sert à faire cette bagatelle et la matière dont elle est formée.

Du reste, quant à la notion de valeur en usage, prise dans sa généralité, puisqu'elle exprime un simple rapport entre la nature de certains objets et l'organisation humaine, il est clair qu'elle ne dénote rien de tout à fait immuable.

Tant que ces objets demeurent ce qu'ils sont, et nous ce que nous sommes, le rapport persiste. L'un ou l'autre des deux termes vient-il à varier, il se peut alors que le rapport s'évanouisse.

Qu'il en soit ainsi quand c'est l'objet lui-même qui subit une altération quelconque; qu'en changeant de forme ou de nature, cet objet perde une de ses qualités, rien de si simple; mais quelquefois, en revanche, c'est l'homme qui change, tandis que l'objet demeure le même.

Nos goûts, en effet, sont mobiles, nos fantaisies

passagères, nos besoins mêmes varient selon les climats et les saisons ; une parure qui passe de mode
perd toute sa valeur en usage, sans qu'il soit possible
de démêler aucune différence entre ce qu'elle était
hier et ce qu'elle est aujourd'hui. Une fourrure pré-
cieuse en Laponie ne sert de rien en Afrique. Un
habit d'été devient inutile en hiver.

Il y a plus.

De deux choses parfaitement identiques et placées
l'une près de l'autre, de deux portions d'une même
chose, si on l'aime mieux, il se peut que l'une soit
douée de valeur en usage et que l'autre en soit dé-
pourvue. il suffit pour cela que la chose en question surabonde et dépasse nos besoins.

L'eau que je puise dans la rivière est utile en
tant que je l'applique à mon usage ; l'eau qui s'é-
coule sans que personne en tire parti ne l'est pas.

Dans une année d'extrême abondance, le raisin
converti en vin, le grain serré dans le grenier est
utile ; le raisin qui se dessèche sur le cep, faute de
bras pour les vendanges, le grain que le vent dis-
perse, faute de moissonneurs pour le recueillir, est
inutile et sans valeur.

Ces alternatives d'existence et de disparition auxquelles est soumise la valeur en usage se manifestent

d'une manière, s'il se peut, plus frappante encore, lorsque, cessant d'envisager les choses dans leurs rapports avec la société tout entière, et en thèse générale, on les examine en particulier et dans leurs rapports avec tel ou tel des individus dont la société se compose.

Prenons un de ces individus au hasard :

Quel qu'il soit, il est dominé par des besoins plus ou moins pressants; il est accessible à des goûts plus ou moins divers.

Mais, par une loi de notre nature, chaque désir, né de l'un ou l'autre de ces besoins, de l'un ou l'autre de ces goûts, s'éteint, dès qu'il est satisfait, sauf à renaître périodiquement, après un certain laps de temps.

Par conséquent, tout objet dont l'emploi correspond à tel ou tel de ces désirs perd et recouvre, tour à tour, à l'égard des mêmes individus, le même genre de valeur en usage.

Un morceau de pain est immédiatement utile à l'homme affamé; il devient inutile, ou, du moins, il n'est plus utile que prochainement et en perspective, quant à l'homme dont la faim est apaisée. Il redevient d'une utilité immédiate, sitôt que de nouveau l'aiguillon de la faim se fait sentir.

Plaçons maintenant un second individu en face du premier.

D'abord, il est possible que celui-là soit enclin à des fantaisies dont l'autre soit exempt.

Il est donc possible qu'une chose ait de la valeur en usage pour l'un, et n'en ait pas pour l'autre.

D'autre part, en supposant ces deux individus parfaitement semblables, identiques de tous points, c'est, du moins, un grand hasard si les besoins auxquels ils sont sujets l'un et l'autre se développent précisément au même moment.

L'un peut être rassasié, l'autre à jeun.

Le morceau de pain inutile au premier sera utile au second.

Il s'ensuit qu'une même chose peut avoir et n'avoir pas, en même temps, de la valeur en usage; en d'autres termes, qu'elle peut en avoir à l'égard d'un homme, et n'en point avoir à l'égard d'un autre; de là dérive cette propension à l'échange dont il vient d'être parlé.

SECTION IV

CONTINUATION DU MÊME SUJET

Une chose douée de valeur en usage l'est plus ou moins selon qu'elle est plus ou moins utile, plus ou moins agréable.

Puisque nos désirs sont subordonnés les uns aux autres, sous le rapport du degré d'intensité ou d'énergie, les objets destinés à satisfaire ces désirs sont, par une conséquence nécessaire, subordonnés les uns aux autres, sous le rapport du degré de valeur en usage dont ils sont pourvus.

Mais en ceci comme en tout, on peut remarquer, en même temps, quelque chose d'arbitraire et quelque chose d'uniforme.

Il est des goûts capricieux qui varient d'individu à individu; il en est qui varient jusque dans le même individu, vif chez celui-ci, faible chez celui-là, augmentant ou diminuant du soir au lendemain.

Les objets dont l'emploi correspond à de tels goûts ont une valeur en usage mobile, changeante, irrégulière comme eux.

Il est, en revanche, certains appétits, certains besoins qui sont à peu près les mêmes chez tous les hommes. Les objets dont l'emploi correspond à de tels besoins ont une valeur en usage qui participe jusqu'à un certain point à une telle fixité.

Néanmoins, comme plusieurs objets satisfont également bien à une même nature de besoins, il y a prise, là encore, pour certaines préférences individuelles, et partant pour un certain degré de variété en ce qui touche la valeur en usage de ces objets.

La faim, par exemple, est un besoin qui se rencontre chez tous les hommes, et qui agit sur eux avec un degré d'énergie à peu près uniforme.

Mais il y a une infinité de sortes d'aliments; la valeur en usage de chacun d'eux peut donc varier selon les goûts des individus et les habitudes des localités. Il est juste d'ajouter, en même temps, que l'espèce d'aliment qui, dans un pays donné, est généralement adopté par toutes les classes de la société, n'augmente ni ne diminue sensiblement de valeur en usage;

tel serait en France le pain ; en Irlande, la pomme
de terre ; dans l'Inde, le riz.

De tout ceci on doit conclure que, de même qu'une
chose peut n'avoir aucune valeur en usage à l'égard
de A et pourtant en avoir à l'égard de B, de même
aussi une même chose peut n'avoir qu'une faible valeur en usage à l'égard de A et en avoir une très
grande à l'égard de B.

Nouvelle cause de la fréquence des échanges.

SECTION V

VALEUR EN ÉCHANGE

La valeur en usage est le fondement de la valeur en échange. Un objet peut être utile ou agréable et n'être pas échangeable. Mais nul objet ne peut être échangeable, s'il n'est d'abord utile ou agréable. Ce qui n'est bon à rien, personne ne le recherche, personne surtout ne veut l'obtenir au prix d'un sacrifice. Ainsi donc, qui dit valeur en échange dit en même temps valeur en usage, mais non réciproquement.

Pour qu'un objet doué de valeur en usage devienne échangeable, deux conditions sont indispensablement nécessaires.

Volonté dans le possesseur de cet objet de s'en dessaisir moyennant un équivalent, — volonté dans un autre individu de se l'approprier en fournissant cet équivalent.

De ces deux conditions, la première se nomme *offre*, la seconde *demande;* mais ce sont des expressions corrélatives et réciproques.

Pierre possède un sac de blé; il est disposé à l'échanger contre un mouton. Il y a, de la part de Pierre, *offre* d'un sac de blé et *demande* d'un mouton.

Paul possède un mouton ; il est disposé à l'échanger contre un sac de blé; il y a, de la part de Paul, *offre* d'un mouton et *demande* d'un sac de blé.

Chacun de ces deux objets *vaut* l'autre.

Offre et demande sont des dénominations qu'on peut transposer à volonté, et qui s'appliquent également bien aux deux termes de l'échange.

Il suit de.là que l'idée de valeur en échange est essentiellement une idée complexe qui présuppose coexistence entre divers objets, et coïncidence entre diverses volontés. Aussi, que l'un de ces divers éléments vienne à manquer, toute valeur en échange disparaît.

Un objet que celui qui le possède réserve pour son propre usage, dont il ne veut pas se défaire, que personne ne prétend obtenir de lui, l'habit qu'il porte, par exemple, n'a point de valeur en échange.

Il n'y a là ni offre ni demande.

Un objet que celui qui le possède désirerait échanger contre un autre, mais dont personne ne propose l'équivalent, n'a point de valeur en échange. A l'égard d'un tel objet, il y a offre, mais il n'y a pas demande. C'est un cas qui n'est pas rare dans le commerce.

Un objet enfin qui serait peut-être recherché avec empressement s'il était possible de l'acquérir, mais dont celui qui le possède ne veut se défaire à aucun prix, un tableau unique en son genre, un monument d'affection privée ou de gloire nationale, n'a point de valeur en échange; qu'il puisse y avoir demande d'une part, cela se conçoit, mais de l'autre il n'y a pas offre.

Ces propositions sont, à ce qu'il semble, évidentes par elles-mêmes; il serait donc superflu de s'arrêter à les démontrer, et puéril de continuer à les reproduire sous des formes différentes ; mais en les admettant pleinement et dans toute leur rigueur, il en découle diverses conséquences dignes d'attention.

Et d'abord :

Toute chose douée de valeur en usage peut acquérir de la valeur en échange.

C'est un point méconnu, mais incontestable.

Il est sans doute des choses très utiles dont nous

profitons bien rarement, soit qu'on les regarde, avec
raison, comme inestimables, soit parce que la nature
ou la société les distribuent le plus souvent aux
hommes gratuitement et à peu près sans mesure.

Telles sont, entre beaucoup d'autres, la liberté
personnelle ou civile ; *telle est* la puissance publique,
ou, pour puiser ses exemples dans un ordre d'idées
encore plus frappant, la lumière du soleil, l'air at-
mosphérique et les autres agents naturels.

Qu'on y regarde de près, toutefois, on s'assurera
que même ces choses-là ne sont point exceptées de
la règle commune ; on s'assurera qu'il n'en est aucune
qu'on doive considérer comme inaliénable absolument et par essence ; aucune qui ne puisse, dans
l'occasion, se détacher en quelque sorte, sous forme
de propriété privée, et, à ce titre, passer de l'un
à l'autre, devenir la matière de quelque stipulation.

Que la liberté personnelle, sans équivalent aux
yeux du philosophe et du chrétien, soit encore trop
souvent l'objet d'un abominable trafic, cela est sûr;
— qu'à de meilleures conditions, à des conditions
avouées par l'humanité et par la raison, l'ouvrier,
dans nos climats, aliène temporairement ses forces,
ses facultés, c'est-à-dire lui-même, chacun le voit.

S'agit-il de la puissance publique ? En principe,

sans doute, elle est instituée au profit de tous ; on dirait qu'elle plane au-dessus de toutes les transactions sociales, et pourtant, dans combien de pays les charges, les dignités, les magistratures n'ont-elles pas été possédées à titre de propriété et transmises comme telle ?

Ces droits dont l'ensemble constitue la liberté civile, qui semblent inhérents à chaque individu et inséparables de son être, l'histoire ne nous apprend-elle pas que, dans la plupart des villes de l'Europe, les bourgeois les ont acquis en retour des trésors amassés par leur économie ?

Même observation quant aux agents de la nature.

La lumière est un bien commun à tous. Soit qu'il s'agisse cependant de percer une fenêtre dans un mur mitoyen, de prendre *un jour* sur la propriété d'autrui, ce jour devient l'objet d'une négociation entre deux personnes, un objet que l'un demande et que l'autre accorde ou refuse, selon les propositions qui lui sont faites.

De deux maisons construites avec une égale solidité, une égale élégance, que l'une soit située sous un ciel pur et dans un climat tempéré, l'autre dans une position humide et malsaine, celle-là *vaudra* le

double de celle-ci. D'où provient la différence ? Quel
est l'équivalent de l'excédent ?

L'air, la température, rien autre chose.

S'il existait, en ce monde, une chose qui fût vraiment universelle, égale, uniforme; une chose que la
Providence dispensât à tous les hommes, dans tous
les temps, dans tous les lieux, qu'elle dispensât toujours et toujours la même, cette chose serait véritablement inaliénable et sans valeur en échange
possible, nul n'ayant occasion de la demander ni de la
céder jamais à son voisin.

Mais il n'est rien de pareil.

Les bienfaits dont la nature se montre le moins
avare sont cependant limités. Lumière, air, température, chaleur, perspective, etc., tout est sujet à la loi
commune, varie en quantité, en étendue, en intensité, en beauté, en durée, c'est le lot de chaque objet
créé et existant; aussi n'en est-il aucun qui ne puisse
entrer plus ou moins souvent dans le mouvement
des affaires humaines, et figurer dans les transactions, soit sous une forme, soit sous une autre,
tantôt comme élément intégrant, comme donnée con-
stitutive d'autres objets, tantôt isolément et à part.
Tous sont, au besoin, susceptibles d'échange, car il
suffit qu'un homme possède ce qui manque à un

autre homme, pour qu'il puisse y avoir offre et demande.

Ceci étant bien compris, poursuivons.

De deux choses utiles ou agréables au même degré, disons mieux, de deux choses précisément identiques, l'une peut être douée de valeur en échange, et l'autre ne l'être pas.

Ce n'est pas tout.

Il n'est aucune chose douée de valeur en échange qui ne soit destinée à perdre cette qualité en tombant dans les mains de celui qui doit la garder en définitive.

Rendons ces deux assertions sensibles par un exemple.

Que l'on suppose une famille établie à l'extrémité de l'état de New-York, séparée du reste du monde, vivant des fruits du sol qu'elle cultive, élevant les bestiaux dont elle se nourrit, filant le lin et la laine qui forment ses vêtements. Il ne se consomme, au sein de cette famille, aucune sorte d'échange. Le père de famille distribue le revenu commun entre ses enfants et ses serviteurs; nulle portion du revenu n'a de valeur en échange.

Supposez maintenant une seconde famille qui vienne s'établir à côté de la première.

Qu'arrivera-t-il?

Premièrement, chaque famille travaillant, en grande partie, pour son propre compte les objets qui seront le résultat de ce travail seront sans valeur en échange.

En second lieu, si le terrain occupé par la famille A est plus favorable à la culture des céréales que le terrain occupé par la famille B, tandis que le terrain occupé par la famille B sera plus favorable que celui qu'occupe la famille A à l'éducation des bestiaux, dès lors, l'une cultivera plus de blé, l'autre élèvera plus de bestiaux qu'il ne lui en faut; les deux excédents deviendront, entre les deux familles, la matière de divers échanges; chaque excédent sera doué de valeur en échange.

Enfin, chaque excédent, l'échange une fois terminé, n'ayant plus d'autre but qu'une consommation immédiate, perdra la valeur en échange qu'il avait momentanément acquise.

L'histoire de ces deux familles est celle de la société humaine.

Qu'on multiplie, par la pensée, le nombre des individus et celui des objets qui se trouvent placés, l'un vis-à-vis de l'autre, dans des rapports mutuels, qu'on imagine une multitude indéfinie d'échanges

qui se croisent en tous sens, en dernier résultat,
l'état des choses restera le même.

Que l'on dresse, à une époque quelconque, l'inventaire d'une société, tous les objets dont cette société
disposera pourront toujours être rangés sous trois
catégories distinctes :

1° — Objets nés et demeurés entre les mains de
celui qui les destine à son usage, et qui n'ont point
de valeur en échange ;

2° — Objets voués au troc, offerts et demandés, et
qui sont pourvus de valeur en échange ;

3° — Objets primitivement destinés à l'échange,
mais parvenus, après l'avoir subi, entre les mains
de celui qui doit les garder, et qui n'ont plus de valeur en échange.

Entre ces trois sortes d'objets, la différence essentielle, en ce qui nous occupe, est dans la destination
et non dans la nature ou dans l'espèce.

De trois habits du même drap faits sur le même
modèle par le même tailleur, celui qu'il use lui-même
n'a pas de valeur en échange ; celui qu'il va livrer à
un autre en a ; celui qu'un autre use n'en a plus.

On le voit donc, la valeur en échange n'est point
inhérente aux choses mêmes ; c'est une qualité mobile, fugitive, passagère, que chaque objet revêt et

dépose au gré des circonstances; qu'un simple rap-
prochement confère, dont un caprice dépouille, et
qui doit figurer, en définitive, plutôt à titre d'accident qu'à titre d'attribut, dans la désignation de
chaque objet.

Cette théorie est neuve.

Les auteurs les plus accrédités divisent, en général, les choses utiles ou agréables en deux classes;
ils rangent dans la première celles d'entre ces choses
qui, disent-ils, ne sont jamais susceptibles d'échange,
et dans la seconde celles qu'ils regardent comme
naturellement et constamment douées de valeur en
échange.

Mais cette division semble erronée autant qu'arbitraire.

Erronée, car, d'une part, toute chose utile ou
agréable peut, dans l'occasion, devenir la matière
d'un échange, et, d'une autre part, toute chose douée
de valeur en échange doit cesser de l'être, au moins
une fois, avant de périr.

Arbitraire, car pour soutenir que l'une de ces
choses que l'habitude fait regarder comme plus naturellement douée de valeur en échange, l'est constamment et quoi qu'il arrive, jusqu'au dernier instant
de son existence, il faut envisager la valeur en

échange, non plus comme une qualité actuelle et effective, mais comme une qualité éventuelle et hypothétique.

Pour déclarer doué de valeur en échange l'habit que je porte et dont je ne veux pas me défaire, que personne ne songe à obtenir de moi, il faut faire dépendre la valeur en échange non d'une offre et d'une demande réelles, car il est clair qu'il n'y en a point, en pareil cas, mais d'une offre et d'une demande possibles ; il faut avoir égard à la valeur en échange qu'aurait cet habit, s'il me plaisait de m'en dessaisir, et s'il passait par la fantaisie d'un autre de se l'approprier.

Or, qui ne voit qu'une telle évaluation pose en l'air ?

Quand un propriétaire dresse l'état de sa fortune, il évalue d'ordinaire ses immeubles, son mobilier, ses créances actives à un taux moyen par comparaison avec la valeur en échange d'objets semblables, telle qu'elle a été constatée par des marchés effectifs ; mais il sait fort bien que ce sont là de simples conjectures ; il sait fort bien que ses propriétés ne valent réellement que ce qu'elles vaudraient le jour où il réussirait à s'en défaire, et qu'il est bien possible qu'en telle ou telle occasion elles n'eussent aucune valeur.

En deux mots, la valeur en échange est un fait, elle est ou elle n'est pas, elle est aujourd'hui, demain elle ne sera plus ; vouloir la fixer, la réaliser dans un objet quelconque est une entreprise vaine et une pure illusion.

SECTION VI

OFFRE. — DEMANDE

Dans le langage pur et rigoureux de l'économie politique, toute demande impliquant une offre et toute offre une demande, il est évident que, dans chaque échange, chacun des deux contractants réunit dans sa personne la double qualité d'offrant et de demandeur.

Si nous envisageons séparément la position de l'un des deux :

Sous le premier point de vue, il possède, en telle ou telle quantité, une certaine chose dont il consent à se défaire; moins cette chose, s'il la conservait, aurait pour lui de valeur en usage, plus il s'en défera volontiers. — Sous le second point de vue, il désire telle ou telle quantité d'une certaine autre chose; plus celle-ci, s'il la possédait, aurait pour lui de valeur en usage, moins les sacrifices lui coûteront pour en obtenir la quantité qu'il souhaite.

La position de l'autre contractant est toute pareille.

Cela posé, de part et d'autre, chacun réglera son offre sur le degré d'énergie de son désir, et sur le degré de regret que lui inspire la chose dont il se défait.

De part et d'autre, l'extrême limite de l'offre sera dans les quantités respectivement possédées, aucun des deux ne pouvant offrir à l'autre plus qu'il n'a.

Et ce qui est dit ici de deux choses seulement et de deux contractants seulement, doit s'entendre d'un nombre quelconque de choses, et d'un nombre quelconque de contractants[1].

1. *Équation de l'offre et de la demande.* Mill, II, p. 16, 17.

SECTION VII

DES DIVERS DEGRÉS DE VALEUR EN ÉCHANGE

La valeur en échange d'un objet quelconque augmente en raison directe de la demande et en raison inverse de l'offre.

Supposons cent individus possesseurs chacun d'un sac de blé, et l'offrant en échange d'un tonneau de vin. — Supposons, en même temps, cent autres individus possesseurs, chacun, d'un tonneau de vin, et l'offrant en échange d'un sac de blé.

Il y aura, d'une part, offre de cent sacs de blé, et demande de cent tonneaux de vin, de l'autre offre de cent tonneaux de vin et demande de cent sacs de blé.

L'offre sera, de part et d'autre, égale à la demande.

Partant, chaque sac de blé vaudra un tonneau de vin et réciproquement.

Surviennent, maintenant, cent nouveaux individus, possesseurs chacun d'un tonneau de vin, et l'offrant de même en échange des mêmes sacs de blé.

Qu'arrivera-t-il?

Que chaque possesseur d'un tonneau de vin sera forcé de se contenter d'un demi-sac de blé; que chaque sac de blé vaudra par conséquent deux tonneaux de vin.

Ainsi la valeur en échange du blé sera haussée de moitié.

La valeur en échange du vin aura baissé de moitié.

Mais pourquoi?

A l'égard du blé, parce que, l'offre demeurant la même, la demande aura augmenté de moitié.

A l'égard du vin, parce que la demande demeurant la même, l'offre aura augmenté de moitié.

Renversons maintenant la démonstration.

Il y a, d'un côté, cent sacs de blé, et, de l'autre, cent tonneaux de vin. L'offre est égale à la demande. La valeur de chaque objet est la même.

Tout à coup, par un accident imprévu, 50 tonneaux de vin s'écoulent et se perdent.

Que s'ensuit-il?

Que chaque possesseur d'un sac de blé sera forcé

de se contenter d'un demi-tonneau de vin, que chaque tonneau de vin vaudra deux sacs de blé.

La valeur en échange du blé diminuera de moitié.

La valeur en échange du vin augmentera de moitié.

Pourquoi encore ?

A l'égard du vin, parce que, la demande demeurant la même, l'offre aura diminué de moitié.

A l'égard du blé, parce que, l'offre demeurant la même, la demande aura diminué de moitié.

Le degré de valeur en échange de chaque objet offert et demandé (car à défaut de l'une ou l'autre de ces conditions toute valeur en échange s'évanouit), dépend donc exactement de la quantité qui en existe sur le marché. Augmentez, ou diminuez cette quantité, le rapport entre cet objet et tel ou tel autre objet, qui se trouve en même temps sur le même marché, variera plus ou moins. Augmentez ou diminuez la quantité de tel ou tel autre objet, même variation, mais en sens inverse.

SECTION VIII

CE QU'IL FAUT ENTENDRE PAR MARCHÉ

Chaque chose, disons-nous, a plus ou moins de valeur en échange, selon la plus ou moins grande quantité de cette chose qui existe sur le marché. Mais que signifie cette expression : être sur le marché? ou plutôt qu'est-ce que ce marché?

Ce terme a plusieurs sens.

A proprement parler, un marché c'est une simple convention. C'est l'acte qui sert de fondement à tout échange. Deux personnes traitent ensemble ; l'une convient de donner une chose ; en retour de cette chose, l'autre convient d'en donner une autre. Voilà un marché dans l'acception positive du mot.

Mais par une transposition d'idées qui n'a rien d'étrange, lorsque diverses personnes se réunissent, à jour fixe, dans un même lieu, pour y porter leurs

denrées et y conclure des marchés, cette réunion
s'appelle aussi le marché. On dit : aller au marché,
faire ses provisions au marché, etc.

Puis ensuite, par une seconde transposition d'i-
dées non moins naturelle, le lieu où cette réunion
s'opère, la place publique où les échanges se consomment, prend à son tour le nom de marché. En ce
sens, une chose est sur le marché lorsqu'elle est
déposée et offerte sur la place qui porte ce nom.

Enfin, en donnant à la métaphore toute l'extension
possible, il arrive souvent qu'on réunit, par la pensée,
une foule d'individus, séparés par des distances plus
ou moins grandes, mais liés entre eux par des rapports habituels, correspondant ensemble, entretenant
d'actives communications ; on se les figure en quelque sorte rassemblés dans un même lieu, et tombant
sous un même coup d'œil, ou, pour mieux dire, on
se représente la place publique comme agrandie et
couvrant un espace plus ou moins vaste. Dès lors,
cette réunion fictive, cette réunion purement idéale,
cette sphère d'activité commerciale, on l'appelle *le
marché*.

En ce dernier sens, une chose est dite sur le marché lorsqu'elle est offerte publiquement, lorsqu'il
suffit pour l'obtenir d'en proposer l'équivalent.

Le marché s'étend partout où l'offre est connue et
la demande éveillée.

Une chose ainsi sur le marché se nomme marchandise.

Les limites de chaque marché, en prenant ce mot
dans son acception extensive et figurée, sont, comme
on le présume facilement, tout à fait mobiles ; il n'est
guère possible de les déterminer avec quelque précision. Elles varient sans cesse en proportion de l'étendue des correspondances et de la multiplicité des
communications.

Toutefois, c'est en dedans de ces limites que s'estime la valeur en échange de chaque espèce de marchandise. Comme cette valeur en échange n'est rien
autre chose en définitive qu'un certain rapport fugitif, instantané, entre deux sortes de marchandises,
au moment précis où elles deviennent la matière d'un
troc, ce rapport ne peut être saisi qu'autant que ce
troc s'opère en réalité. Dans un canton donné de la
France ou de l'Angleterre, la valeur en échange d'un
sac de blé par rapport à celle d'un habit de drap
pourrait être déterminée, chaque jour et à chaque
instant, car chaque jour ces deux objets se trouvent
sur le même marché. La valeur en échange d'un sac
de blé de Beauce par rapport à l'arc d'un sauvage ou

à l'équipement d'un Laponais est au contraire impossible à connaître, attendu que ces deux sortes de marchandises n'existent pas sur le même marché, et ne sont jamais *offre* ni *demande* l'une à l'égard de l'autre.

Puisque les limites de chaque marché s'étendent ou se resserrent selon l'étendue des correspondances et la multiplicité des communications, il est évident que tel négociant doit opérer sur un marché plus étendu que tel autre qui habite néanmoins le même lieu que lui.

Ce n'est pas tout.

Il est telle espèce de marchandises dont les propriétés, eu égard à la nature, à l'énergie, à l'intensité des besoins auxquels elles correspondent, sont renfermées sous un petit volume : une livre de thé, par exemple, peut suffire pendant un mois à une famille de dix individus.

Il en est d'autres, au contraire, qui ne peuvent satisfaire les besoins qui les réclament qu'en grandes masses. Sept ou huit cents livres de blé suffiraient à peine à cette même famille, pendant le même espace de temps.

Les premières sont dites : marchandises de peu d'encombrement. Il est aisé de les transporter au loin.

Les autres sont dites : marchandises de grand en-combrement. Comme il faut un grand appareil de forces pour les mouvoir, il devient difficile, souvent impossible, de les faire circuler au delà d'un rayon assez circonscrit.

Les limites du marché s'étendent donc et se res-serrent encore, selon la nature des marchandises.

SECTION IX

Qui dit valeur dit rapport.

Quand deux objets s'échangent l'un contre l'autre, par cela même ils sont *équivalents* l'un de l'autre.

Si la valeur de l'un des deux vient à s'élever, par cela même la valeur de l'autre baisse d'autant, et réciproquement. Si le sac de blé qui *valait* hier un mètre de drap en *vaut* aujourd'hui deux, le mètre de drap qui *valait* hier un sac de blé n'en vaut aujourd'hui qu'un demi, et réciproquement. Si dix, vingt, trente objets s'échangeaient hier, l'un contre l'autre, sur le même marché, et que la valeur de l'un d'entre eux vienne à s'élever, eu égard à celle des autres, par cela même celle des autres baissera d'autant, eu égard à la valeur de celui-ci, et réciproquement. Partant il ne saurait intervenir, en même

temps, sur un même marché, ni hausse ni baisse de
toutes les valeurs, aucun des deux termes du rapport
ne pouvant changer sans que l'autre ne change en
sens inverse.

Ces propositions étant évidentes par elles-mêmes,
cherchons maintenant avec soin, et, s'il se peut,
efforçons-nous de bien mettre en lumière les causes
qui déterminent, sur chaque marché, la valeur en
échange de chaque marchandise, et qui la font varier d'époque en époque, selon que ces causes
affectent telle ou telle marchandise, plutôt que telle
ou telle autre. Il est à peine besoin de faire remarquer, en effet, que ces causes, quels qu'en soient le
nombre et la nature, lorsqu'elles affectent *en même
temps et au même degré* toutes les marchandises qui
se trouvent réciproquement en *offre* et en *demande*
sur le même marché, n'en altérant point le rapport,
laissent toute chose dans le même état relatif. Supposez deux quantités dont la première soit la moitié
de la seconde, multipliez les ou divisez-les *toutes deux*
par un même chiffre, il n'en sera ni plus ni moins,
la seconde restera le double de la première[1].

A l'égard des objets qui se trouvent réciproquement

1. Mill, II, p. 7.

en offre et en demande, sur un même marché, deux causes décident de leur valeur en échange :

1° Leur utilité;

2° La difficulté de les obtenir.

L'utilité est le fondement de la valeur. Nul n'*offre* rien de ce dont il n'a pas le besoin, ou, tout au moins, le désir. La difficulté en est la mesure; nul n'*offre*, pour un objet quelconque, plus qu'il ne lui en coûterait pour se le procurer autrement.

L'utilité varie, elle dépend des personnes et des circonstances.

La difficulté dépend de la rareté de chaque objet, de sa rareté absolue ou relative.

Il est certains objets dont la quantité se trouve rigoureusement limitée; nul effort humain ne saurait les multiplier. Tels sont, par exemple, les tableaux d'un grand maître, les éditions rares, les curiosités d'antiquaires, les lieux de plaisance situés dans telle ou telle étroite localité.

La valeur en échange de ces objets se règle sur l'étendue des sacrifices que les amateurs ont *la volonté* et le *pouvoir* de faire pour les obtenir, car pouvoir et volonté, c'est là ce qui constitue, à proprement parler, la *demande*[1].

1. Mill, II, 10, 11.

La concurrence des amateurs élève la valeur des objets; mais plus leur valeur s'élève, plus le nombre des concurrents diminue.

Le plus offrant et dernier enchérisseur la fixe définitivement.

On nomme, en économie politique, *équation de l'offre et de la demande*, cette action réciproque de l'un sur l'autre qui fixe leur rapport définitif.

L'*offre* d'un objet dont la quantité est invariablement limitée demeurant nécessairement la même, quand la valeur de cet objet vient à changer, ce n'est pas en lui qu'il en faut chercher la cause; c'est dans l'objet correspondant et qui forme, quant à lui, *la demande*. Des deux termes d'un rapport, dont l'un est fixe et l'autre variable, c'est dans le terme variable que doit se rencontrer la cause du changement.

Il est très peu d'objets dont la quantité soit limitée invariablement et à toujours; mais il en est un très grand nombre dont la quantité se trouve limitée momentanément et pour un temps déterminé. Les produits agricoles ne peuvent augmenter, par exemple, d'une récolte à l'autre. Dans l'intervalle, la loi que nous venons d'indiquer leur est applicable *pro parte qua.*

Il est des objets dont la quantité peut être indéfiniment augmentée, *au même coût de production*, c'est-à-dire en employant, pour les fabriquer, *des quantités toujours égales* de matières premières et de main-d'œuvre.

Tels sont la plupart des produits industriels.

Ces objets-là ont une valeur qu'on nomme en économie politique *valeurnaturelle*. Le coût de la production, plus le bénéfice du fabricant, en est la limite, la limite en maximum et en minimum.

Quand la valeur *actuelle* de ces objets dépasse leur valeur *naturelle*, le fabricant augmente sa fabrication, et l'offre augmentant, dès lors, tandis que la *demande* demeure la même, l'excédent de valeur diminue en raison inverse de l'augmentation de la quantité.

Quand la valeur *actuelle* de ces objets se trouve au-dessous de leur valeur *naturelle*, le fabricant réduit sa fabrication et, *l'offre* diminuant tandis que la *demande* demeure la même, la valeur se relève en raison inverse de la diminution de la quantité.

Il va sans dire que rien, en tout ceci, n'arrive à point nommé, et ne se produit avec une régularité mécanique ; l'*offre* et la *demande* se règlent réciproquement, par voie de tâtonnement, d'oscillations ; l'instinct des fabricants, celui des spéculateurs devine et souvent devance les alternatives de hausse et de baisse ; la nature des matières premières, les circonstances relatives à chaque fabrication exercent sur la production des objets dont il s'agit un certain degré d'influence ; mais en dépit de ces tâtonnements, à travers ces oscillations, sous la condition de ces influences, les objets dont il s'agit gravitent, en quelque sorte, vers leur valeur naturelle et ne s'en écartent que pour y revenir. L'Océan tend partout à prendre son niveau, mais sans le garder ; sa surface est toujours ridée par les vagues et quelquefois agitée par les tempêtes, mais il n'est aucun point en pleine mer qui demeure plus élevé que le point qui le touche, et tandis que chacun d'eux s'élève et s'abaisse alternativement, l'ensemble conserve une élévation moyenne qui n'augmente ni ne diminue.

Il est enfin des objets dont la quantité peut être indéfiniment augmentée, mais non pas *au même coût de production ;* il est des objets qu'on ne peut multiplier qu'en employant, pour les produire, des quantités toujours croissantes d'avance et de main-d'œuvre[1].

Tels sont les produits agricoles, et en général les matières premières, les produits directement extraits du sein de la terre.

1. Stuart Mill, *Princ. d'écon. polit.*, t. II, p. 23.

Dans chaque localité, la fertilité du sol est inégale, les terres de première qualité sont ordinairement cultivées les premières, et la valeur en échange de leurs produits gravite constamment vers leur valeur naturelle, telle qu'elle vient d'être définie.

Quand l'accroissement de la demande oblige de recourir aux terres de seconde qualité, pour extraire de ces terres une même quantité de même produit il faut employer plus d'efforts et faire plus de sacrifices.

La valeur naturelle de ces nouveaux produits se règle nécessairement sur cet excédent *du coût de la production*, et leur valeur en échange sur leur valeur naturelle, sans quoi la production cesserait.

Dès lors, la valeur en échange des produits de même nature obtenus sur les terres de première qualité s'élève d'autant et dépasse leur valeur naturelle, car, sur un même marché, des produits de même nature, quelle qu'en soit l'origine, valent nécessairement autant l'un que l'autre ; la différence entre la valeur en échange et la valeur naturelle des produits obtenus sur les terres de première qualité constitue sous le nom de rente un bénéfice particulier pour les propriétaires de ces terres, bénéfice qui ne figure point essentiellement au nombre des éléments dont se compose le *coût de la production*, ainsi que nous l'expliquerons tout à l'heure.

Et ce qui arrive lorsque l'accroissement de la demande oblige à recourir aux terres de seconde qualité arrive également lorsque, cet accroissement continuant, on est forcé de recourir aux terres de troisième qualité, et ainsi indéfiniment. C'est toujours sur le *coût de production* le plus élevé, c'est-à-dire sur la valeur naturelle des produits les plus difficiles à obtenir, que se règle la valeur en échange de tous les produits de même nature.

Il est inutile d'ajouter que ce qui se dit ici des terres arables doit s'entendre des bois, des mines, des pêcheries, en un mot, de toutes les sources de matières premières dont la fécondité diminue graduellement en proportion de l'étendue de la demande, et rend *plus* d'efforts nécessaires pour obtenir une *même* quantité de produits [1].

1. Voy. p. 75.

SECTION X

ÉLÉMENTS DU COÛT DE LA PRODUCTION

Puisque le coût de la production règle définitivement la valeur en échange de presque tous les objets (ceux qu'on ne peut multiplier à volonté n'étant qu'une rare et, pour la science, qu'une stérile exception), il est bon d'indiquer rapidement et d'apprécier, sous leur vrai jour, les éléments dont le coût de la production se compose.

On peut ranger sous cinq chefs distincts les éléments *nécessaires* ou *possibles* du coût de la production :

1° La main-d'œuvre;

2° Le salaire de la main-d'œuvre;

3° Les avances de l'entrepreneur;

4° Le bénéfice de l'entrepreneur;

5° La rente du propriétaire foncier.

1° La main-d'œuvre, en d'autres termes, l'emploi de la force musculaire de l'homme, dirigé par son intelligence, est, dans tous les cas, l'élément fondamental, d'ordinaire l'élément principal, quelquefois l'élément unique du *coût de la production*.

Un pionnier américain abat un arbre dans une forêt vierge et non encore appropriée; il lui en *coûte* deux jours de travail.

Ces deux journées de travail, voilà positivement, exclusivement, *le coût d'un tel produit*.

Un chasseur poursuit dans cette même forêt un animal quelconque, et l'atteint à la fin du deuxième jour : *même coût de production*.

Les deux produits *se valent* réciproquement et peuvent être échangés l'un contre l'autre.

Le pionnier se gardera bien de donner deux arbres pour la pièce de gibier, car deux arbres lui coûteraient quatre jours de travail, dont deux lui suffiraient pour atteindre lui-même l'animal; le chasseur se gardera bien de donner deux pièces de gibier pour un arbre, car deux pièces de gibier lui coûteraient quatre jours de travail, dont deux lui suffiraient pour abattre l'arbre lui-même.

Mais s'il arrive que, par un concours de circonstances quelconques, le pionnier parvienne à couper l'arbre, ou le chasseur à atteindre l'animal en un jour, dans le premier cas la pièce de gibier vaudra deux arbres, et dans le second l'arbre vaudra deux pièces de gibier.

Ce qui est vrai en ce cas est vrai toujours et dans tous les cas.

Quelles que soient la quantité et la qualité de la main-d'œuvre employée à la confection d'un produit quelconque, quel que soit le nombre de jours ou d'heures d'un travail quelconque qu'on ait employé pour rendre ce produit tel qu'il est, s'il arrive qu'à l'avenir, par un concours de circonstances quelconques, cette quantité de main-d'œuvre, ce nombre de jours ou d'heures augmente ou diminue, le coût de la production augmentant ou diminuant dans son élément principal, la valeur en échange de ce produit augmentera ou diminuera proportionnellement.

Il va sans dire que, quand nous parlons d'une quantité quelconque de main-d'œuvre, d'un jour, d'une heure de travail quelconque, c'est d'une quantité *moyenne*, c'est d'un jour *moyen* de travail que nous parlons. Il est des hommes plus robustes ou plus intelligents que la *moyenne;* les premiers font plus, les seconds moins de besogne à temps égal. L'un compense l'autre.

La science ne raisonne ni sur des êtres concrets, ni sur des nombres déterminés. Elle raisonne sur des moyennes et sur des tendances.

Elle ne doit pas néanmoins méconnaître certaines exceptions à la règle générale.

Il est des intelligences d'élite ; il est des constitutions d'une vigueur extraordinaire ; il est des hommes qui peuvent faire, à temps égal, le double ou le triple de ce que peuvent faire la *moyenne* des autres hommes.

La valeur de l'objet produit par le travail exceptionnel ne se règle point sur ce qu'il a coûté réellement, mais sur la valeur des objets de même nature produits par le travail ordinaire, et la différence tourne au profit du travailleur exceptionnel que cette qualité même met à l'abri de toute concurrence.

Que, entre le pionnier et le chasseur dont nous venons de parler, il intervienne un autre pionnier qui abatte un arbre en une demi-journée, cet arbre vaudra la pièce de gibier du chasseur, comme s'il avait coûté deux jours de travail, car, à moins de deux jours de travail, le chasseur ne pouvait pas l'abattre lui-même.

2º Supposons, maintenant, que le pionnier ne soit qu'un simple bûcheron ; qu'au lieu de travailler pour son propre compte il travaille pour le compte d'un entrepreneur, d'un marchand de bois, qui lui fournisse, sa nourriture et son entretien pendant deux jours, et à qui l'arbre, une fois abattu, appartient.

Supposons que le chasseur ne soit qu'un simple garde-chasse, qu'au lieu de travailler pour son propre compte il travaille pour le compte d'un propriétaire qui lui fournisse sa nourriture et son entretien pendant deux jours, et auquel l'animal, une fois abattu, appartient.

Ces deux jours d'entretien et de nourriture fournis, avancés dans l'un et l'autre cas, constituent ce qu'on nomme *le salaire* du travailleur.

Le salaire figure-t-il, en thèse générale, dans le *coût de la production?*

Nullement.

L'arbre a coûté deux jours de travail. Il vaut deux jours de travail, quel qu'en soit le possesseur.

La pièce de gibier a coûté deux jours de travail. Deux jours de travail elle vaut, quel qu'en soit le possesseur.

Le salaire en denrées ou en objets d'entretien que le marchand de bois, dans notre hypothèse, aurait alloué au bûcheron, et le propriétaire au garde-chasse, étant déjà lui-même un produit, un produit qui *vaut* deux journées de travail, *puisqu'il les obtient* du bûcheron et du garde-chasse, et qui *les a coûté tout au moins, puisqu'il les vaut*, le salaire, disons-nous, ne figure point à titre d'élément dans le coût de la production de l'arbre ou de la pièce de gibier.

Chaque produit distinct a, pour son propre compte, son *propre coût de production*. L'un a, d'avance, été échangé contre l'autre.

Que si, maintenant, par un concours de circonstances quelconque, le bûcheron obtenait du marchand de bois un salaire plus élevé, c'est-à-dire une plus grande quantité de denrées et d'objets d'entretien, le garde-chasse obtiendrait également un accroissement de salaire, sans quoi il quitterait son fusil pour prendre une hache et se faire bûcheron, jusqu'au moment où la concurrence aurait rétabli le niveau entre les deux professions.

L'arbre abattu resterait ou deviendrait bientôt l'équivalent de la pièce de gibier, et chacun des deux continuerait de valoir ce qu'il a coûté, à savoir deux jours de travail, plus ou moins bien récompensé, mais également récompensé de part et d'autre.

N'oublions pas, néanmoins, ce qui vient d'être dit tout à l'heure, à savoir qu'il existe des intelligences d'élite, des constitutions d'une vigueur extraordinaire dont l'emploi *à temps égal* dépasse plus ou moins la moyenne. L'ouvrier qui dispose de ces facultés exceptionnelles obtient naturellement de son patron un salaire plus élevé que la moyenne ; le bûcheron d'élite qui coupe un arbre en un jour obtient naturellement un salaire double de celui qu'obtient le bûcheron ordinaire qui coupe un arbre en deux jours. Les deux arbres sont l'équivalent l'un de l'autre, mais le coût de la production du second se compose de deux jours de travail, et le coût de la production du premier se compose d'un jour de travail et d'un excédent de salaire, lequel excédent équivaut lui-même à la journée de travail d'un bûcheron ordinaire.

C'est en ce cas seulement, et dans cette limite, que le salaire figure à titre d'élément dans le coût de la production d'un objet quelconque.

3° Suffit-il néanmoins, pour que le bûcheron abatte l'arbre, pour que le garde-chasse atteigne la pièce de gibier, que le marchand de bois alloue au bûcheron et le propriétaire au garde-chasse, deux jours de nourriture et d'entretien ?

Non.

Il faut que le marchand de bois remette au bûcheron une hache, ou tout autre instrument tranchant ;

il faut que le propriétaire remette au garde-chasse un fusil ou toute autre arme de jet.

Une hache est un produit, une hache se détériore à l'usure. Il en est de même d'un fusil.

Il faut que le marchand de bois renouvelle la hache, 'il faut que le propriétaire renouvelle le fusil, chaque fois que l'un ou l'autre deviennent hors de service.

Il faut par conséquent que la valeur de la hache se retrouve *pro parte quâ* dans le produit de son emploi, c'est-à-dire dans la valeur de l'arbre coupé.

S'il est nécessaire de renouveler la hache au centième arbre coupé, il faut que le marchand de bois retrouve dans chaque arbre :

1° L'équivalent du salaire qu'il a payé au bûcheron, c'est-à-dire l'équivalent de deux jours de travail;

2° La centième partie de la valeur de la hache.

Et de même, si le propriétaire est obligé de renouveler le fusil à chaque centième coup, il faut qu'il retrouve dans chaque pièce de gibier :

1° La valeur du salaire qu'il a payé au garde-chasse ;

2° La centième partie de la valeur du fusil.

On donne, en économie politique, le nom de capital aux instruments de travail dont il est fait avance à l'ouvrier, indépendamment de son salaire. La valeur de cette avance est *pro parte quâ* comme un second élément nécessaire dans le coût de production de chaque produit, et la valeur de chaque produit en est affectée en proportion de la *valeur* et de la *durée* des instruments dont il s'agit.

Si la hache *vaut* autant et *dure* autant que le fusil, ni plus ni moins, chaque produit équivalant à deux jours de travail et à une fraction égale d'un capital égal, l'arbre et la pièce de gibier vaudront autant l'un que l'autre, ni plus ni moins.

Mais si la valeur du fusil est double, *à durée égale*, de la valeur de la hache, la valeur de la pièce de gibier s'élèvera d'autant, c'est-à-dire proportionnellement à la fraction de capital qu'elle doit rembourser ; tandis que si la durée du fusil est double, *à valeur égale*, de la durée de la hache, la valeur de la pièce de gibier diminuera d'autant, c'est-à-dire proportionnellement à la fraction de capital qu'elle doit rembourser.

Cette fraction augmente en raison de la valeur de l'instrument et diminue en raison de sa durée.

Étant donnée une hache qui vaut 100 francs et un fusil qui en vaut 200, s'il faut renouveler la hache au centième arbre coupé et le fusil à la centième pièce abattue, la fraction à rembourser sera pour chaque arbre d'un franc, et pour chaque pièce de gibier de deux francs.

Étant donnés une hache et un fusil qui valent chacun 100 francs, s'il faut renouveler la hache au centième arbre coupé et le fusil à la deux centième pièce abattue, la fraction à rembourser sera pour chaque arbre 1 franc et pour chaque pièce de gibier 0 fr., 50.

4° Mais pourquoi le marchand de bois avance-t-il à son bûcheron le salaire et les instruments du travail? Pourquoi le propriétaire, à son garde? Pourquoi tout entrepreneur, à son ouvrier?

Si, chaque produit achevé, chacun d'eux n'y retrouvait que l'équivalent de ses avances, il n'aurait aucune raison pour commencer ou continuer une série d'opérations stériles et sans avantage.

Il faut par conséquent que chacun d'eux retrouve, dans chaque produit, outre l'équivalent de ses avances, un bénéfice suffisant, lequel bénéfice entre comme troisième élément nécessaire dans le coût de production de chaque produit, et varie en raison composée de la *valeur* et de la *durée* de chaque nature d'avances.

5° Supposons enfin que la forêt exploitée par le marchand de bois soit *appropriée*, que le proprié-

taire, par un concours de circonstances que ce n'est
ici ni le lieu ni le moment d'apprécier, soit en mesure d'exiger du marchand de bois une rente ou
fermage pour l'usage de la forêt : il faudra que celui-
ci retrouve, dans chaque arbre coupé, une fraction
aliquote de cette rente ou fermage, en sus de ses
avances, fraction qui variera en raison composée de
l'élévation et de la durée du bail, augmentant avec
l'une, diminuant avec l'autre.

C'est à ce titre et dans ce cas seulement que la
rente entre, à titre d'élément, dans le coût de la production.

Nous reviendrons sur ces divers points en traitant
du travail et du salaire, du capital et des profits, et
enfin de la rente.

DEUXIÈME ESSAI

DU PRIX

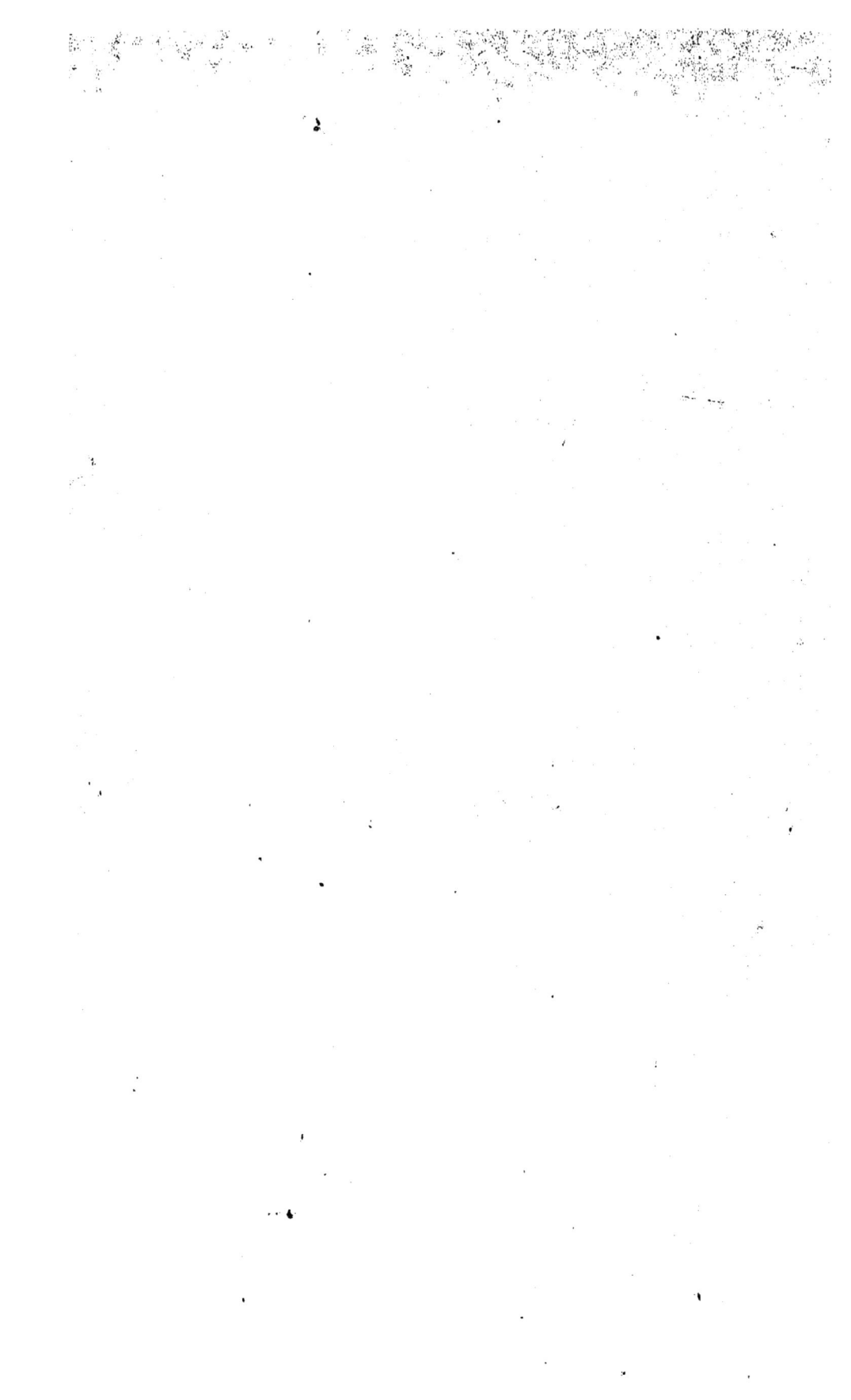

SECTION I

PRIX. — CE QUE C'EST

L'échange est parfait ou imparfait.

L'échange est direct ou indirect.

1° L'échange est parfait quand les deux parties se font un abandon mutuel et sans réserve des objets échangés.

Pierre *offre* un sac de blé et *demande* un mouton. Paul *offre* un mouton et demande un sac de blé. Ni l'un ni l'autre ne pense à rentrer jamais en possession de l'objet dont il s'est défait.

L'échange est parfait.

L'échange est imparfait quand l'une des deux parties ne se défait de l'objet qu'elle *offre* que sous condition de le reprendre après un intervalle donné.

Pierre *offre* un cheval, mais à condition de ne le céder que pour un mois seulement. Paul consent à donner, sous réserve, un sac de blé pour obtenir le cheval, sous la condition de le restituer après s'en être servi un mois durant.

C'est un échange imparfait.

Quand l'objet cédé sous condition de retour est un fonds de terre, l'échange imparfait se nomme, en général, *fermage*.

Quand c'est un objet mobilier, l'échange imparfait se nomme, en général, *louage*.

2° L'échange est direct sitôt que chacun des deux contractants donne une chose *dont il consent à se priver*, en échange d'une autre chose *dont il espère tirer un meilleur parti*.

Pierre possède un sac de blé, mais il n'a pas besoin de blé, il a besoin d'un mouton. Paul possède un mouton ; il n'en sait que faire, il a besoin d'un sac de blé.

Le marché se conclut troc pour troc.

L'échange est indirect si l'un des deux contractants donne une chose *dont il consent à se priver*, en retour d'une autre chose *dont lui-même il n'a pas besoin*, mais qu'il emploiera à s'en procurer une troisième, véritable objet de son désir.

Pierre possède un sac de blé, mais il n'a pas besoin de blé, il a besoin d'un mouton. Paul possède un mouton, il n'en sait que faire, il a besoin d'un sac d'avoine.

Point de marché possible entre eux.

Mais Jacques possède un sac d'avoine dont il est disposé à se défaire contre un sac de blé. Pierre échange d'abord son sac de blé contre le sac d'avoine de Jacques, puis ce dernier contre le mouton de Paul.

L'échange direct est rare.

Il se rencontre peu d'occasions où, de deux individus, l'un *offre* précisément et à point nommé ce que l'autre *demande*, et réciproquement.

L'échange indirect au contraire est fréquent et journalier.

3° Supposez qu'on laissât les choses à leur cours naturel, ce mode de transaction deviendrait néanmoins singulièrement lent et compliqué.

Admettons, par exemple, que le possesseur du sac d'avoine n'ait pas besoin de blé, et qu'il veuille un chevreuil; il faudra dès lors que Pierre échange d'abord son sac de blé contre un chevreuil, puis celui-ci contre un sac d'avoine, puis ce sac contre le mouton; que si le possesseur du chevreuil n'avait pas besoin de blé, mais d'un habit, nouveau détour, et ainsi de suite.

Or, ce qui serait vrai d'un homme le serait de tous.

Qu'on se figure, dès lors, tous les individus dont chaque société se compose pourchassant ainsi, par mille voies obliques, les divers objets de leurs désirs.

Qu'on se représente ces divers objets passant ainsi de l'un à l'autre, donnés et repris tour à tour, poussés et repoussés de main en main, décrivant des courbes innombrables avant d'atteindre le but. Quelle perte de temps! que d'allées et de venues! que de difficultés de toute espèce !

Supposons maintenant qu'il existe une marchandise que personne ne refuse, une marchandise spéciale, privilégiée, que tout homme, en tout temps, accepte volontiers en retour des objets dont il veut se défaire, bien sûr de trouver dans chaque autre homme le même empressement, sitôt qu'il la lui offrira.

A l'instant tout se simplifie.

Il suffit que Pierre échange son sac de blé contre cette marchandise spéciale, puis qu'il la fasse agréer à Paul en échange de son mouton; celui-ci en usera de même à l'égard de Jacques, et ainsi de suite.

Cette marchandise spéciale, cette marchandise universellement agréée, elle existe. Partout on la rencontre. Partout elle porte un nom qui lui est propre.

On l'appelle *monnaie*.

L'acte par lequel on échange un certain objet contre une certaine quantité de monnaie, se nomme *vente*.

L'acte par lequel on échange une certaine quantité de monnaie contre un certain objet, se nomme *achat*.

Tout achat implique une vente et toute vente un achat, puisque l'objet *acheté* et l'objet *vendu* sont les deux termes de l'échange.

La quantité de *monnaie* que *vaut* un objet quelconque se nomme le *prix* de cet objet.

4° Dans l'échange imparfait, l'équivalent de l'objet cédé temporairement est d'ordinaire stipulé en monnaie.

Si l'objet cédé temporairement est un fonds de terre, cet équivalent se nomme *rente*.

S'il n'est pas un fonds de terre, cet équivalent se nomme *loyer*.

Parfois, néanmoins, l'équivalent est fourni en objets d'autre nature; il garde, en tout cas, le même nom.

SECTION II

IDÉE DE LA MONNAIE

N'y a-t-il qu'une sorte de marchandise qui puisse devenir monnaie? — Nullement. Plusieurs s'y sont trouvées propres. Est-ce arbitrairement et par pure convention que telle ou telle marchandise jouit d'un semblable privilège? — Tout aussi peu. L'autorité, quand elle exige une marchandise en monnaie, n'agit point de son chef; elle ne fait que déclarer ce qui est déjà et consacrer le résultat d'un choix libre et volontaire. Il y faut le consentement de chaque citoyen; il y faut l'agrément uniforme, unanime, de la société tout entière.

Or, ce choix, d'où provient-il?

Cet agrément uniforme, unanime, qui est-ce qui le détermine?

Pour qu'une marchandise quelconque devienne

monnaie, d'elle-même et comme spontanément, plusieurs conditions semblent indispensables.

Il est nécessaire :

Qu'elle convienne à tout individu, sans distinction ;

Qu'elle convienne à tout individu, en tout temps ;

Qu'elle convienne à tout individu, en tout temps et précisément au même degré.

Évidemment une marchandise qui conviendrait à celui-ci et ne conviendrait pas à celui-là, n'aurait rien qui la distinguât de toute autre, qui la fît monnaie. C'est parce que la plupart des marchandises sont précisément dans ce cas, que l'échange direct est si rare, et l'échange indirect si compliqué.

En revanche, une marchandise qui conviendrait à tout individu quelconque, mais non pas toujours, c'est-à-dire qui conviendrait à celui-ci aujourd'hui, mais non pas dans un mois, à celui-là dans un mois, mais non pas aujourd'hui, et ainsi de suite, aurait déjà, sur un point, les avantages de la monnaie, mais serait encore une monnaie singulièrement imparfaite.

En échangeant contre cette marchandise l'objet que je possède, je serais certain, à la vérité, de pouvoir échanger directement celle-ci contre toute autre ; mais sous les conditions toutefois : 1° de m'enquérir

avec soin de l'époque où une telle marchandise pourrait convenir au détenteur de l'objet que j'ai en vue;
2° d'attendre cette époque.

Une marchandise enfin qui conviendrait à tout individu et conviendrait en tout temps, mais non pas
au même degré, une marchandise qui serait plus vi-
vement recherchée par tel homme que par tel autre
homme, approcherait encore davantage des qualités
d'une monnaie accomplie, mais laisserait encore ouverture à bien des échanges indirects.

Il est visible, en effet, que si celui qui se serait
procuré cette espèce de marchandise trouvait à s'en
défaire avec plus d'avantage en l'échangeant d'abord
contre une chose dont il n'a pas besoin, sauf à échanger ensuite celle-là contre celle dont il a envie, son
intérêt lui conseillerait cette voie détournée.

Si Pierre (pour nous reporter à l'exemple du chapitre précédent) a échangé son sac de blé contre une
certaine quantité de *marchandise-monnaie* que nous
représenterons par le nombre 10; si Paul exige de lui
en échange de son mouton, ou un sac d'avoine, ou
toute cette quantité 10 de *marchandise-monnaie*,
tandis que Jacques, qui a un besoin plus pressant de
cette même *marchandise-monnaie*, sera disposé à
donner deux sacs d'avoine pour en obtenir cette

quantité 10, ou, ce qui revient au même, à se contenter d'une quantité 5 en échange d'un seul sac, Pierre aura nécessairement intérêt à acheter d'abord le sac d'avoine, puis à l'échanger contre le mouton.

Le but principal de l'institution d'une monnaie, celui de simplifier l'échange *indirect*, se trouvera manqué.

Puisqu'il faut, pour qu'une marchandise quelconque devienne *monnaie*, qu'elle plaise *à tout le monde, toujours et également*, il faut donc que l'emploi de cette marchandise corresponde à quelque désir qui se rencontre *dans chaque homme*, qui s'y rencontre *constamment*, qui s'y rencontre toujours *au même degré*.

Ce désir, quel est-il?

Prend-il naissance dans quelqu'un de ces besoins impérieux qui dominent notre existence? — Non; de tels besoins s'éteignent et renaissent périodiquement.

En vain offririez-vous des aliments à l'homme dont la faim est apaisée; qui empêche, d'ailleurs, que cet homme ait sa provision faite pour huit jours, pour un mois, pour un an?

Provient-il de quelqu'un de ces goûts délicats, capricieux, réservés à ceux que la fortune comble de ses dons?

Encore moins. De tels besoins sont changeants, passagers, varient d'individu à individu, et ne sont, au surplus, que le partage du petit nombre.

Quel est donc le mot de l'énigme?

Le voici, rien de plus simple :

Nos divers besoins, nos divers goûts, en tant qu'ils dérivent immédiatement de l'organisation humaine, s'éteignent dès qu'ils sont satisfaits, sauf, pour la plupart, à renaître bientôt après. Mais si chacun d'eux, pris en soi, cesse momentanément d'exister, ils se succèdent constamment l'un à l'autre. C'est un fait universellement admis que nul homme n'est jamais content. Il ne désire pas toujours la même chose, mais il désire toujours quelque chose.

Un autre fait, moins évident peut-être au premier aspect, mais non moins avéré pour quiconque y veut prêter un peu d'attention, c'est que la nature place constamment à la disposition de chaque homme quelque moyen de se procurer, sinon tout ce qu'il désire, au moins une partie plus ou moins grande de ce qu'il désire.

Vit-il du revenu de ses terres?

Il recueille certaines espèces de denrées, mais en quantités qui dépassent ce qu'il en peut consommer.

Est-il adonné à quelque métier?

Il fabrique certaines choses, mais en quantité
plus grande que son propre usage ne le requerrait.
Que cela soit, tout le monde peut s'en convaincre en
jetant les yeux sur la société telle qu'elle est faite.

Ne dispose-t-il enfin que de ses propres forces
physiques ou intellectuelles?

Il peut les mettre au service d'autrui, et c'est ce
qu'il fait.

Ainsi, d'une part, l'homme désire toujours quelque chose; d'une autre part, il a toujours quelque
chose à offrir en échange de ce qu'il désire.

Ce quelque chose dont il veut se défaire varie sans
cesse.

Aujourd'hui c'est un objet, demain c'est un
autre. Ce quelque chose qu'il veut acquérir est précisément dans le même cas. Mais le désir même de
l'échange, mais la volonté de troquer ce qu'il a de
superflu contre ce qui lui manque, cela, du moins,
se rencontre dans *chaque homme*, et s'y rencontre
toujours.

Que s'il existe maintenant une marchandise mer-
veilleusement adaptée à l'accomplissement de ce désir, une marchandise dont la propriété soit de rendre
tout échange quelconque prompt, net, sûr, simple;
en un mot, s'il existe une marchandise prodigieuse-

ment souple qui, s'interposant dans toute espèce de troc, facilite et abrège ce genre de transaction, lève tous les obstacles, supplée à ce qui manque, élimine ce qui gêne, n'est-il pas manifeste qu'une telle marchandise sera partout bien accueillie?

A qui que ce soit que vous l'offriez, cet homme-là en a besoin.

En quelque instant qu'il la reçoive, l'emploi en est tout trouvé.

Et si, de plus, une telle marchandise, douée de cette propriété toute particulière, n'en possède absolument aucune autre; s'il n'existe aucun rapport quelconque entre elle et tout autre de nos besoins ou de nos goûts, le seul usage qu'on en puisse faire après l'avoir reçue, c'est de la transmettre à son voisin par le même procédé; n'est-il pas évident qu'une quantité donnée de cette marchandise, ne pouvant avoir, pour tel ou tel individu, plus de *valeur en usage* que pour tel autre, cette marchandise sera également estimée, également recherchée, partout et par tous [1].

Diverses sortes de marchandises, et par excellence les métaux précieux, tels que l'or et l'argent, sont doués de cette propriété de s'interposer utilement dans tous les échanges et de leur imprimer un très

---

[1]. *Divisibilité.* — *Durée.* Stuart Mill, II, p. 62.

haut caractère de simplicité, de célérité, d'exactitude. Aussi ces deux métaux sont-ils de préférence deve-nus monnaie, du consentement unanime de tous les peuples civilisés.

Mais l'un et l'autre étant doués de plusieurs sortes de propriétés indépendamment de celle-là, pouvant, en conséquence, en raison de ces autres propriétés, entrer plus ou moins dans la convenance de certains individus et, partant, être *plus ou moins recherchés*, on a paré à cet inconvénient à l'aide d'un expédient tout à fait ingénieux.

On a fait deux parts de la masse d'or et d'argent qui circule dans le monde : l'une a été abandonnée, sous sa forme naturelle, aux mouvements du com-merce ; l'autre a été fabriquée sous une forme spé-ciale qui réunit le double avantage et de multiplier singulièrement la propriété qu'ont ces métaux de fa-ciliter les échanges, et de leur enlever complètement toute autre propriété que celle-là.

En cet état, ils forment une excellente monnaie.

SECTION III

VALEUR DE LA MONNAIE

« Les rapports de valeur qui existent entre les diverses marchandises ne sont point altérés par l'usage de la monnaie ; le seul rapport nouveau qui soit introduit est celui dés choses avec la monnaie elle-même[1]. »

Dès lors, il suit des principes que nous avons posés ci-dessus, savoir :

1° Que tout *achat* est une *vente* et toute *vente* un *achat ;*

2° Que tout *achat* de marchandises est une *vente* de monnaie, et toute *vente* de marchandises un *achat* de monnaie ;

3° Que la monnaie est, par nature, *toujours et également* en offre, *toujours et également* en demande ;

Il s'ensuit, disons-nous :

1. Stuart Mill, *Princ. d'écon. pol.*, t. III, ch. vii, § 3.

Que, dans un temps et dans un lieu déterminés, la *demande* de la monnaie se compose de la totalité des choses qui se trouvent sur le marché ; tandis que, réciproquement, l'*offre* de la monnaie se compose de la totalité des pièces de monnaie qui se trouvent en circulation sur ce marché-là [1].

Plus grande est, sur ce marché-là, la quantité de marchandises, par rapport à la quantité de pièces de monnaie, plus *vaut* chaque pièce de monnaie, moins *vaut* chaque marchandise et *vice versâ*.

« La monnaie et les marchandises se recherchent pour être échangées ; elles sont réciproquement l'offre et la demande les unes des autres [2]. »

Ce serait se tromper, néanmoins, de penser qu'il existe, sur chaque marché, un nombre de pièces de monnaie précisément égal au nombre des objets à échanger. Chaque pièce de monnaie, en passant de main en main, peut opérer successivement un nombre indéterminé d'échanges, entre le premier et le dernier, c'est-à-dire, entre la première vente et la dernière. Si elle a suffi à dix échanges, elle a fait l'office de dix pièces de monnaie, et, sous ce rapport, elle équivaut à dix pièces de monnaie.

1. Mill, I, p. 67.
2. *Ibid.*, chap. VIII, § 2.

En conséquence, la valeur de la monnaie, sur chaque marché, se règle en raison composée :

1° De la quantité ;

2° De ce qu'on nomme, improprement peut-être, *la rapidité de la circulation ;* en d'autres termes, de *la fréquence de son emploi,* dans un nombre donné de transactions.

SECTION IV

COÛT DE PRODUCTION DE LA MONNAIE

La valeur de la monnaie dépendant, sur chaque
marché, et, par conséquent, sur tout l'ensemble des
marchés, de sa quantité multipliée par la fréquence
de son emploi, elle se règle, en définitive, comme
celle de toutes les marchandises, sur son coût de production, c'est-à-dire sur les frais d'extraction et de
transport de la matière métallique, et sur ses frais de
fabrication.

Quand les frais de fabrication sont supportés par
l'État, et confondus dans ses dépenses générales, la
valeur de la monnaie demeure, *pro tanto*, au-dessous
de son coût de production.

La matière dont est faite la monnaie appartient à
cette classe de marchandises dont la quantité *peut*
toujours augmenter, sous la condition d'un accrois-

sement progressif dans les frais de production, et dont la valeur se règle sur cette simple *possibilité*, l'offre et la demande se réglant, d'avance, selon la diversité des intérêts, des désirs et des goûts, sur cette simple *perspective;* mais la monnaie elle-même, la monnaie dont le caractère est de convenir également à tout le monde, d'être *toujours* et *également* en offre et en demande, n'augmente ni ne diminue de valeur qu'en raison de la quantité actuelle, réelle, effective qui s'en rencontre sur le marché.

SECTION V

DE LA MONNAIE LÉGALE

Dans chaque pays, c'est l'État qui bat monnaie.

Battre monnaie, c'est découper un lingot d'or ou d'argent, dans un nombre déterminé de pièces, et frapper ces pièces d'une empreinte qui garantit leur poids et leur degré de pureté. C'est donner cours obligatoire à ces pièces, pour toute la valeur que leur empreinte garantit.

On peut employer, à titre de monnaie, ou l'or ou l'argent, ou l'un et l'autre concurremment.

A poids égal, l'or *vaut* plus; il est plus commode pour les payements en grosses sommes. — L'argent *vaut* moins, il est plus commode pour les payements en petites sommes.

Lorsqu'on emploie exclusivement l'un ou l'autre, on subit l'inconvénient inhérent à celui qu'on a préféré.

Lorsqu'on les admet concurremment sans fixer légalement le rapport de valeur entre l'un et l'autre, rapport qui varie sans cesse, de jour en jour et de lieu en lieu, c'est un travail que l'État laisse à faire au public, et qui profite, comme tout commerce, au plus actif et au plus habile. C'est à chacun à savoir lequel lui *vaut* mieux, chaque jour, de payer ou d'être payé en or ou en argent.

Lorsque l'État fixe légalement ce rapport et le rend obligatoire, le rapport reste variable, et celui des deux métaux dont la valeur légale excède, par rapport à l'autre, la valeur *réelle*, chasse ce dernier du marché. Si, par exemple, un napoléon en or *valait* réellement moins que quatre pièces de 5 francs, il y aurait profit à l'échanger contre ces quatres pièces de 5 francs, à les fondre en lingot, et à vendre le lingot à sa valeur réelle.

Le mieux, c'est de n'admettre à titre de monnaie *légale*, c'est-à-dire *obligatoire*, qu'un seul métal ; de préférer celui qui convient le mieux aux payements en petites sommes, parce que ces payements sont les plus fréquents et les plus nombreux, sauf à frapper, néanmoins, l'autre métal en pièces qui valent ce qu'elles valent, dont chacun peut se servir, mais que personne n'est tenu d'accepter.

SECTION VI

DU CRÉDIT

Quand, au lieu d'exiger sur-le-champ le prix de l'objet vendu, le vendeur accorde, sous certaines conditions, terme et délai à l'acquéreur, *il lui fait crédit*.

Quand un prêteur livre, sous certaines conditions, une somme, une valeur quelconque à un emprunteur, *il lui fait crédit*.

En pareil cas, l'engagement écrit de l'acquéreur, l'engagement écrit de l'emprunteur, peuvent faire office de monnaie pleinement et de tous points.

Si le vendeur devient, par une raison quelconque, débiteur de son débiteur, il peut le payer en lui rendant son engagement, et les deux dettes s'éteignent jusqu'à due concurrence, sans aucune entremise de monnaie.

De même entre le prêteur et l'emprunteur.

Supposons maintenant que le vendeur ou le prêteur, devenus débiteurs d'un tiers, substituent le tiers
en leur lieu et place, en lui rétrocédant l'engagement
de l'acheteur ou de l'emprunteur, cette fois encore
il y aura dette payée sans aucune entremise de monnaie.

Cet engagement qui passe ainsi d'une main dans
une autre main, et qui peut passer dix, quinze,
vingt fois de main en main, libérant à chaque fois
un débiteur d'une dette avant de revenir à celui qui
l'a souscrit et doit le rembourser en définitive, cet
engagement prend le nom de billet à ordre, — lettre
de change, — traite, — mandat, — billet de banque, etc., selon la position ou la profession du sous-
cripteur, personnel ou collectif, et selon l'emploi
particulier auquel il est destiné. En ce moment nous
ne le considérons que sous un seul rapport, il fait
l'office de monnaie, en ce sens qu'il éteint ou peut
éteindre une série de dettes successives, en liquidant
une série de transactions.

Il est enfin une opération plus simple encore, et
qui supprime même l'engagement écrit ; quand deux
ou plusieurs individus se trouvent simultanément
créanciers et débiteurs l'un de l'autre, ils peuvent

compenser leurs dettes et créances réciproques par
un simple transfert sur leurs livres de compte; c'est
ce qui se fait habituellement dans les grandes places
de commerce.

Cet emploi de crédit exerce sur les prix la même
influence qu'exercerait un accroissement proportionnel dans la quantité de la monnaie.

SECTION VII

MESURE DE LA VALEUR

Le degré de valeur en usage de chaque chose est purement relatif à la personne qui se sert de cette chose, et dépend de la position, des besoins, des sentiments, des goûts de cette personne.

Il n'y a point de mesure fixe ni certaine de la valeur en usage.

Deux choses qui s'échangent mesurent respectivement la valeur en échange l'une de l'autre.

Si je donne aujourd'hui vingt sacs d'avoine pour obtenir dix sacs de froment, il est évident que chaque sac de froment vaut le double d'un sac d'avoine, et que chaque sac d'avoine vaut moitié moins qu'un sac de froment.

Si je puis dans un mois obtenir dix sacs de froment, en donnant dix sacs d'avoine, il est également

clair que chaque sac de froment vaudra un sac d'a-
voine et réciproquement; c'est-à-dire que la valeur
en échange de l'avoine, par rapport à celle du froment, aura augmenté de moitié, tandis que la valeur
en échange du froment, par rapport à celle de l'avoine,
aura diminué de moitié.

Or, en se reportant aux principes établis ci-
dessus, ce changement peut provenir de plusieurs
causes :

Ou bien de ce que l'offre du froment demeurant la
même, l'offre de l'avoine aura diminué de moitié sur
le marché où s'opère l'échange;

Ou bien de ce que l'offre de l'avoine demeurant
la même, l'offre du froment aura augmenté de
moitié ;

Ou bien de ce que l'offre de l'avoine ayant diminué d'un quart (plus ou moins), l'offre du froment
aura augmenté d'un quart (plus ou moins), ou réciproquement.

Lequel de ces trois événements est le véritable?

C'est un renseignement que l'échange ne saurait
fournir : L'échange donne-le résultat; il n'exprime
point la cause des variations.

Si nous supposons, maintenant, que, sur un même
marché, 10 sacs de froment se sont échangés contre

10 pièces de monnaie, 20 sacs d'avoine contre
10 pièces de monnaie, 30 sacs d'orge contre 10 pièces
de monnaie, 40 sacs de maïs contre 10 pièces de
monnaie, il est évident que, sur ce marché, la valeur
en échange du froment avait été double de celle de
l'avoine, triple de celle de l'orge, quadruple de celle
du maïs, et, supposant que ces denrées se fussent
échangées directement l'une contre l'autre, tandis que
la valeur en échange de l'avoine aurait été moitié
moindre que celle du froment, elle aurait été un tiers
plus grande que celle de l'orge, double de celle du
maïs, et ainsi de suite.

Les 10 pièces de monnaie sont un terme de comparaison qui nous révèle ce rapport.

La monnaie, par cela seul qu'elle est l'intermédiaire
habituel des échanges, est donc la mesure commune
qui marque, sur un même marché, le rapport qui
existe entre les quantités respectivement offertes de
chaque espèce de marchandises.

Que si, sur ce même marché, après un intervalle
d'un an, 10 sacs de blé s'échangeaient encore contre
10 pièces de monnaie, tandis qu'un pareil nombre
de sacs d'avoine, d'orge ou de maïs s'échangeaient
également contre 10 pièces d'argent, on se croirait,
au premier aspect, en droit d'en conclure :

1° Que l'offre du froment est demeurée la même;

2° Que l'offre de l'avoine a diminué de moitié, celle de l'orge des deux tiers, celle du maïs des trois quarts.

De même aussi, s'il se trouvait que, sur ce même marché, après cet intervalle d'un an, 15 sacs de froment et 15 sacs d'avoine s'échangeassent également contre 10 pièces d'argent, en même temps que l'on remarquerait que la valeur en échange du froment est devenue égale à celle de l'avoine, on se croirait en droit de conclure que cette révolution s'est opérée parce que l'offre du froment a augmenté d'un quart, pendant que celle de l'avoine a diminué d'un quart.

On se regarderait donc comme en possession d'un baromètre exact, sur lequel viendraient naturellement se marquer tous les changements qui s'opèrent dans la valeur en échange des objets, et qui indiquerait, en même temps, les vraies causes de ces changements.

Mais cette conclusion ne serait vraie qu'en partie.

De cela seul, en effet, qu'une certaine quantité de monnaie, soit 10 pièces, s'échange aujourd'hui contre 10 sacs de froment, 20 d'avoine, 30 d'orge et 40 de maïs, il s'ensuit bien certainement que l'offre du froment est à celle des autres espèces de denrées, comme un est à deux, comme un est à trois, comme un est à quatre.

De cela seul que, dans un an, ces mêmes 10 pièces de monnaie s'échangeront contre 10 sacs de froment, autant d'avoine, d'orge et de maïs, il s'ensuivra nécessairement que l'offre du froment par rapport à celle des autres denrées sera alors comme un est à un.

Mais de cela seul qu'aujourd'hui, comme dans un an, 10 pièces de monnaie s'échangeront contre 10 sacs de froment, s'ensuivra-t-il que l'offre du froment sera demeurée la même, que la quantité offerte n'aura pas changé?

Pour l'affirmer, il faudrait être sûr que la quantité de la monnaie n'a pas changé elle-même.

Si la quantité de monnaie qui est sur le marché a doublé dans cet intervalle, pour que 10 sacs de froment continuent à s'échanger contre 10 pièces de monnaie, il faut que la quantité de froment offerte ait aussi doublé. Si l'un a diminué de moitié, l'autre a dû diminuer de la même quantité. Si la quantité offerte de monnaie a augmenté du quart, et que la quantité offerte de froment ait diminué du quart, 10 pièces de monnaie s'échangeront encore contre 10 sacs de froment.

Qui peut dire si tel ou tel de ces événements n'est
pas survenu?

On n'est donc point autorisé à affirmer, en raisonnant d'après les exemples ci-dessus mentionnés :

Que la quantité du froment offerte est demeurée
la même, tandis que celle de l'avoine a diminué de
moitié, celle de l'orge des deux tiers, et celle du
maïs des trois quarts.

Supposons en effet que, dans l'intervalle dont il est
question, la quantité de monnaie existant sur le
marché ait doublé; pour que 10 pièces de monnaie
s'échangent contre 10 sacs de froment, d'orge et de
maïs, il faut :

1° Que la quantité offerte de froment ait doublé;

2° Que la quantité offerte d'avoine soit demeurée
la même;

3° Que la quantité offerte d'orge ait augmenté d'un
tiers;

4° Que la quantité offerte de maïs ait augmenté de
moitié.

La monnaie qui, dans un moment donné, indique
très bien le rapport qui existe entre les quantités
offertes de différentes marchandises, n'indiquerait
donc que d'une manière incorrecte et fautive les
variations qui peuvent survenir dans ces quantités,

d'une époque à une autre, puisqu'on ne peut démêler jusqu'à quel point ces variations appartiennent *à
la chose qui mesure, ou à celle qui est mesurée.*

Toute comparaison instituée entre les prix d'une
même espèce de marchandise sur deux marchés différents ne conduirait, non plus, à aucune conclusion satisfaisante.

Si 10 sacs de blé s'échangent sur le marché de
Paris contre 10 pièces de monnaie, tandis que 10
sacs de blé s'échangent, sur le marché de Bordeaux,
contre 20 pièces de monnaie (bien entendu qu'il
s'agit toujours de la même espèce de blé et de la
même espèce de monnaie), qu'en induira-t-on?

Que la valeur en échange du blé est, par rapport à
celle de la monnaie, à Paris, comme un est à un; à
Bordeaux, comme un est à deux.

Cela est certain.

Mais quelle est la cause de cette différence?

Serait-ce parce que la quantité de blé offerte sur le
marché de Paris surpasse de moitié la quantité offerte
sur le marché de Bordeaux?

Non, il ne peut être ici question d'une quantité
absolue. Si le marché de Paris est dix fois plus étendu
que celui de Bordeaux, il y sera offert une quantité
absolue de blé beaucoup plus grande sans doute,

mais aussi une quantité beaucoup plus grande de
monnaie, et cela ne décide rien quant au rapport
entre une quantité donnée de blé, et une quantité
donnée de monnaie.

Serait-ce parce que le blé est plus abondant sur le
marché de Paris que sur celui de Bordeaux, *proportion gardée* avec la monnaie? Sans nul doute, mais
cela revient à dire que la monnaie est plus rare sur
le marché de Paris que sur celui de Bordeaux, *proportion gardée* avec le blé.

Or, est-ce le blé qui est abondant, ou la monnaie
qui est rare ?

Évidemment, pour pouvoir donner un sens à ces
mots, et faire en sorte qu'ils ne soient pas la traduc-
tion l'un de l'autre, il faut pouvoir comparer sur
chaque marché la monnaie et le blé à un troisième
terme.

Soit ce terme la quantité totale des marchandises
autres que le blé et la monnaie qui circulent sur chaque marché.

Si la quantité de monnaie offerte sur le marché de
Paris est à la quantité de marchandises qui y circulent précisément comme la quantité de monnaie
offerte sur le marché de Bordeaux est à la quantité de
marchandises qui y circulent, dès lors le blé valant à

Paris moitié moins qu'à Bordeaux, on pourra dire que le blé est *abondant* à Paris et *rare* à Bordeaux.

Mais si la quantité de monnaie qui se trouve sur le marché de Paris est moitié moindre que celle qui se trouve sur le marché de Bordeaux, eu égard à la quantité totale de marchandises qui circulent sur chaque marché, on dira que c'est la monnaie qui est abondante à Bordeaux et rare à Paris.

Lequel des deux est le fait? Nul ne le peut savoir.

Ceux qui disent que la monnaie est la mesure commune des autres marchandises prononcent donc des paroles à peu près vides de sens.

Dans toute *vente*, sans doute, la monnaie est la mesure de la valeur en échange de l'objet *vendu*, mais c'est parce que dans tout *achat* l'objet *acheté* est la mesure de la valeur en échange de la monnaie.

Rien de plus.

Supposant un marché donné, à une époque fixe, la monnaie indiquera clairement le rapport qui a existé entre les diverses quantités des différentes marchandises offertes sur ce marché, rapport qui aurait déterminé la valeur en échange de chacune d'elles, dans le cas où telle ou telle se serait échangée contre telle ou telle autre.

D'une époque à une autre, la monnaie ne peut in-

diquer avec exactitude quelles variations ce rapport
aura subies.

D'un marché à un autre, la monnaie ne peut indiquer avec exactitude dans quel rapport chaque espèce
de marchandises est avec la masse totale des autres
marchandises en circulation sur chaque marché !

Trouver un étalon qui remplisse ces dernières conditions a été longtemps l'objet des recherches des
économistes ; mais ces deux conditions sont contradictoires.

Pour remplir la première, il faut trouver une chose
qui n'augmente ni ne diminue en quantité. Pour
remplir la seconde, il faut trouver une chose qui
augmente ou diminue en quantité au fur et à mesure
que la masse totale des marchandises en circulation
sur chaque marché augmente ou diminue elle-même,
sans quoi toute proportion serait bientôt détruite,
en supposant que, par miracle, elle pût se rencontrer un instant.

Cet étalon, non seulement n'existe pas, mais n'est
pas même concevable.

TROISIÈME ESSAI

DE LA RICHESSE

SECTION PREMIÈRE

VALEUR. — PRINCIPE DE CLASSIFICATION

Démêler, dans certains objets, un degré quelconque de valeur (soit valeur en usage, soit valeur en échange), leur reconnaître ce genre d'avantage sur d'autres objets, c'est reconnaître, en même temps, que ces derniers en sont dépourvus.

Il y a donc là un principe de classification.

On peut donc distinguer, et par conséquent désigner sous une appellation générique, les choses douées de cette qualité par opposition à celles qui en sont dénuées.

C'est ce qui a été fait de tout temps, mais de tout temps sans beaucoup de netteté dans la pensée ou d'exactitude dans l'expression.

Il est bon de suivre, sur ce point, le progrès des idées et du langage.

SECTION II

Dans tous les États policés, le principe de la propriété est en pleine vigueur. Les lois garantissent à
certains individus la possession irrévocable et paisible de telle ou telle portion du sol habité. Elles
garantissent à chaque homme la possession irrévocable et paisible des fruits de son labeur personnel.

Or, d'une part, ces différentes fractions de territoire sont inégales en grandeur aussi bien qu'en
fertilité; d'une autre part, l'intelligence, la force,
la dextérité sont départies aux hommes dans des
proportions très diverses.

De là l'inégalité des fortunes.

Celui qui dispose de champs vastes et féconds,
celui qui a reçu du ciel des talents éminents, mois

sonne à pleines mains, tandis que son voisin, moins
bien partagé et moins bien doué, glane péniblement.

Les choses utiles ou agréables sont donc distribuées
aux hommes en quantités différentes. De deux individus, l'un peut-être en possède des milliers de toute
nature, l'autre n'en obtient que la portion qui lui
est précisément nécessaire pour subsister.

En vertu de cette différence, celui-ci est dit *riche*,
et celui-là pauvre. La condition du premier se
nomme *richesse*, celle du second *pauvreté*; et, par
extension, les choses utiles ou agréables que possède
le *riche* se nomment des *richesses*, terme qui dénote,
à la fois, et les qualités inhérentes à la chose et leur
abondance dans les mains d'un même maître.

Quant aux choses utiles ou agréables dont dispose
l'homme qui n'est pas réputé riche, le vulgaire ne
les nomme point des *richesses*. Fussent-elles positivement identiques à plusieurs de celles qui portent
ce nom chez le *riche*, par cela seul que le *pauvre*
n'en possède qu'une petite quantité, cette dénomination leur est refusée. Le même sac de blé qui, dans
le magasin d'un riche négociant, faisait partie intégrante de ses *richesses*, n'est plus *richesse*, du moins
dans l'acception commune, lorsqu'il constitue, à lui
seul, tout l'avoir d'une *pauvre* famille.

Encore bien moins s'aviserait-on de donner ce nom à l'outil grossier de l'homme de main-d'œuvre, ou au haillon dont le mendiant couvre sa nudité.

Ainsi, dans le langage usuel, *richesse* est à peu près synonyme d'opulence. *Richesses*, au pluriel, se dit des trésors de l'homme opulent.

SECTION III

RICHESSE. — RICHESSE SELON L'ACCEPTION SCIENTIFIQUE

Quand on considère l'économie intérieure des sociétés sous un point de vue élevé, philosophique, rationnel, on ne saurait se plier à cette notion qui réunit le double inconvénient d'être tout ensemble compliquée et incomplète. On sent le besoin d'une nomenclature plus compréhensive et plus sévère. Aussi, dans l'idiome propre à la science qui nous occupe, les mots *richesse, richesses* perdent-ils ce caractère étroit, et prennent-ils une signification générale, indépendante, universelle.

On convient, d'abord, d'appliquer le nom de *richesses* aux diverses choses douées d'utilité ou d'agrément ;

Quelle que soit leur nature ;

En quelques mains qu'elles se trouvent ;

En quelque quantité qu'elles y soient réunies.

Puis, dès lors, la masse totale des choses ainsi qualifiées, l'ensemble des *richesses*, pris dans un sens abstrait, et sans égard aux personnes qui les possèdent, on le nomme *la richesse*.

Ainsi l'on dit :

La richesse nationale ;

La richesse publique ;

La richesse privée ;

Sorte d'expression qui n'a plus rien de comparatif, et qui n'est plus l'opposé de *pauvreté*.

En d'autres termes, dans la langue ordinaire, richesse est l'attribut de l'homme. Une chose est ou n'est pas richesse, selon qu'elle appartient ou non à l'homme réputé riche.

Dans le langage de la science, richesse est l'attribut de la chose. Elle est ou n'est pas richesse, par elle-même, en vertu d'une propriété à elle inhérente.

SECTION IV

IMPORTANCE DE CETTE DISTINCTION

Qu'on ne méprise point cette remarque comme frivole ou subtile; plus on l'examinera de près, au contraire, plus on se convaincra qu'elle tient au fond même du sujet, et qu'il importe de ne la jamais perdre de vue.

Donner et retirer, tour à tour, au même objet le même nom, selon qu'il appartient à Pierre ou à Paul, selon qu'il se rencontre en plus ou moins grande quantité dans une même main, dans un même lieu, outre que cela est absurde en soi, c'est le moyen de ne jamais s'entendre.

Envisager la richesse, tantôt comme l'universalité des choses douées d'utilité ou d'agrément — rien de moins, rien de plus, — tantôt comme un rang dans le monde, comme une position élevée, du haut de laquelle on puisse éblouir les autres par le faste et les surpasser en dépense, c'est admettre, de propos délibéré, la plus déplorable logomachie, c'est appeler soi-même, en foule, les disputes de mots, qui dégénèrent bientôt en disputes véritables.

« On se rirait fort, dit judicieusement, à ce sujet, M. Torrens, d'un chimiste qui définirait l'eau une *grande quantité* de liquide composé d'oxygène et d'hydrogène, qui appellerait eau ce qui coule dans une rivière, et non ce qui coule dans un ruisseau[1]. »

C'est pourtant ce qui est arrivé mille fois en économie politique.

Il est, par exemple, une classe d'écrivains connus dans l'histoire de la science, sous le nom de secte ou d'école mercantile, qui emploient essentiellement le mot de *richesse* dans son acception vulgaire. C'est en le prenant en ce sens qu'ils font de la richesse l'objet de leurs recherches ; et c'est aussi là, comme on le fait voir en son lieu, une des causes principales des erreurs dans lesquelles ils sont tombés ; ce qui n'empêche pas qu'ils ne se servent très souvent de ce même terme dans son acception scientifique.

Le plus ingénieux, le plus éclairé, le plus circon-

---

1. *Essay on the prod. of wealth* ch. I, p. 4.

spect de leurs successeurs, M. Ganillh, les imite en
ceci.

« La richesse, dit-il, dans son acception la plus
générale, consiste dans l'*excédent* des produits sur la
consommation, ou du revenu sur la dépense... Si les
individus, les hordes, les tribus, les peuples, n'ont
pas de quoi suffire à leurs besoins, ils sont *pauvres*.
Si leurs moyens sont égaux à leurs besoins, ils sont à
une égale distance de la *richesse* et de la *pauvreté*.
Si, après leurs besoins satisfaits, il leur reste un excédent, ils sont riches de cet excédent[1]. »

En revanche, les adversaires de l'école mercantile,
les écrivains qui composent cette autre classe que
nous nommerons, pour abréger, l'école philosophique — en avertissant que sous cette dénomination
se trouvent rangés, en même temps, les disciples de
Quesnay et ceux d'Adam Smith, — emploient, à dessein
et par choix, le mot *richesse* dans son sens scientifique; c'est en le prenant dans cette acception que la
richesse est l'objet de leurs recherches. Néanmoins,
il leur arrive encore souvent de s'oublier sur ce
point, et de retomber dans la phraséologie ordinaire.

Ouvrons l'admirable traité de Smith.

---

1. *Des Syst*. en *écon. polit*. Introd., p. 5, 2ᵉ édit.

Il est intitulé : Recherches sur la nature et les causes de la *richesse* des nations, et ce qu'il entend par richesse nationale, c'est la réunion de toutes les richesses individuelles ; lui-même s'en explique positivement. Ainsi, le mot est pris dans son acception véritable et technique.

Cependant, au début du chapitre v, voulant indiquer ce qu'exprime le terme richesse, il nous dit :

« Un homme est *riche* ou *pauvre* selon la *quantité* de choses nécessaires, utiles ou agréables qu'il peut appliquer à ses jouissances [1]. »

A coup sûr, employer une semblable locution, sans affectation, sans insistance, dans la conversation usuelle, serait tout à fait irrépréhensible ; mais poser cette phrase sous forme d'aphorisme, dans un traité d'économie politique, la donner comme un *criterium* propre à faire démêler exactement le caractère essentiel de la richesse, c'est dire que la richesse est l'opposé de la pauvreté, c'est déserter l'idiome de la science pour rentrer dans le langage vulgaire.

A la page suivante, mécontent apparemment de sa définition, il la rétracte et la reproduit différemment modifiée, mais empreinte du même vice.

« M. Nobbes, reprend-il, soutient que *richesse* est

[1] T. I, p. 44.

puissance, non sans doute que le riche dispose nécessairement du pouvoir politique ou civil, mais il
dispose du travail et des produits du travail d'autrui.
Un homme est riche ou pauvre selon la quantité de
cette sorte de puissance dont il dispose [1]. »

Induit en erreur par ces deux passages, un autre
écrivain que la postérité, juste appréciatrice du génie,
placera peut-être à côté d'Adam Smith lui-même,
M. Ricardo, est tombé précisément dans la même faute.

« La richesse diffère essentiellement de la valeur ;
celle-ci dépend de la difficulté de la production,
celle-là de l'abondance [2]. »

A la vérité, ces méprises de langage n'ont entraîné
ni Adam Smith, ni Ricardo dans aucune erreur essentielle ; mais il n'en a pas été tout à fait ainsi des écrivains de second ordre, entre autres de lord Lauderdale.

Cet auteur, peut, en effet, être cité comme un
exemple mémorable des inconvénients et des dangers
d'une locution ambiguë.

Il a démêlé avec beaucoup de sagacité et très bien
relevé une certaine contradiction fondamentale qui
se rencontre entre les diverses idées que Smith

1. *Ibid.*, p. 45.
2. *On the princ. of polit. econ. and taxation*, ch. xx.

attache, tour à tour, au mot *richesse;* mais au lieu de
rapporter cette contradiction à sa cause véritable, il
s'est évertué à en imaginer une tout autre ; au lieu
de remarquer que Smith avait le tort de confondre
sous une même dénomination l'*opulence* et la *ri-*
chesse, il a inventé on ne sait quelle distinction entre
la nature de la *richesse publique* et celle de la *ri-*
chesse privée, et, qui ¿'s est, il a fondé tout un nouveau système sur cette distinction prétendue.

« La richesse, dit-il, consiste dans la possession de
choses douées de valeur. Un homme est riche ou
pauvre, selon Smith, en tant qu'il dispose d'une plus
ou moins grande quantité du travail et des produits
du travail d'autrui, et l'on ne dispose des produits du
travail d'autrui, qu'en les obtenant en échange des
choses que l'on possède soi-même ; or, la valeur est
en raison inverse de la quantité. Diminuez la masse
générale de telles choses, vous augmenterez la richesse de ceux qui les possèdent, car elles *vaudront*
davantage. Multipliez-les, au contraire, la richesse
individuelle diminuera d'autant; faites en sorte que
toutes choses soient données sans mesure, toute richesse individuelle disparaîtra [1].

1. *Recherches sur la nature et l'origine de la richesse publique,*
ch. I et II.

» Smith a donc tort de dire dans un autre passage que la richesse publique est la somme de toutes les richesses individuelles. Une société au sein de laquelle toutes choses seraient données gratuitement, et en quantité illimitée, serait, à coup sûr, infiniment riche, et cependant chacun des membres dont cette société se compose serait dépourvu de toute richesse, puisque les choses qu'il posséderait seraient sans *valeur*, en raison de l'abondance universelle.

» La richesse publique est donc l'opposé de la richesse privée; l'une dépend de *l'abondance*, l'autre de la *rareté*. »

Est-il nécessaire de faire remarquer que tout le sophisme gît, ici, en ce que le mot richesse est pris successivement dans ses deux acceptions différentes? Dans son sens vulgaire et relatif, lorsqu'il s'agit de la *richesse privée*, dans son sens absolu et scientifique, lorsqu'il s'agit de la *richesse publique*.

Une société où toutes choses seraient fournies sans limite et sans condition par la nature, serait infiniment riche; chacun des membres de cette société serait infiniment riche; seulement, dans un tel état des choses, il n'y aurait plus ni *opulents*, ni *pauvres*, ni *opulence*, ni *pauvreté*.

SECTION V

DÉFINITION DE LA RICHESSE

En résumant ce qui vient d'être expliqué :

Une chose est ou n'est pas *richesse* suivant qu'elle est ou n'est pas douée de *valeur en usage*.

L'ensemble des choses douées de *valeur en usage* se nomme la *richesse*.

Celui qui possède une ou plusieurs choses douées de valeur en usage est *riche* de cette chose ou de ces choses.

S'il en possède beaucoup, il est *opulent*.

S'il n'en possède que peu, il est *pauvre*.

Opulence et *pauvreté* sont les deux contraires.

SECTION VI

I

Cette définition n'est pas nouvelle.

Lord Lauderdale est le premier qui l'ait mise en avant, en l'appliquant exclusivement à la richesse publique; mais elle n'a pas trouvé grâce devant les maîtres de la science; presque tous au contraire l'ont condamnée; presque tous sont d'accord, sinon pour la rejeter, du moins pour la modifier profondément en divers sens.

Leurs raisons, les voici:

C'est assurément, disent-ils, dans l'utilité, dans l'agrément qu'il faut chercher le caractère essentiel de la richesse; mais ces mots *utilité, agrément,* ont cependant une portée tout autre que le mot *richesse.* Il est des choses très utiles, l'air, l'eau, la lumière, par exemple, la vertu, la religion, l'éducation, qui ne sont pas des *richesses;* il est des choses très agréables, la poésie, la musique, l'amitié, etc., qui ne sont pas non plus *des richesses.*

L'objection est spécieuse, pressante même, et nous n'avons pas dessein de l'éluder; elle part d'ailleurs d'autorités trop graves pour qu'il ne soit pas nécessaire de s'y arrêter un peu.

Supposons-la, d'abord, solide et bien fondée de tous points; qu'en faudra-t-il conclure?

Que la définition dont il s'agit manque, jusqu'à un certain point, de rigueur, qu'elle n'est pas stricte autant que simple et féconde, qu'elle est sujette à plusieurs sortes d'exceptions, de distinctions, de restrictions. Eh bien! soit.

Reste à savoir maintenant s'il est possible de mieux faire; si ces restrictions, ces distinctions ne sont pas trop délicates et trop variées pour se laisser résumer dans un tour de phrase exact et concis. Reste à savoir surtout si les modifications proposées ne sont pas infiniment plus défectueuses que la définition pure et simple.

Raisonnant sous ce point de vue, parcourons-les rapidement; nous nous convaincrons, sans peine, qu'il n'en est aucune qui ne soutienne difficilement l'examen.

Selon MM. Say [1], de Tracy [2], Ganillh [3], pour qu'une chose figure, à juste titre, sous le nom de *richesse*, il ne suffit pas qu'elle soit *utile* ou *agréable*; il faut qu'elle soit douée de *valeur en échange*.

Le plus récent des maîtres de la science, M. John Stuart Mill [4] adopte à son tour cette définition.

Or, de deux choses l'une :

Entend-on par *valeur en échange* cette qualité fugitive qui n'existe dans les choses qu'autant qu'elles sont, en même temps, offertes et demandées, c'est-à-dire dans l'instant précis qui précède le troc? Évidemment, alors, la définition est inadmissible. Ce serait dire qu'une chose n'est richesse qu'au moment presque indivisible où elle change de maître, qu'une marchandise déposée dans un magasin et qui attend la *demande* n'est pas *richesse*, qu'un collier de diamants porté par une personne qui ne veut pas s'en défaire n'est pas *richesse*.

Veut-on au contraire forcer un peu le sens précis de ces mots *valeur en échange?* veut-on soutenir qu'une chose est richesse, dès qu'elle est, non pas

1. *Traité d'écon. pol.*, t. I, p. 1.
2. *Elém. d'Idéol.*, t. IV, p. 180.
3. *Du syst. com. écon. pol.*, t. I, p. 101.
4. *Princ. d'écon. pol.*, t. I, p. 10 (traduct. franç.).

douée, mais seulement susceptible de ce genre de
valeur? A l'instant, toute distinction s'évanouit. Il
n'est, nous l'avons prouvé, aucune chose utile ou
agréable, qui ne puisse, selon les circonstances, être
offerte, d'une part, et *demandée*, d'une autre part;
il n'en est aucune par conséquent qui ne soit susceptible de valeur en échange; toutes sont donc également *richesses*.

M. Malthus a pris un autre parti.

« La richesse, dit cet auteur, se compose de toutes
les choses douées d'utilité ou d'agrément, en tant
que ces choses sont matérielles [1]. »

Mais M. Malthus trouve ici, dans M. Say, un rude
contradicteur.

« Quoi ! lui répond ce dernier, nos richesses se
borneraient aux objets matériels, nécessaires ou
agréables ! Et nos talents, pour quoi donc les prenez-
vous? Ne sont-ce pas des fonds productifs? N'en
tirons-nous pas des revenus? des revenus plus ou
moins grands, de même que nous retirons un revenu
plus ou moins grand d'un arpent de bonne terre
ou d'un arpent de broussailles [2]? »

Ces idées ne sont pas exprimées avec toute la

1. *Princ. of polit. econ.*, ch. I, sect. II.
2 Lettre à M. Malthus, p. 166.

grâce et toute la netteté désirables, mais au fond elles sont justes.

Transportons-nous, par la pensée, dans l'ancienne Rome ou au Brésil; nous y verrons l'homme réduit à la condition d'esclave. L'homme devient chose, et compte comme une richesse. Fixons ensuite nos regards vers l'Europe civilisée, nous y verrons l'homme libre; mais si sa personne est inaliénable, ses talents, sa capacité, ses forces physiques et intellectuelles ne sont pas dans ce cas.

Les 99 p. 100 du genre humain sont jetés sur cette terre sans autre avoir quelconque; c'est l'unique équivalent qu'ils portent au marché général du monde; c'est une véritable marchandise qui subit la condition de toutes les autres, qui s'avilit par la concurrence et renchérit par la rareté.

L'homme n'est pas admis à trafiquer de sa personne, mais, sous peine de périr, il faut bien qu'il trafique d'une portion de lui-même.

Son âme est une, mais elle est douée de facultés diverses. Il faut bien considérer ces facultés comme autant de choses dont il dispose librement, soit qu'il les emploie à son propre usage, soit qu'il les livre temporairement à autrui, en vertu de cet échange imparfait qu'on nomme *louage*.

Si l'on se refuse absolument à scinder ainsi l'homme en deux parts, à considérer d'un côté l'homme même, l'identité personnelle de l'individu, de l'autre sa force physique et intellectuelle, comment expliquer ce genre de transaction, le plus fréquent de tous? Comment concevoir un échange où l'un des deux équivalents est richesse et où l'autre ne l'est pas?

M. Say va plus loin que nous.

Non seulement il distingue entre les choses matérielles et les facultés de l'âme, mais il distingue entre une chose matérielle et l'emploi de cette chose, entre une faculté de l'âme et l'emploi de cette faculté.

Cet emploi, il en fait un *être*, il l'appelle *service*, et le range, à ce titre, au nombre des richesses [1].

C'est, à ce qu'il semble, pousser l'analyse plus loin que les besoins de la science ne le requièrent et qu'une saine métaphysique ne l'autorise.

Il faut se garder de personnifier, sans nécessité, des abstractions. Il ne faut pas *ériger en chose* les propriétés d'une chose, l'action d'une chose, car où s'arrêterait-on?

D'un autre côté, les jurisconsultes ne font aucune difficulté de reconnaître des choses *corporelles* et des

1. *Traité d'écon. polit.*, l. I, ch. XIII.

choses *incorporelles*, désignant, sous ce dernier nom,
à l'égard des biens fonds, les *servitudes*, par exemple,
à l'égard des biens meubles, les *obligations*. Cela
prouve que l'idée des choses *immatérielles* n'a rien
d'étrange ni de nouveau. Mais il ne paraît pas, d'ailleurs, que cette terminologie particulière à la juris-
prudence soit de nature à passer dans la langue de
l'économie politique, parce qu'elle exprime la diversité des droits que plusieurs personnes peuvent avoir
sur une même chose, plutôt que des choses réellement différentes.

Tout au contraire, les corps matériels d'une part,
et les facultés de l'âme d'une autre part, sont des
choses réellement distinctes, et dont chacune existe
en soi. Il n'y a nulle difficulté à les concevoir en tant
qu'objets réels, il n'y en a donc aucune à les concevoir en tant que richesses.

S'il faut en croire d'autres écrivains, entre autres
MM. Mill[1], Torrens[2], une chose n'est richesse qu'autant qu'elle est d'abord matérielle, palpable, puis ensuite qu'autant qu'elle est l'œuvre de l'homme; le résultat du labeur humain.

Sous le premier point de vue tout est dit. L'autre

1. *Elem. d'écon. pol.*, Introd., p. 2.
2. *Essay on the prod. of wealth*, ch. 1.

mérite de devenir à son tour l'objet d'un examen
sérieux.

Il n'est rien sans doute qui se puisse adapter à nos
besoins sans un certain concours de notre part, ne
fût-ce que la peine de se baisser et de prendre; celle-
là, du moins, il faut bien que l'homme se la donne ;
et si le nom de richesse ne s'appliquait aux choses
que dans le moment où leur destination s'accomplit,
il serait vrai de dire, jusqu'à un certain point, que
le travail humain a sa part dans toute richesse. Mais
longtemps avant que l'homme se saisisse des choses
pour les appliquer à son usage, longtemps même
avant qu'elles soient actuellement *consommables,* il
en est une foule qui portent déjà le nom de richesses.
C'est un fait dont le langage ordinaire non moins
que l'idiome de la science déposent à chaque instant.

Cela posé, qui peut nier qu'il existe des richesses
purement naturelles, des richesses qui croissent
spontanément et s'offrent d'elles-mêmes? Combien
ne serait-il pas aisé de dresser à mi-marge une longue
liste de choses à peu près identiques, de choses utiles
ou agréables à peu près au même degré, dont les
unes sont le résultat des efforts de l'homme, et les
autres de la pure libéralité de la nature?

N'y a-t-il pas des fruits qui ne sauraient mûrir sans

une culture assidue, et d'autres qui naissent sans que
rien les sollicite ? N'y a-t-il pas des arbres qui ne
croissent qu'à la condition d'être arrosés, émondés,
étayés, et d'autres qui s'élèvent dans les airs par la
seule force de la sève, par la seule énergie de la végé-
ation ?

N'y a-t-il pas des animaux apprivoisés, et d'autres
qui multiplient dans l'état sauvage, et qui sont uniquement réservés à nous procurer le plaisir de la
chasse ?

En tant que richesse, y a-t-il quelque différence
entre les uns et les autres ?

Si nous n'appelons pas ainsi nos herbages, nos bois,
les cours d'eau qui les arrosent, le gibier qui les peuple
et tant d'autres choses pareilles, quel nom leur don-
nerons-nous ? Quel à ces autres propriétés dont les
membres d'une même société jouissent en commun,
telles que rivière navigable, lais et relais de la
mer, etc. ? Quel à ces pêcheries situées sur quelque
plage lointaine, et pour la possession desquelles les
peuples ont souvent versé le plus pur de leur sang ?

Allons plus loin encore.

S'il est vrai qu'il faille comprendre au nombre de
nos richesses, non seulement les choses immédiatement appropriées à nos besoins, mais celles qui ne

le sont pas encore, mais même les données constitu-
tives de ces choses et les moyens d'en obtenir de
semblables; non seulement la farine; mais le blé,
mais la semence, mais le champ qui la reçoit, mais
les instruments aratoires, et ainsi de suite; en re-
montant de cette sorte, à l'égard de chaque objet,
l'échelle de transformation successive, on arrive bientôt aux éléments du monde physique, aux forces ré-
pandues dans la nature et qui animent les existences
individuelles, telles que la terre, l'eau, la lumière, la
chaleur, etc.

Or ces forces, ces éléments sont-ils des richesses?

Lorsque la quantité qui en est offerte par la nature
est visiblement limitée, en général, personne n'en
doute.

Ainsi la terre, même inculte, est, d'un commun
aveu, au nombre des richesses; il en est de même
d'un cours d'eau.

Sont-ils offerts, au contraire, en quantité qui semble illimitée, on est tenté de leur refuser ce titre, mais
au fond ce n'est là qu'une méprise, nous l'avons
prouvé plus haut, toute chose quelconque est bornée,
quant à la quantité; toute chose utile en soi varie
selon les temps, selon les lieux, selon les latitudes,
affecte différemment différentes personnes, doit par

conséquent entrer en ligne de compte dans le mouvement des affaires humaines.

Un homme construit un moulin sur une hauteur;
son voisin élève une muraille à quelques pieds de
distance. Procès entre eux. Que réclame le propriétaire du moulin? Le vent qui lui a été intercepté.

Sur quelle idée se fondera-t-on pour nommer richesse le courant d'eau qui fait tourner un moulin à
eau, et non le courant d'air qui fait tourner un moulin à vent?

Il serait aisé de multiplier les exemples.

Où réside donc, en définitive, la distinction entre
ce qui est richesse et ce qui ne l'est point? Nous l'a-
vons dit, uniquement et exclusivement dans le rapport des choses avec l'homme, dans l'emploi que
l'homme en fait ou en peut faire; on ne saurait la
puiser ailleurs.

Qu'une chose nous soit fournie gratuitement par la
nature, ou qu'elle soit le prix de nos efforts, qu'elle
soit ou non susceptible d'échange, qu'elle soit matérielle ou intellectuelle, peu importe, si elle est utile
ou agréable, elle peut être nommée richesse; dans le
cas contraire, ce nom ne lui convient pas.

Une dernière restriction enfin a été proposée par
M. Sismondi. Selon cet écrivain, une chose fait partie

de la richesse lorsqu'elle est *matérielle,* lorsqu'elle est *le fruit du labeur humain,* lorsqu'elle est *durable* et susceptible d'accumulation.

En exigeant cette troisième condition pour compléter la notion de richesse, M. Sismondi s'est proposé d'exclure tout résultat des efforts humains qui n'aurait qu'une existence instantanée et fugitive, comme, par exemple, la leçon orale d'un professeur, l'ordonnance verbale d'un médecin, l'air exécuté par un musicien.

Si la leçon était fixée sur le papier, si l'air était noté, le papier ainsi modifié serait richesse selon cet auteur, mais l'air ambiant modifié par la voix du professeur ou par les vibrations de l'instrument ne l'est pas. ·

Une telle distinction est-elle juste et philosophique?

Toute chose matérielle durable ou passagère n'est-elle pas destinée, en définitive, à être consommée, c'est-à-dire, à parvenir à cet instant précis où sa destruction s'accomplit; cet instant-là, n'est-ce pas le but de toute richesse? n'est-ce pas à la condition expresse de l'atteindre qu'elle est richesse, car, hors de là, point d'utilité, point d'agrément.

Le vin que je porte à mes lèvres va disparaître

aussi rapidement, plus rapidement peut-être, que le son qui frappe mon oreille ?

Si l'un est richesse, pourquoi l'autre ne le serait-il pas ?

Parce que le vin avant d'arriver jusque-là a été d'abord raisin, puis pressé, cuvé, transvasé, mis en tonneau, versé dans un verre, tandis que l'air de musique s'est comme détaché de l'instrument, complet et achevé du premier coup.

Mais qu'importe le plus ou moins grand nombre d'états intermédiaires par lesquels une chose passe avant d'arriver à sa destination véritable? qu'importe le nombre de métamorphoses qu'elle subit avant de revêtir la forme dernière? Dans chacun de ces états intermédiaires, elle n'était richesse, c'est-à-dire elle n'était utile ou agréable qu'en perspective ; c'est au moment où elle accomplit la fin qui lui est propre qu'elle est richesse en réalité.

Ainsi qu'une chose se réalise dans l'espace, sous toutes les conditions de la matière, ou qu'elle ne se laisse saisir que par l'intelligence et la pensée ; qu'elle persiste dans le temps ou s'évanouisse à l'instant qui la voit naître, on voit bien que ce peut être là le fondement d'une différence essentielle entre cette chose-là et une autre, mais on ne voit pas qu'il soit nécessaire d'en faire dépendre la qualité de richesse.

En économie politique, comme en toute autre science, il faut demeurer fidèle à la rigueur des déductions, tenir séparé ce qui est distinct, mais aussi tenir rigoureusement vrai ce qui est identique ; poursuivre une idée quand elle est juste jusque dans ses nuances les plus délicates, et ne pas tracer à faux des lignes de démarcation dont il est difficile, au premier coup d'œil, de mesurer la portee.

Ce n'est pas seulement, en effet, parce que ces diverses restrictions sont inexactes et denuées de motifs suffisants que nous nous sommes attaché à les réfuter, c'est parce qu'il n'en est aucune qui ne porte en elle-même le germe de quelque doctrine fausse ou pernicieuse.

Ainsi, par exemple, ceux qui regardent la qualité de richesse comme dérivée de la *valeur en échange* doivent admettre avec toute l'école mercantile que le commerce est le créateur de toute richesse, que c'est là l'industrie par excellence, celle-là à laquelle toutes les autres doivent être subordonnées, comme dans une machine les rouages inférieurs à la maîtresse roue.

Ceux qui ne veulent attribuer le nom de richesse qu'aux ouvrages de l'homme sont tenus de le refuser

à la terre dans un état inculte, ainsi qu'aux autres agents
de la nature; car la terre privée de culture n'est pas
plus l'ouvrage de l'homme que le vent ou l'eau de
la mer; ils sont conduits, en conséquence, ainsi que
l'a fait M. Ganillh et depuis M. Carey et M. Bastiat, à
considérer le propriétaire du sol comme dépourvu
de toute richesse, du moins en tant que tel, et ne
percevant une part du revenu de la société qu'à titre
de rétribution pour la quantité de travail qui se trouve
réalisée dans son champ.

Enfin ceux qui ne veulent reconnaître ni richesse
immatérielle, ni richesse fugitive, sont forcés de refuser la qualité de productif au travail qui donne
naissance à ces choses, distinction déplorable et qui,
si elle était poussée dans ses dernières conséquences,
ruinerait de fond en comble toute la science.

Nous ne disons pas que chacun des écrivains qui
se sont rangés à l'une ou l'autre de ces définitions
restrictives ait professé les doctrines qui en découlent,
nous disons seulement que ces doctrines y sont con-
tenues, et cela suffit pour justifier l'importance que
nous attachons à les combattre.

Ni l'une ni l'autre de toutes les définitions restrictives que nous venons d'examiner n'étant admissible, reste donc la définition pure et simple, telle que nous l'avons donnée au chapitre V ; reste la définition générale dans toute son étendue.

Mais celle-là n'est-elle pas sujette à des reproches non moins graves ? n'a-t-elle pas la plupart des inconvénients qu'on lui impute ?

Il est permis d'en douter.

Aux termes de cette définition, nous dit-on, la religion, l'éducation, la musique, l'amitié, mille autres choses utiles ou agréables seraient des richesses, ce qui véritablement répugne à l'esprit comme au langage.

Il semble que la question n'est pas bien posée.

Lorsque nous disons que la richesse est la réunion des choses utiles ou agréables, nous entendons parler de choses proprement dites, de choses douées d'une existence positive, individuelle, non de simples idées, quelque vraies qu'elles puissent être, quelque importance qu'on leur reconnaisse ; beaucoup moins de ces notions collectives qui ne sont, à les bien prendre, que des vues de notre esprit.

La grande querelle des *réalistes* et des *nominaux* ne divise plus les métaphysiciens ; il est admis désormais, ou, du moins, nous le tenons pour tel, que les universaux n'existent pas *in rerum natura*, que ce sont des méthodes de classification, et rien de plus.

Or, si quelqu'un s'exprimait ainsi :

L'agriculture est une chose infiniment utile, donc elle est une richesse, le moindre écolier l'arrêterait et lui dirait à l'instant :

L'agriculture n'est pas une *chose* : n'abusez pas de la métaphore. C'est un terme complexe sous lequel on convient de désigner un certain nombre d'observations faites à l'occasion des phénomènes de la nature, un certain nombre de préceptes déduits de ces observations. Ces observations elles-mêmes ne sont pas non plus des *choses* ; ce sont des faits recueillis par notre mémoire ; ces préceptes ne sont pas des *choses*, ce sont des rapports perçus par notre intelligence. Pris isolément et à part soi, rien de tout cela, d'ailleurs, n'est ni utile, ni nuisible. Mais un esprit imbu de ces préceptes, éclairé par ces observations, est, pour celui qui le possède, une chose très utile; les livres où ces observations sont consignées sont des choses utiles; des champs cultivés selon de bonnes méthodes agricoles, des instruments aratoires construits selon des procédés ingénieux, sont des choses utiles, et ainsi de suite.

Par la même raison, il n'est pas exact de dire que la religion, la musique, l'amitié, etc., sont des choses utiles ou agréables.

La religion n'est pas une *chose*, c'est un système de vérités dogmatiques révélées par Dieu même, et de règles obligatoires puisées dans l'observation du cœur humain, et revêtues d'une sanction qui leur est propre. Ces vérités elles-mêmes ne sont pas, non plus, des choses; ce sont des faits touchant l'essence divine et l'état de l'âme humaine; ce sont des événements d'un ordre surnaturel; ces règles, ce ne sont pas des choses, ce sont des injonctions d'un être infiniment sage. Entre cet être et nous, entre ces faits et notre esprit qui le conçoit, il n'y a rien, rien s'entend qui existe d'une existence propre, indépendante, substantielle.

La musique n'est pas non plus une chose; c'est

la connaissance des lois selon lesquelles certaines
modulations de l'atmosphère viennent frapper notre
oreille. Ces lois ne sont pas des choses, ce sont des
faits recueillis et classés. Il y a des esprits qui connaissent ces lois, des organes dressés à les mettre à
profit, des instruments qui concourent au même but.
Il n'y a pas de musique en soi, et comme substance
sui generis.

L'amitié n'est pas une chose; c'est une affection,
une modification de l'âme.

Que l'on soumette au même examen chacune de
ces prétendues choses auxquelles on nous reproche
de donner mal à propos le nom de richesse, et on les
verra se résoudre en dernière analyse :

1° En vérités, idées, sentiments, connaissances,
lesquels, si haut qu'on les place, ne sont pas des
choses, ne sont rien par eux-mêmes, et n'ont d'existence que dans les êtres réels dont notre esprit les
détache par voie d'abstraction ;

2° En facultés de l'âme humaine, *riches* de telles
ou telles vérités, cultivées par telles ou telles connaissances, modifiées plus ou moins par tels ou tels
sentiments ;

3° En choses matérielles ou quasi-matérielles, telles qu'instruments, livres, enseignement oral ou

écrit, qui se réfèrent au développement de ces facultés.

Peut-on contester à ces dernières *choses* le nom de richesses?

Peut-on contester qu'il soit correct, régulier, nécessaire de considérer nos diverses facultés comme des *choses* dont nous disposons, et, en tant que leur emploi nous procure utilité ou agrément, comme faisant partie de nos richesses?

Il ne semble pas.

Mais quoi! dira-t-on, peut-être comptez-vous au nombre de nos richesses le génie du poète, la faculté de s'élever vers l'auteur de toutes choses et de méditer sa grandeur infinie, celle d'aimer, d'être aimé?

Non encore, mais pourquoi? La raison en est simple : d'abord, parce qu'à parler exactement, ce ne sont point là des facultés, mais des modifications de certaines facultés; ensuite parce que les mots d'utilité, d'agrément, qui forment le complément de la définition de la richesse, seraient très déplacés en pareille occasion; enfin parce qu'on ne peut, sans un impardonnable abus de langage, transférer ces expressions de la région inférieure de nos intérêts terrestres dans la sphère élevée de la morale.

Toutes les langues déposent de la distinction profonde qui subsiste entre le devoir et l'intérêt, entre
l'honnête et l'utile, entre le bien qui nous élève à
Dieu et l'agréable qui flatte nos goûts. Tous les
cœurs bien nés, tous les esprits bien faits la revendi-
quent contre les arguties de l'épicuréisme.

Quoi qu'on fasse, nous verrons toujours dans la
vertu autre chose que les agréments prochains ou
éloignés qu'elle procure ; nous n'appellerons jamais
agréables la piété filiale et la paix d'une bonne conscience.

Qu'y a-t-il donc d'étrange à dire que *celles* de nos
facultés qui ont pour but l'utilité ou l'agrément, tant
à notre égard qu'à l'égard des autres, font partie de
nos richesses ?

Sans doute, de même qu'on ne saurait guère tirer
une ligne de démarcation exacte entre telle faculté
et telle autre, de même aussi il serait difficile de distinguer et d'indiquer, absolument parlant, celles qui
sont vouées à l'utile exclusivement et de préférence.

Dans l'ordre intellectuel comme dans l'ordre matériel, les mêmes choses ont des buts différents. Les
mêmes facultés qui nous dévoilent les merveilles de
la création nous sont aussi de quelque service dans
cette vie de passage. L'*honnête* est *utile ;* les cœurs

religieux sont la sauvegarde des sociétés ; la probité du négociant l'honore à ses propres yeux, et contribue à l'extension de son commerce. Milton nous transporte en chantant le paradis terrestre ; en même temps ses vers font la fortune d'un libraire.

Mais que conclure de tout cela ?

Que les mêmes choses peuvent être envisagées sous des faces diverses ; que, prises d'un côté, elles ressortissent à telle science ; prises d'un autre côté, elles ressortissent à telle autre. Cela est vrai de toutes sans exception.

S'il fallait expulser du domaine de chaque science toutes les choses qui ne lui appartiennent pas exclusivement, le domaine de chaque science deviendrait un véritable désert.

SECTION VIII

DERNIÈRE REMARQUE

De ces trois principes ci-dessus établis :

1° Qu'une chose peut être douée de valeur en usage et ne l'être pas de valeur en échange ;

2° Qu'une chose ne peut être douée de valeur en échange si, d'abord, elle ne l'est de valeur en usage ;

3° Que toute chose douée de valeur en usage est richesse ;

Il s'ensuit :

Qu'une chose peut être richesse et n'être pas douée de valeur en échange, puisque c'est la valeur en usage qui en décide; tandis que, au contraire une chose douée de valeur en échange est nécessairement richesse, puisque la valeur en échange présuppose la valeur en usage.

C'est donc là un criterium pratique qui peut servir

de guide dans l'occasion ; c'est une sorte d'*experi-mentum crucis* auquel on peut soumettre toute espèce de doute qui s'élèverait sur la qualité d'un objet, en tant qu'il serait ou ne serait pas susceptible de faire partie de la richesse.

Voulez-vous savoir, en effet, si une chose quelconque est richesse ? Examinez d'abord si elle est douée de valeur en échange. En ce cas-là point de doute.

Dans le cas contraire, poursuivez votre examen, assurez-vous si elle est utile à quelque chose ou agréable à quelqu'un.

SECTION IX

DIVERSES SORTES DE RICHESSES

La richesse, étant l'ensemble des choses douées de valeur en usage, se divise naturellement en autant de fractions que la grande communauté du genre humain, et reçoit les mêmes appellations.

Ainsi l'on dit : la richesse *universelle*, la richesse *nationale* ou *publique*, la richesse *départementale*, *provinciale*, *communale*, *individuelle*.

Les choses douées de valeur en usage étant des richesses, elles prennent diverses désignations, selon les divers points de vue sous lesquels on les envisage.

Les considère-t-on sous le rapport de la manière dont elles tombent dans la possession de l'homme, les unes lui sont données gratuitement; ce sont des richesses *naturelles*; les autres il les obtient pour prix de ses efforts; ce sont des richesses *acquises*.

S'occupe-t-on du mode de leur possession? Les unes sont de nature à devenir exclusivement la propriété de tels ou tels individus, ce sont des richesses *privées;* les autres ne sauraient être possédées qu'en commun, ce sont des richesses *collectives.*

Veut-on les étudier dans leur nature intime?

Il en est qui existent actuellement, qui tombent sous les sens, dont nous avons, tant qu'elles durent, une perception physique, continuelle; ce sont des richesses *matérielles.* Il en est qui n'existent que virtuellement, et, pour ainsi dire, en puissance, qui dorment tant que le besoin ne s'en fait pas sentir, et ne reparaissent qu'alors que la volonté humaine les sollicite et leur fait appel : telles sont les facultés humaines, et les forces physiques dont ces facultés disposent; ce sont des richesses *immatérielles.*

S'agit-il de leur mode d'action, de la manière dont chacune accomplit le rôle qui lui est assigné?

Il en est qui procurent des jouissances immédiates; il en est d'autres qui ne contribuent au résultat définitif que par le concours d'un nombre plus ou moins grand d'intermédiaires.

Le pain dont se saisit l'homme affamé, le tableau que le peintre vient d'achever sont des richesses *directes.* La charrue du laboureur, l'instrument du musicien, la palette du peintre sont des richesses *in-directes*.

Il est enfin une dernière distinction qu'on peut démêler entre les richesses ; elle est puisée dans la différence de leur durée respective.

Les unes sont passagères, et se dissipent en même temps que la jouissance qu'elles font naître ; ce sont des richesses *instantanées;* les autres survivent en partie à l'emploi qu'on en fait, et renouvellent leur service pendant un temps plus ou moins long. Ce sont des richesses *durables*.

Ainsi l'air que le musicien exécute s'évanouit sur le champ, le morceau de pain dont s'empare l'homme affamé peut le nourrir pendant un jour ; la maison qu'il habite peut durer pendant un siècle.

Toutes ces appellations sont, à ce qu'il semble, claires, exactes, correctes, et portent dans l'esprit des idées parfaitement nettes.

QUATRIÈME ESSAI.

DE LA PRODUCTION

SECTION I

PRODUCTION EN GÉNÉRAL

Dieu crée, l'homme produit.

Créer, c'est tirer l'être du néant; produire, c'est altérer, modifier, combiner.

Que toutes choses aient été faites de rien, l'homme comme le monde, l'intelligence aussi bien que la matière, c'est une vérité que la religion nous enseigne; mais comment s'est opérée cette merveille, nous l'ignorons profondément.

Autant que nous en pouvons juger, la matière une fois créée existe en quantité limitée, en quantité qui n'augmente ni ne diminue.

La matière est cette substance qui tombe sous nos sens extérieurs, que nous divisons indéfiniment, que nous concevons divisible à l'infini, et dont chaque partie occupe une partie correspondante de l'espace.

Chaque atome de matière ne ressemble pas nécessairement à un autre atome, ce mot étant pris ici au
sens ordinaire, comme équivalent de parcelle, mo-
lécule, n'importe. Il en est qui semblent identiques
et doués de propriétés semblables; il en est qui sont
ou semblent différents et doués de propriétés diverses, mais tous, sans distinction, sont également soumis à deux lois primordiales, l'*attraction moléculaire*
que chacun exerce sur chaque autre au point de
contact qui les unit, et l'*attraction à distance*.

Nous parlons selon les idées et le langage reçus.

Quand l'attraction moléculaire s'exerce entre atomes de même nature, les chimistes la nomment *force
de cohésion;* quand elle s'exerce entre atomes de
nature différente, ils la nomment *affinité.*

La force de cohésion qui unit entre eux des atomes
de même nature peut être plus grande ou moindre
que leur affinité pour telle ou telle autre espèce
d'autres atomes. L'affinité de telle ou telle espèce
d'atomes pour telle ou telle espèce d'autres atomes
est, elle-même, plus forte ou moins forte. Quand
deux ou plusieurs espèces d'atomes différents se sont
réunies en vertu de leur affinité réciproque, la force
de cohésion s'exerce entre ces atomes mixtes de même
qu'entre les atomes simples.

Obéissant, tour à tour, à ces forces diverses, les atomes se rapprochent ou se séparent, se groupent deux à deux, trois à trois, plus ou moins, enfin dans une multitude de proportions différentes, et composent ainsi ce que nous nommons des corps.

Chaque combinaison nouvelle donne pour résultat un corps particulier, et, dans chaque corps, les propriétés inhérentes aux atomes qui le composent éclatent et se manifestent au dehors d'une manière qui lui est propre.

Mais ces mêmes forces qui ont procuré toute combinaison quelconque ne s'endorment pas après avoir accompli leur ouvrage. Chaque corps en est, à son tour, intérieurement travaillé. Que le milieu dans lequel il se trouve vienne à subir quelque changement, à l'instant tout s'ébranle. L'affinité de tels ou tels atomes qui constituent d'autres corps placés près de lui, en s'exerçant sur ceux qui le constituent, surmontant, de nouveau, et toute force de cohésion, et toute autre affinité, la dissolution s'opère, une nouvelle combinaison a lieu, qui, bientôt elle-même, fait place à une troisième, et c'est ainsi que ce monde, scène mouvante où d'innombrables métamorphoses se succèdent sans relâche, semble, sur tous les points de sa surface, ne déposer une forme que pour en prendre une autre.

Quant à l'attraction à distance, chacun sait qu'elle s'exerce, non point entre les molécules dont les corps se composent, mais entre les corps eux-mêmes, et qu'elle agit en raison directe de leur masse, et en raison inverse des distances qui les séparent.

Ceci posé, l'homme ne peut ajouter un seul atome au nombre des atomes qui existent dans la nature ; il ne saurait ajouter, non plus, une seule propriété aux propriétés dont chaque atome est doué. Il est tout aussi incapable d'augmenter ou de diminuer, dans chaque atome, soit la force de cohésion, soit les affinités qui s'y rencontrent. Enfin, suspendre l'action à distance, changer, en quelque chose, la loi éternelle qui règle cette action, est également au-dessus de sa portée.

Quelle est donc sa puissance sur le monde extérieur ?

La voici ;

D'une part :

Puisque toute combinaison d'atomes donne pour résultat un corps *sui generis*, doué de propriétés qui le distinguent de tout autre corps, puisque les lois de l'affinité qui décident de ces diverses combinaisons ne s'exercent qu'au point de contact entre les atomes

divers, l'homme peut ménager industrieusement
ces points de contact, favoriser, prévenir, diversifier
les rapprochements, et tour à tour provoquer ainsi,
soit des combinaisons, soit des dissolutions nouvelles.

D'une autre part :

Puisque l'attraction à distance s'exerce entre les
corps, selon une loi fixe et déterminée, l'homme peut se
servir d'un corps pour en soulever un autre, se prévaloir de la force que ce corps déploie, l'ajouter à son
faible bras, et, tour à tour, changeant les masses et va-
riant les distances, en augmenter ou en diminuer les
effets, et la discipliner en quelque sorte à son usage.

La puissance que l'homme exerce au dedans de lui-
même semble de nature toute pareille. Son âme est
une substance indivisible, mais douée de facultés diverses. Ses facultés se développent en lui selon des
lois prédéterminées. Il ne saurait ni suspendre ni
changer ces lois.

Ses sens lui transmettent la connaissance des objets
extérieurs. Sa conscience constate l'impression qu'il
en reçoit, observe, dans leurs procédés, ses autres
facultés, aborde, par une intuition immédiate ces
faits primitifs, qui n'admettent ni doute, ni preuve,
ni explication. Sa mémoire reproduit, dès qu'elle en
est requise, les actes de sa conscience.

Ce sont là autant de données sur lesquelles notre
volonté n'a pas plus de prise que sur les éléments du
monde matériel. Le nombre en peut être plus ou
moins grand, selon le plus ou moins d'activité que
nous imprimons aux facultés qui les recueillent; mais
une fois reçues, ces données demeurent ce qu'elles
sont.

Nos autres facultés, telles que le jugement, l'ima-
gination, le raisonnement, etc., également indépendantes dans leur mécanisme, opèrent ces données et
prennent en quelque sorte, avant d'agir, les ordres
de ce *moi* qui est l'homme même.

Mais comment opèrent-elles?

En rapprochant, en superposant, en éliminant telles
ou telles de ces données premières; en les rapportant
l'une à l'autre, en les détachant l'une de l'autre.

Ainsi s'élève, en nous, l'édifice des idées abstraites,
des notions générales, des connaissances spéculatives
et théorétiques, édifice immense et mobile dont
chaque partie se laisse, sans difficulté, démonter
pièce à pièce, dont chaque fragment élémentaire,
indestructible au fond, se groupe successivement avec
d'autres, dans une multitude de combinaisons indéfiniment variées.

Soit dans l'ordre de la matière, soit dans l'ordre

de la pensée, chaque fois que l'homme concourt volontairement à l'opération par laquelle un certain tout complexe se résout dans les éléments qui le composent, il nomme cela *détruire*.

Chaque fois qu'il concourt volontairement à l'opération par laquelle divers éléments (simples ou composés eux-mêmes) se combinent en un tout complexe, il nomme cela *produire*.

Mais, à parler rigoureusement, qui *détruit* reproduit les éléments dont le tout était composé, qui *produit* détruit ces éléments mêmes, car, il ne faut pas le perdre de vue, détruire, produire, ce n'est ni anéantir, ni créer, c'est *faire d'une chose une autre*.

On dit quelquefois : la nature produit ou détruit, la terre produit, le vent détruit ; on dit que les choses se produisent ou se détruisent ; mais ce sont de pures métaphores. Produire, détruire sont des termes qui impliquent une volonté aussi bien qu'une action. La nature n'est que l'ordre personnifié. Les choses inanimées ne veulent rien, n'agissent point, elles *naissent* et *périssent* successivement, en vertu de l'énergie que Dieu a imprimée aux principes qui les constituent.

SECTION II

COMMENT L'HOMME PRODUIT

Si l'on a bien compris ce qui précède, il s'ensuit très clairement que, dans l'ordre de la matière, l'homme ne produit qu'à la condition de détruire. Il ne bâtit qu'avec des ruines.

Il s'ensuit, en même temps, que, soit qu'il détruise, soit qu'il produise, l'homme n'a que deux moyens à sa disposition.

Réunir, diviser.

En séparant certaines particules de matière, il suspend l'action de la force de cohésion. En rapprochant d'autres particules de matière, il provoque l'action des affinités qui s'y rencontrent.

Le reste suit de soi-même.

Ainsi, pour réduire le problème à ses termes les plus simples : l'homme, dans ses rapports avec le

monde matériel, n'apporte réellement que ce qu'il a
en propre, que ce qu'il n'emprunte point hors de lui-
même, et ce qu'il a en propre, c'est le mouvement. Il
n'agit qu'en raison de ce qu'il est, et ce qu'il est, à
l'égard de la matière, c'est une force.

Cette observation appartient à M. Mill [1].

Dans l'ordre de la pensée, on ne saurait, sans
doute, employer ces expressions, *action*, *force*, *mou-*
vement, qui donnent un sens semi-métaphorique, et
pour exprimer, tant bien que mal, cette sorte d'initiative que nous exerçons sur nos propres facultés, à
l'égard des données simples qu'elles recueillent, ou
des idées complexes qui s'ensuivent. Mais pourtant,
là encore, que pouvons-nous?

Sentir, observer, juger, nous souvenir,

C'est constater des faits, rien de plus, ce n'est ni
créer, ni *produire*.

Imaginer, c'est produire, sans doute, mais comment? en formant un tout idéal de parties qui existent séparément.

Analyser, c'est diviser.

Abstraire, c'est diviser, d'abord, puis réunir ensuite.

_____

1. *Elém. d'écon. polit.*, chap. I, p. 6.

SECTION III

CONTINUATION DU MÊME SUJET

Si l'homme ne produisait pas, d'abord, selon l'ordre de la pensée, il ne produirait jamais selon l'ordre de la matière. La force physique dont il dispose ne serait qu'un élément de trouble, si elle n'était guidée par l'intelligence.

L'homme produit premièrement ses propres facultés, c'est-à-dire qu'il les développe en les exerçant; il les rend autres qu'elles n'étaient naturellement, en les appliquant à constater des faits, à en extraire les conséquences qu'ils renferment.

Cela fait, il agit au dehors, il imprime aux choses extérieures une impulsion raisonnée.

SECTION IV

PRODUIT

Toute chose utile ou agréable est une richesse, soit que l'homme ait ou non concouru à sa formation.

Toute chose qui est le résultat des efforts porte le nom de *produit*, soit qu'on ait ou non réussi à lui conférer de l'utilité ou de l'agrément.

Par conséquent, il y a des produits qui ne sont pas des richesses, et des richesses qui ne sont pas des produits.

De même qu'il y a des richesses matérielles et des richesses immatérielles, il y a des produits matériels et des produits immatériels.

Au nombre des produits immatériels, nous comptons les notions, les idées, les théories, les systèmes, en un mot, toutes les œuvres de l'intelligence.

Cette espèce de produit n'est jamais classée au rang

des richesses, par une raison fort simple, et que nous avons expliquée ailleurs.

De tels produits ne sont pas des êtres. Ce sont simplement des vues de notre esprit, ce sont les choses mêmes, en tant que nous les concevons, que nous les envisageons sous telle ou telle face, que nous y constatons des analogies ou des différences.

Depuis que Reid a écrit, il n'est plus permis de voir dans les idées des intermédiaires entre les choses et nos organes qui en prennent connaissance.

Les économistes nomment quelquefois les *produits* des *productions;* mais il est à la fois plus clair et plus correct de réserver cette expression pour désigner *l'opération*, et de donner un autre nom au *résultat.*

SECTION V

CONSOMMATION

Selon l'ordre de la nature, une chose périt; une autre naît; celle-ci périt à son tour; une troisième prend la place; tout se suit, sans terme, sans interruption, sans relâche. L'homme lui-même n'est que simple spectateur de ces métamorphoses successives; en ce qu'il a de mortel, il les subit pleinement; ce qu'il emprunte aux éléments, il le leur restitue; tôt ou tard, il rend la terre à la terre.

Mais en même temps qu'il n'est, sous un certain point de vue, qu'une pièce de l'ordre de l'univers, comme dit Montaigne, sous un autre point de vue il est un centre partiel. Le but de ce monde, où il ne fait que passer, lui est inconnu; mais tant qu'il y réside, il y est plus ou moins son propre but à lui-même.

Doué de la faculté de provoquer, selon qu'il lui plaît, des séries d'opérations qui n'auraient pas lieu sans son concours, voire même sans son initiative, et de susciter à l'existence des objets qui ne seraient pas sans son fait, de telles opérations, commençant à lui, se terminent à lui; de tels objets, en tant qu'ils sont des *produits*, c'est-à-dire en tant qu'ils sont son propre ouvrage, se dégagent, à ses yeux, de ce vaste abîme, où toutes les choses d'ici-bas se poussent l'une l'autre, dans une interminable et monotone uniformité; ils revêtent un caractère distinctif, ils ont une carrière à fournir et une destination à atteindre.

Cette carrière peut être plus ou moins prolongée, chaque produit y subit des transformations plus ou moins variées; les alternatives de productions *destructives* et de destructions *productives* s'y succèdent plus ou moins; mais la même intention se déploie dans toute la série des opérations; tandis que la main de l'homme brise, écarte, pulvérise les éléments des choses qu'il veut façonner, sa pensée poursuit ces débris épars sous leurs formes nouvelles, les rallie, en quelque sorte, dans une unité de vue constante, et rattache l'un à l'autre, par un lien souple et délicat, ces produits qui naissent l'un de l'autre.

Le terme arrive enfin.

Sitôt qu'un *produit* quelconque a été rendu tel qu'il ne semble plus opportun, ni d'en extraire les éléments, ni de les modifier d'aucune manière, ce *produit* est achevé.

L'homme le *détruit* alors pour la dernière fois, mais, en le détruisant, il se l'applique. Il le *détruit* sans vue d'en tirer une production ultérieure, uniquement pour en recueillir quelque avantage personnel, direct, incommunicable, par exemple une certaine jouissance, la réparation des forces vitales, etc., etc.

Cette destruction définitive qui clôt, termine et scelle, en quelque sorte, le cercle des opérations précédentes, se nomme *consommation*.

Les destructions et productions successives étaient les *moyens ;* la consommation est le *but*.

Et vainement les éléments de l'objet consommé existent et se retrouvent encore dans la nature, vainement les débris de l'habit que j'ai porté, les ruines de la maison que j'ai habitée, sont dispersés autour de moi; sous le point de vue de l'économie politique, tout est accompli; le lien intellectuel qui, d'une part, en faisait un tout, un tout dirigé vers un but unique, et qui, d'une autre part, le rattachait à toutes les phases, à toutes les vicissitudes de la pro-

duction antérieure est brisé. Ce ne sont plus que de
simples morceaux de matière; je puis les abandonner au cours de la nature et à l'influence des
saisons; je puis m'en emparer et recommencer avec
leur assistance une série d'opérations nouvelles ;
mais quant à la première, elle est terminée.

L'acte de consommer commence au moment précis
où un produit étant achevé et placé à la portée de
l'homme qui le désire, celui-ci s'en saisit et se l'applique.

Il dure autant que dure le produit lui-même,
quelques secondes, quelques heures, quelques mois,
quelques siècles.

Le temps n'en change pas la nature.

Ce qui le caractérise, c'est d'être *but* et non plus
moyen.

Quand on détruit une chose en vue d'une production subséquente, c'est une destruction productive;
quand on la détruit en vue d'un avantage personnel,
c'est une consommation.

Il arrive quelquefois qu'un même objet se trouve
susceptible de procurer un avantage immédiat et
personnel et de coopérer à une production future.
Dès lors, à mesure qu'un tel objet se dégrade, il y a
destruction productive d'une part, et consommation

d'une autre part; l'intelligence démêle sans peine ce qui se trouve confondu dans la réalité.

Cette terminologie est nouvelle.

Les auteurs les plus estimés ne s'accordent point sur le sens précis qu'il convient d'attacher au mot consommation, moins encore sur le degré d'extension que ce sens comporte.

M. Say désigne, en même temps, sous le nom de consommation, et cette destruction non accompagnée de jouissance qui s'opère en vue d'une production ultérieure, et cette production ultérieure qui s'opère en vue d'une jouissance immédiate [1].

Il nomme la première consommation productive, et la seconde consommation improductive.

Rien de plus clair et de plus correct en soi que cette manière de s'exprimer. Toutefois, nous attachons tant d'importance à la distinction fondamentale qui existe entre les deux opérations, que nous préférons appliquer à chacune d'elles une dénomination différente.

La plupart des auteurs qui ont écrit avant M. Say ont adopté un tout autre système d'idées.

---

1. Say, *Trait. d'écon. pol.*, l. III, ch. III.

2. V. entre autres : Mill, *Econ. pol.*, ch. IV, sect. I, p. 179. Tracy, *Élem. d'idéol.*, t. IV, ch. VII.

Ils divisent l'espèce humaine en deux classes, l'une composée d'hommes laborieux, voués à la production, l'autre composée d'oisifs qui n'y concourent en rien, frelons qui dévorent le miel de la ruche, vrai fardeau pour eux-mêmes et pour la société.

Toute consommation faite par les premiers, soit qu'ils appliquent immédiatement à leur usage les produits consommés, soit qu'ils les préparent pour un but ultérieur, est décorée du nom de consommation productive.

Toute consommation faite par l'autre classe est flétrie du nom de consommation improductive.

Nous protestons d'avance, sauf à fournir nos preuves plus tard, contre cette division de l'espèce humaine en hommes absolument laborieux et en hommes absolument oisifs. Nous soutenons que c'est une pure abstraction qui ne correspond à rien de réel; mais supposons-la bien fondée, la nomenclature qu'on en déduit n'en vaudrait guère mieux.

Sans doute, s'il existe des hommes qui ne fassent œuvre de leurs mains, ni de leurs facultés intellectuelles, qui soient oisifs dans toute la rigueur du terme, toute consommation faite par ces hommes est réellement improductive.

Mais est-il raisonnable de nommer consommation productive toute consommation quelconque faite par un homme laborieux, de désigner sous la même appellation modifiée par la même épithète, et l'acte par lequel cet homme détruit une chose qu'il façonne autrement, et l'acte par lequel cet homme détruit, à son profit personnel, les aliments dont il se nourrit et les vêtements dont il se couvre ?

Est-il raisonnable de n'envisager ce dernier acte que comme une préparation à une production ultérieure ?

N'est-ce pas effacer toute différence entre ce qui est but et ce qui est moyen ? Disons mieux : n'est-ce pas considérer du même œil l'ouvrier et son outil ?

Si l'on ne voit dans l'homme qui dirige la charrue qu'un instrument de production, en quoi diffère-t-il du bœuf qui la traîne ? A l'un sa part d'aliments, à l'autre sa part de l'ouvrage, et que tous les deux tracent le même sillon. La science n'a pas plus en vue le premier que le second.

La science elle-même n'y perd-elle pas son caractère ?

Dans ce cercle de consommation et de reproduction qui tourne perpétuellement sur lui-même, la pensée ne trouve plus aucun repos, n'aperçoit plus aucune solution de continuité.

Les phénomènes de la production n'ont plus rien qui les distingue, ils redescendent au rang de ces transformations perpétuelles qui se suivent, dans la nature, sans commencement, sans fin, sans autre objet qu'elles-mêmes, les rivières formant les nuages et la pluie formant les rivières.

Nous aurons plus d'une occasion de faire remarquer par la suite quelle étrange confusion cette manière bizarre d'envisager les choses a répandue dans la partie la plus importante de l'économie politique.

Qu'il suffise ici d'avoir rétabli le principe.

L'homme, faible mais fidèle image de son créateur, est placé, ici-bas, au centre d'un petit monde dont il est le principe et la fin.

Tout s'y meut autour de lui, tout s'y rapporte à lui.

Chaque produit commence, change, finit.

Il commence au moment précis où, l'intelligence l'ayant conçu, la volonté se met à l'œuvre pour l'exécuter.

Il change quand cette même volonté le brise ou l'altère pour l'obtenir sous une autre forme.

Il finit au moment précis où, doué de toutes les

qualités qui sont requises en lui, un homme, quel qu'il soit, se l'applique et l'identifie à lui-même.

Sous ces diverses transformations, il devient *autre* et cependant il demeure le *même*.

L'homme *consomme* pour vivre et jouir, *détruit* pour produire, *produit* pour consommer.

Destruction — production — consommation sont autant d'actes qui se tiennent, mais qui se succèdent dans un ordre déterminé et qui se ressemblent sans se confondre.

Facies non omnibus una, nec diversa tamen.

SECTION VI

PRODUCTION DIRECTE. PRODUCTION INDIRECTE

Produire directement une chose, c'est participer, en connaissance de cause et de dessein prémédité, à telle ou telle série d'actes dont résulte cette chose, c'est y coopérer en vue de cette chose même.

Produire indirectement une chose, c'est concourir à un ou plusieurs actes, faute desquels cette chose ne se ferait pas, soit qu'on ait en vue, d'ailleurs, ou cette chose même, ou d'autres plus ou moins semblables, plus ou moins différentes.

Toute production indirecte présuppose une ou plusieurs productions directes, antérieures ou subséquentes, où, tout au moins, une consommation subséquente.

Toute production directe implique changement,

transformation totale ou partielle de l'objet produit. La production indirecte n'implique rien de pareil.

Toute production directe vise à un résultat fixe, déterminé, spécial. La production indirecte peut n'avoir qu'un but vague et général.

Cette théorie étant à la fois et très importante et singulièrement compliquée, il est nécessaire de l'exposer avec méthode, afin de la rendre, s'il se peut, nette, intelligible et facile à saisir.

1° Tout produit achevé, tout produit parvenu à cet état où la consommation commence, a subi d'ordinaire plusieurs transformations successives. Avant d'être ce qu'il est, il a été une première chose, puis une seconde, puis une troisième, plus ou moins.

Dans chacun de ces divers états, il a pris un nom différent.

Il a été l'œuvre d'une première production, puis d'une seconde, puis d'une troisième. Chaque production s'est composée d'une série d'actes distincts.

La seconde production n'aurait pas eu lieu sans la première; en revanche, la première n'aurait pas eu lieu sans la seconde, et ainsi de suite.

Un homme trace un sillon avec la charrue, un

autre homme y jette quelques poignées de semence ;
quand le moment de la moisson arrive, ils recueillent, battent, nettoient le blé provenu de la semence ;
ils le mettent en sac. Ils ont travaillé *dans un but
spécial ;* il y a eu transformation de la semence en
épis, des épis en blé ; ils ont produit *directement* un
ou plusieurs sacs de blé.

Un troisième homme survient, il prend l'un de
ces sacs, il le place sous la meule d'un moulin. Un
quatrième reçoit le blé broyé et transformé en farine. Tous deux ont produit *directement* un sac de
farine.

Les deux premiers ont-ils produit directement ce
sac de farine ? — Non ; car ils n'ont point concouru
à l'opération par laquelle le blé est devenu farine.
Sont-ils étrangers cependant à la production du sac
de farine ? Tout aussi peu ; s'ils n'avaient pas fait
naître le blé, les deux derniers n'auraient pas fait ce
qu'ils ont fait.

Nous dirons donc que les deux premiers ont produit indirectement le sac de farine.

En revanche, peut-on dire que les deux derniers
ont produit directement le sac de blé ? Non, cela est
évident. Peut-on dire qu'ils soient étrangers aux
actes par lesquels quelques grains de semence sont de-

venus un sac de blé? — Non encore ; si le blé n'avait
pas dû devenir farine, il n'aurait pas été produit.

Nous dirons que ces deux hommes ont produit directement le sac de farine, et indirectement le sac
de blé.

Dans l'un comme dans l'autre cas, il y a eu d'a-
bord production directe, transformation d'une chose
dans une autre chose ; mais, dans le premier cas, la
production directe du blé avait pour cause prochaine
la production directe de la farine ; dans le second, la
production directe de la farine avait pour cause antérieure la production directe du blé.

Le même raisonnement vaut, si l'on se figure deux
nouveaux individus dont l'un pétrit la farine et l'autre
la met au four et la retire sous forme de pain. On
dira que les deux premières catégories d'individus
ont produit directement l'un le blé, l'autre la farine,
et indirectement le pain, tandis que la dernière catégorie a produit directement le pain et indirectement
le blé et la farine.

Que si l'on demandait lequel de ces individus a
concouru le plus efficacement à l'une ou à l'autre
production, ce serait évidemment une question
oiseuse. Tous les actes que nous venons d'énumérer
sont également nécessaires, également indispensables

à l'une et à l'autre. Supprimez par la pensée celui que vous voudrez, tous les autres cessent en même temps. Que penserait-on d'un homme qui demanderait lequel du pied droit ou du pied gauche sert le mieux à courir?

2° Avant que le blé soit placé sous la meule, il faut qu'il ait été transporté du grenier du cultivateur au moulin; — avant que le pain soit consommé, il faut qu'il ait été transporté de la boutique du boulanger sur la table des consommateurs.

Comment qualifier l'acte de celui qui transporte une chose d'un lieu à un autre, sans lui faire subir aucune altération quelconque?

Dirons-nous qu'il produit directement cette chose? — Non, car nous sommes convenus que produire directement, c'est concourir à une série d'actes dont il résulte, immédiatement ou à peu près, une transformation plus ou moins complète.

Dirons-nous qu'il produit indirectement cette chose? — Sans nulle difficulté.

En quoi diffère l'acte par lequel le sac de blé passe du grenier au moulin, de l'acte par lequel la semence passe de la main du semeur dans le sillon? En ce point seulement, que celui-ci précède immédiatement la transformation de la semence en épi, tandis que

celui-là est séparé par d'autres actes de la transformation du blé en farine. C'est une question de plus
ou de moins. Du reste, dans l'un comme dans l'autre
cas, il y a mouvement imprimé à la matière et rien
autre chose.

En quoi diffère l'acte par lequel le pain est transporté de la boutique du boulanger sur la table du
consommateur, de l'acte par lequel le blé est transporté au moulin? En ce point seulement, que le second
est placé entre deux productions, celle du blé et celle
de la farine, tandis que le premier est placé entre
une production et une consommation.

Mais supprimez l'une et l'autre, plus de blé, plus
de farine, plus de pain.

Transporter, c'est produire indirectement.

3° Tandis que le blé est déposé dans le grenier du
cultivateur, supposons qu'il soit nécessaire de pré-
poser un homme pour écarter les voleurs qui vou-
draient s'en emparer ou les animaux qui chercheraient à s'en nourrir.

Comment qualifier ce que fait cet homme?

Produit-il directement? — Non. Produit-il indirectement? — Sans doute, et précisément par la même
raison que ci-dessus? Quand le laboureur ouvre son
sillon, que fait-il? Il écarte les couches de terrain

qui empêcheraient la semence d'entrer en contact avec les molécules des matières dont l'épi doit sortir avec le temps. Où est la différence entre cet acte et celui par lequel l'homme en question écarte les animaux malfaisants?

Uniquement en ceci que l'un est suivi d'une transformation immédiate, et l'autre non.

Conserver, c'est produire indirectement. Supprimez l'acte qui conserve, les actes postérieurs deviennent impossibles, les actes précédents deviennent inutiles.

4° Supposons enfin un terrain qui se refuse obstinément à la culture du blé. Survient un savant qui médite sur les lois de la nature, en tant qu'elles s'appliquent à cette espèce de terrain. Il invente un procédé à l'aide duquel ce terrain rebelle pourra céder aux efforts du cultivateur, et le communique à celui-ci. De là, du blé, de la farine, du pain, etc.

Qu'a fait ce savant?

Il a rassemblé des faits dans sa pensée, il a combiné des idées, il a produit *directement* un système.

Il a produit *indirectement* du blé, de la farine, du pain, etc.

Si le procédé n'avait pas été découvert, aucun de ces produits n'aurait existé.

5° Nous venons de raisonner jusqu'ici dans un

cercle assez rétréci ; agrandissons-le un peu maintenant.

Un ouvrier fait un outil. Il y a là production directe. Mais cet outil, à quoi va-t-il servir? Peut-être
à cent choses différentes. Peut-être à mille choses successives. L'ouvrier n'a pas eu en vue l'une plutôt que
l'autre. Il concourt cependant indirectement à la production de toutes ces choses ; bien plus, il concourt indirectement à toutes celles qui naîtront de celles-là.

Un négociant transporte en Angleterre du thé de
la Chine. Il y a là production indirecte. En même
temps qu'il transporte mille livres de thé, plus ou
moins, il transporte mille autres choses différentes.
Le même acte de production indirecte s'étend donc
à une foule de choses à la fois. Il s'étend, de plus, à
toutes les choses qui naîtront à l'avenir du concours
et de l'assistance de celles-là.

A la place de l'homme qui conserve le blé, supposons un garde champêtre qui protège contre tout
dégât les propriétés d'une commune; voilà un même
acte conservatoire qui s'étend à une foule de choses
diverses, et, par contre coup, à toutes celles qui en
proviendront; à la place du garde champêtre, supposons un soldat qui défend le pays contre les dé-
vastations de l'ennemi, un magistrat dont la surveil-

lance maintient la fidélité des engagements entre les
contractants, l'influence de ce genre de production
indirecte se multiplie et se diversifie sans mesure.

Nous avons enfin parlé du savant qui invente un
procédé nouveau à l'aide duquel les terres stériles
deviennent propres à la culture.

Mais si ce savant n'avait en vue ni ce terrain, ni
tout autre en particulier, et qu'il inventât seulement
de nouvelles méthodes agricoles également ou à peu
près également applicables à tous, participerait-il
moins à la production des choses qui naîtraient de la
mise en pratique de ces méthodes?

Montons d'un degré.

Si ce savant était un chimiste au lieu d'être un
agronome, et qu'en découvrant de nouvelles propriétés dans la nature, il eût préparé les voies à
celui-ci, n'aurait-il pas produit indirectement les
méthodes de l'agronome et les choses que ces méthodes auraient appelées à l'existence?

Ces exemples suffisent pour justifier les propositions placées en tête du présent chapitre.

Résumons-les, maintenant.

SECTION VII

RÉCAPITULATION

Reprenons les choses de haut.

Il n'existe, en ce monde, que deux ordres de substances, l'âme et la matière.

Autant d'hommes, autant d'âmes distinctes. — La matière, au contraire, est répandue indistinctement par tout l'univers.

L'âme est indivisible, mais douée de facultés diverses. Ces facultés se développent selon des lois invariables.

La matière est divisible à l'infini. Chaque parcelle de matière est douée de propriétés diverses. Ces propriétés se développent également selon des lois prédéterminées.

Entre les diverses facultés de l'âme, les unes sont aptes à recueillir et à constater des faits; les autres sont aptes à combiner ces faits de plusieurs manières.

Les particules de matière se rangent spontanément en divers groupes, en vertu des propriétés qui existent en elles.

Les données recueillies par certaine faculté de l'âme, lorsqu'elles sont combinées diversement par l'active énergie des autres facultés, prennent tour à tour les noms de notions, d'idées, de systèmes, selon leur plus ou moins grande complication.

Les diverses molécules matérielles prennent le nom de corps.

Toute combinaison nouvelle, soit dans l'ordre de la pensée, soit dans l'ordre de la matière, donne naissance à une idée nouvelle ou à un corps nouveau.

Sitôt que l'homme intervient volontairement dans l'une ou dans l'autre de ces deux sortes de combinaisons, il nomme cela produit.

Pour produire, il a deux moyens.

Réunir ce qui est séparé. — Séparer ce qui est uni.

Rien de plus, le reste se fait de soi-même.

Toute série d'actes qui précède, à peu près immédiatement, une combinaison nouvelle, et qui s'ac-

complit en vue de cette combinaison, se nomme
production directe. Toute série d'actes qui concourent d'une manière plus ou moins prochaine, plus
ou moins éloignée, à telle ou telle combinaison, se
nomme production indirecte.

Entre la production directe et la production indirecte, la ligne de démarcation est incertaine et mobile. Les actes dont chacune se compose ne diffèrent.
point quant à leur essence; ils sont nécessaires à la
confection de chaque produit en particulier. Mais
ceux-ci sont plus voisins que ceux-là du moment où
chaque changement s'effectue. Tel acte fait partie de
la production directe à l'égard d'un certain produit,
et de la production indirecte à l'égard de tel autre
produit, et réciproquement.

En un mot, tout produit peut être considéré comme
un individu qui naît, subsiste, meurt, qui a en quelque sorte une famille dont on peut nommer chaque
membre, des parents dont il procède directement,
d'autres qui lui tiennent de plus loin, mais qu'on
reconnaît encore, puis enfin une filiation indéfinie,
qui, se perdant dans le temps aussi bien que dans
l'espace, attache son premier anneau au premier acte
du premier homme.

SECTION VIII

CONTROVERSE

1° Il faut rendre à M. Say cette justice qu'il est le premier qui nettement dégageait l'idée de production de celle de création. Il est également le premier qui ait déclaré catégoriquement et en termes formels que le savant qui observe les lois de la nature, et le commerçant qui transporte une marchandise d'un lieu dans un autre, *produisent* réellement, sont réellement *producteurs*[1].

Ce n'est pas la moindre obligation dont la science lui soit redevable.

Mais tout en reconnaissant en lui ce mérite, et il est très grand, nous ne saurions admettre l'artifice d'idées et de langage dont il se sert pour appuyer sa démonstration.

1. *Traité d'écon. polit.*, t. 1, p. 15 et suiv. 41 et suiv.

Selon lui, ce que l'homme produit, ce n'est pas une chose, c'est l'*utilité* de cette chose. Ce que l'homme consomme (productivement ou improductivement), ce n'est pas une chose, c'est l'utilité de cette chose.

D'où il suit que si l'homme concourt, par mégarde ou autrement, à l'achèvement d'une chose, il n'a rien produit. S'il concourt (ce qui est bien plus fréquent) à la destruction d'une chose inutile dans le dessein d'en obtenir une autre par ce moyen, il n'a rien détruit, et, pour parler le langage de M. Say, il n'a rien consommé productivement. Si même il applique à son usage une chose dont l'utilité n'a pas été produite par lui, il ne consomme rien[1].

Ainsi, de même que M. Say, dans un autre passage, érigeait *en être réel* l'action d'une chose ou d'une personne, ici, il érige en *être réel* la propriété d'une chose, son utilité.

C'est, ce nous semble, prodiguer gratuitement les personnages abstraits : la science n'y gagne rien. Son idiome en devient louche, bizarre, embarrassé; de telles manières de s'exprimer n'ont d'autres résultats que de chercher à jeter l'esprit du lecteur dans des perplexités continuelles.

---

1. *Trait. d'écon. polit.*, II, p. 211 et suiv.

L'homme ne crée ni n'anéantit rien, sans doute; mais il *produit* des choses; il *détruit* des choses, il consomme des choses. Comme il n'agit que dans un but, il produit des choses parce qu'elles sont utiles; il les détruit pour qu'elles deviennent utiles. Quiconque participe de près ou de loin à la production, produit, est producteur. S'il arrive, par malheur, que le résultat de la production soit une chose inutile, c'est un produit inutile, mais c'est un produit.

Ainsi parle le bon sens; ainsi faut-il parler.

2° De tous les écrivains qui ont travaillé, depuis M. Say, à l'avancement de la science, le colonel Torrens est le seul qui ne l'ait pas copié, ou à peu près, en expliquant la théorie de la production. Si M. Torrens s'écarte des idées de M. Say, c'est moins pour y contredire que pour les étendre et les diversifier.

Voici en peu de mots quelle est sa pensée[1].

Que l'on se figure deux contrées, l'une singulièrement propre à la culture de la vigne, mais peu propre à la culture du blé; l'autre très propre à la culture du blé, mais peu propre à la culture de la vigne.

Un négociant transporte un certain nombre de tonneaux de vin du premier des deux pays dans le

1. *An Essay on the production of wealth*, p. 152, 158.

second. Un autre négociant transporte un certain nombre de sacs de blé du second dans le premier.

Celui-ci a produit l'utilité des tonneaux de vin, et celui-là l'utilité des sacs de blé.

Jusqu'ici M. Torrens et M. Say sont d'accord.

Que l'on supprime maintenant les deux actes de transport, qu'arrivera-t-il?

Dans le premier des deux pays on sera obligé de consacrer une partie du territoire à la culture du blé; ce pays produira moins de vin et très peu de blé. Dans le second on sera obligé de consacrer une partie du territoire à la culture de la vigne. Ce pays produira moins de blé et très peu de vin.

Somme toute, il y aura moins de vin et moins de blé de produit.

Le commerce de transport a donc le double avantage de produire directement l'utilité de la chose transportée, et de faire produire indirectement une plus grande quantité de toutes choses; il produit indirectement cet excédent.

Cette idée, prise en soi, est juste et ingénieuse.

Nous croyons néanmoins qu'elle se retrouve tout entière dans notre théorie de la production indirecte, et qu'elle en ressort d'une manière plus large, plus simple et plus facile à saisir.

Supposons, en effet, le pays vignoble isolé de tout autre et obligé de s'approvisionner lui-même de blé. Il ne s'y produira de vin que la quantité nécessaire pour satisfaire aux besoins des habitants. Survienne le commerce de transport, on y produira dès lors du vin pour la consommation des habitants et pour celle des pays environnants ; les négociants qui transporteront cet excédent au dehors, produiront cet excédent, de concert toutefois avec les producteurs directs.

Le même raisonnement vaut à l'égard du pays à blé.

On voit que nous sommes d'accord sur le fond avec M. Torrens; seulement nous n'adoptons pas son langage.

Il se figure qu'en se livrant au commerce de transport, un négociant fait deux choses : qu'il produit d'abord l'utilité de la chose transportée, puis qu'il produit ensuite d'une manière détournée une masse de choses qui, sans ce genre de trafic, n'auraient pas existé.

Nous disons simplement que ce négociant produit indirectement la chose transportée, et que cette chose est précisément l'excédent qui n'existerait pas si le commerce de transport était supprimé.

SECTION IX

DIVERS SENS DU MOT PRODUCTION

Un produit est une chose produite : du blé est un produit ; de la farine est un produit ; du pain est un produit.

Chaque produit est le résultat d'une série d'actes distincts. C'est cette série qui porte le nom de production. En ce sens, on dit la production du blé, la production du pain, la production de la farine.

Dans un sens plus étendu, le mot de production s'applique quelquefois aux diverses séries d'actes par lesquels a passé la chose produite avant d'arriver à son dernier état.

Enfin, en donnant à ce terme une extension plus grande encore, on entend assez souvent par production en général l'ensemble des productions particulières qui s'opèrent simultanément dans un même temps et dans un même pays.

On dit alors production en général, comme on dit richesse en général.

CINQUIÈME ESSAI.

DÉFINITION

DE L'ÉCONOMIE POLITIQUE

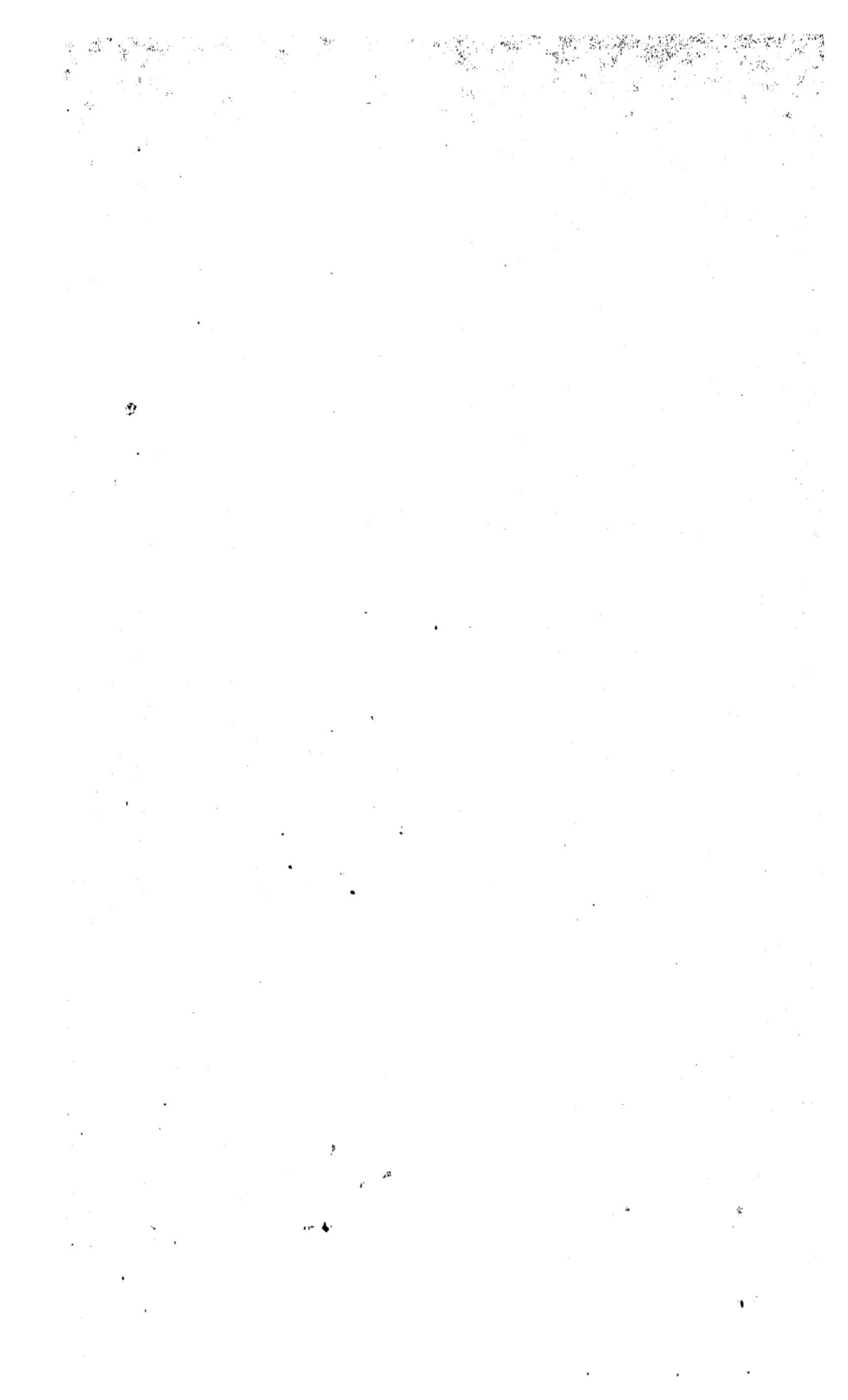

SECTION ·I

CONSIDÉRATIONS PRÉLIMINAIRES

En possession désormais des données sur lesquelles repose la science que nous cultivons, suspen-
dons quelques instants le cours de nos recherches.
Des hauteurs où nous sommes parvenus, un vaste
horizon se découvre à nous. Il est temps de mesurer
de l'œil la carrière que nous devons fournir, il est
temps de dresser, en quelque sorte, la carte de cette
contrée, où nous nous sommes jetés d'abord sans
direction fixe et comme à l'aventure.

Qu'on ne nous en fasse point un reproche.

Nous aurions pu sans doute, à l'exemple de plusieurs de nos devanciers, débuter gravement par
une définition de l'économie politique, et, cela fait,
proposer d'avance notre plan, marquer sur le
champ nos divisions et nos subdivisions.

Mais cette marche, méthodique en apparence, ne l'est pas autant en réalité.

S'il est de règle, en effet, quelque sujet que l'on traite, de procéder sévèrement du connu à l'inconnu, rien de moins raisonnable que de placer la définition d'une science en tête d'un ouvrage qui traite *ex professo* de cette science.

La raison en est sensible.

On ne définit point une science comme on définit un objet matériel, en indiquant quelques-uns des traits qui le distinguent, en décrivant tant bien que mal sa configuration extérieure.

Définir une science, c'est en réunir les éléments sous quelques expressions abstraites; c'est concentrer, comme en un foyer, des notions et des doctrines éparses.

Pour qu'une semblable définition atteigne son but, qui est de soulager la mémoire et de classer les idées, pour qu'elle porte en son sein la science elle-même, s'il est permis de parler ainsi, il faut de toute nécessité qu'elle soit conçue en termes techniques, c'est-à-dire, en termes qui aient, eux-mêmes, besoin d'être définis.

Cela posé, est-elle à sa place à l'ouverture du livre?

Supposons-la ce qu'elle doit être, pure, savante, rigoureuse : c'est une énigme dont le lecteur ne saura le mot de longtemps; que si l'on se borne, au contraire, à l'exprimer vaguement, c'est un hors-d'œuvre, un lieu commun, qui ne dit et ne signifie rien.

Même observation s'applique à cette autre coutume d'indiquer de prime abord les divisions et les subdivisions d'un ouvrage scientifique.

Ces divisions, ces subdivisions ne sont pas purement extérieures et n'ont rien d'arbitraire. Les motifs en doivent être puisés dans la nature intime de la science; or, le moyen de faire comprendre de semblables motifs, le moyen d'en justifier d'une manière satisfaisante et intelligible, lorsque la science elle-même ne se présente encore à l'esprit que comme un tout confus et indéterminé?

On suit, d'ordinaire, une marche toute différente dans les sciences exactes et dans les sciences naturelles.

Les savants qui traitent de ces matières débutent, en général, non par une définition de la science qui les occupe, mais par une série de définitions dont le but est d'indiquer brièvement les termes techniques qu'ils ont dessein d'employer. Ils posent ensuite des axiomes; ils énoncent, sous forme de propositions générales, un certain nombre de vérités évidentes par elles-mêmes; puis enfin ils élèvent sur ces propositions, comme sur une base inébranlable, l'édifice de leurs raisonnements, de leurs inductions ultérieures.

Cette méthode est sage et lumineuse.

Le plus puissant génie de nos temps modernes, Newton, a donné, en ce genre, le précepte et le modèle.

Dans une autre sphère de recherches, le restaurateur des sciences métaphysiques en Écosse a suivi cet exemple avec un rare succès.

Nous eussions désiré marcher, quoique de très loin, sur les traces de ces grands maîtres; mais le sujet que nous traitons s'y refuse obstinément.

Il n'existe pas, en économie politique, de vérités premières; il n'existe aucune de ces propositions irrésistibles, absolues, qui ne souffrent ni doute, ni preuve. Toutes les vérités économiques sont des vérités dérivées, relatives et de second ordre.

D'autre part, les termes techniques propres à cette science ne sont guère susceptibles d'une explication courte et claire. Ce ne sont point des termes spéciaux, des dénominations expresses inventées ou composées dans un but scientifique; ce sont des expressions empruntées à la langue des affaires les plus usuelles, des expressions familières aux dernières classes de la société. La difficulté n'est pas de les rendre à peu près intelligibles. Le travail est de les épurer et de les fixer à un objet unique; de dégager du milieu d'acceptions vagues et défectueuses une acception précise invariable; et ce travail est lent et compliqué.

Rejetant donc comme peu philosophique la méthode adoptée par nos prédécesseurs; exclu, d'un autre côté, par la nature même de notre sujet, de la méthode qui prévaut en mathématiques et en physique, voire même en psychologie, force nous a bien été d'en chercher une autre qui nous fût propre.

Nous avons pris la plus simple.

Nous nous sommes placé, sur-le-champ, au centre des opérations dont l'économie politique doit donner la clef; négligeant tout ce qui nous a paru accessoire ou simple intermédiaire, nous nous sommes efforcé de saisir les principales entre ces opérations, celles qui lient l'une à l'autre les deux extrémités de la science.

Cela fait, nous avons sondé la nature de ces opérations; nous en avons déterminé le principe, prenant

soin constamment de soumettre à l'analyse la plus
sévère chacune des notions qui s'y dévoilent.

Nous avons enfin constaté sous quelles dénominations ces notions sont reçues dans le langage ordinaire, sauf à purger chacune d'elles de toute dévia-
tion accidentelle, de toute restriction, de toute
extension arbitraire.

Maintenant que toutes ces opérations nous sont
connues, que toutes ces notions nous sont claires,
que les signes qui nous les représentent à l'esprit
nous sont familiers, nous pouvons hasarder une
vraie définition de l'économie politique, sans crainte
de parler au lecteur un langage étrange et nouveau.

Si cette définition est exacte et complète, le caractère en doit ressortir pleinement ; les limites se
poseront d'elles-mêmes ; l'ordre et la distribution de
notre travail y seront écrits.

SECTION II

DÉFINITION DE L'ÉCONOMIE POLITIQUE

L'économie politique enseigne les lois qui président à la *formation* des *produits* et à la *distribution* des *richesses*.

C'est une science d'*ordre mixte*.

Elle a l'*utile* pour *but* et pour *domaine* rien de moins, rien de plus.

C'est une science *expérimentale*.

C'est une science *sociale*.

Elle relève, *en tous points*, de la *morale*.

Elle relève, *à certain degré*, de la *politique*.

Qu'il nous soit permis, dût-il en résulter quelques redites, d'insister brièvement sur les différentes branches de cette définition.

SECTION III

QUE L'ÉCONOMIE POLITIQUE EST UNE SCIENCE MIXTE

Le domaine d'une science quelconque se détermine, avant tout, par la nature même des objets dont cette science s'occupe.

Toute science qui traite de l'*âme* et de ses facultés fait partie des sciences *morales;* toute science qui traite des corps et de leurs propriétés est au nombre des sciences *physiques*. Toute science qui traite, en même temps, des facultés de l'âme et des propriétés des corps est au nombre des sciences qu'on peut et doit nommer mixtes.

L'économie politique est la science des richesses.

Les richesses sont, d'une part, les facultés de l'âme, d'une autre part, les choses matérielles. Ce' qui n'existe pas en tant que substances, les idées, par exemple, qui ne sont que des abstractions, les faits isolés de leurs causes, de simples modes détachés de leur sujet d'inhérence, ne comptent pas au nombre des richesses ; c'est la seule exclusion absolue.

Ce n'est pas à dire cependant que toutes les choses matérielles, sans distinction, soient nécessairement des richesses. Ce n'est pas à dire non plus que les facultés de l'âme, dans toutes leurs applications, tombent sous le point de vue de l'économie politique, tant s'en faut ; mais il n'est aucune chose matérielle qui ne puisse devenir richesse ; il n'est aucune faculté de l'âme, prise intrinsèquement et en soi, qui ne puisse être envisagée comme richesse.

L'économie politique participe donc de la nature des sciences morales, et de celle des sciences physiques.

SECTION IV

QUE L'ÉCONOMIE POLITIQUE EST LA SCIENCE DE L'UTILE

Pour fixer et circonscrire la science, le second pas à faire est de bien se rendre compte du point de vue sous lequel ces objets y sont envisagés.

Le droit, disent les jurisconsultes romains, est la science des choses divines et humaines considérées sous le point de vue du juste et de l'injuste.

L'économie politique, au contraire, est la science des choses intellectuelles et matérielles, considérées sous le point de vue de l'utilité.

Les facultés de l'âme, en tant qu'elles ont l'utile pour but d'action, et les choses matérielles, en tant qu'elles sont utiles : voilà les objets de la science.

Mais qu'est-ce, à proprement parler, que l'utile?

— Quelle est sa sphère? — Où commence et finit l'idée qui s'attache à ce nom?

En ce qui touche les choses matérielles, rien de plus simple :

Toutes celles qui se trouvent en rapport avec nos besoins, nos goûts, nos caprices mêmes, sont des choses utiles; il n'importe que ce rapport soit prochain ou éloigné, pourvu qu'il existe et que notre esprit le remarque et le constate. — Toutes celles dont nous ne saurions faire aucun emploi, soit en raison de leur nature, soit en raison de leur position, ne sont pas utiles.

Quant aux facultés de l'âme, dans un certain sens, toutes sont utiles; dans un autre sens, ce nom ne leur convient pas.

Si l'homme était un simple animal mieux doué seulement que les autres animaux, s'il n'était placé ici-bas que pour vivre joyeusement et retourner ensuite au néant, s'il ne poursuivait que le plaisir, s'il ne craignait que la peine, il n'exercerait ses facultés que pour gratifier ses sens ou pour charmer ses loisirs.

L'utile serait son tout, la volupté sa règle; l'économie politique serait l'unique science de sa vie.

Mais, grâce au ciel, nous sommes appelés plus haut.

Satisfaire à nos besoins est chose nécessaire, cultiver en nous le goût de certains délassements plus ou moins ingénieux est chose innocente et permise dans une certaine mesure; mais ce n'est pas là notre véritable tâche.

Notre tâche, c'est d'épurer et d'ennoblir ce qu'il y a d'intime en nous-mêmes; de régler nos penchants, de dompter nos inclinations sous le joug rigoureux du devoir. Notre âme se sent, en ce monde, captive et passagère; elle aspire vers une autre patrie. Intérieurement avertie d'une autre existence, elle aspire à déposer, avant de prendre son essor, tout ce qu'elle a d'infime, de grossier, de terrestre.

De là, dans la plupart de nos sentiments, dans la plupart de nos affections, une double nature, l'une subalterne et en rapport avec notre condition temporelle, l'autre noble, tendre, généreuse et en rapport avec notre éternelle destinée.

De là, deux ordres de jouissances, les unes sensuelles, intéressées, passionnées; les autres pures, délicates, sublimes.

De là, enfin, dans nos facultés, une double tendance, l'une dirigée vers les jouissances de la première espèce, vers l'utile, c'est par là que ces facultés tombent dans le domaine de l'économie politique;

l'autre dirigée vers un but plus relevé, mais étrangère à l'objet de nos recherches.

Très souvent, il est vrai, dans cette vie, les deux
buts se trouvent placés l'un près de l'autre; très souvent les deux tendances opèrent simultanément et de
concert. Le départ n'est pas toujours facile à opérer,
mais la distinction subsiste; cela suffit.

SECTION V

QUE L'ÉCONOMIE POLITIQUE EST UNE SCIENCE EXPÉRIMENTALE

Lorsque la nature des objets dont la science s'occupe est bien marquée, lorsque le point de vue sous lequel ces objets sont envisagés est nettement déterminé, tout n'est pas dit encore.

De deux choses l'une :

Ou la science a simplement pour but d'énumérer et de classer ces objets, d'en faire connaître les diverses propriétés ; ou bien elle a pour but d'exposer comment ces objets naissent et périssent ; à quelle série de phénomènes ils ressortissent, soit comme causes, soit comme effets ; quelles lois président à toutes les vicissitudes de leur existence.

Ainsi la botanique, par exemple, se borne à dénombrer les végétaux, à les distribuer en genres,

n espèces, en familles, à décrire leur structure in-
erne ou leur configuration extérieure. — La phy-
iologie végétale nous enseigne comment la semence
e développe au sein de la terre, selon quelles lois
ı tige se forme, la circulation de la sève s'opère, la
espiration s'accomplit.

Ainsi la psychologie proprement dite soumet à
analyse les diverses facultés de l'âme, en sonde la
ature, constate les faits primitifs que ces facultés
erçoivent immédiatement; la logique, en prenant
e mot dans le sens le plus général, nous dévoile les
rocédés de l'intelligence et les artifices du langage.

Il est donc deux classes de sciences.

Les unes nous expliquent les choses telles qu'elles
xistent, les autres nous exposent les faits tels qu'ils
urviennent et se succèdent.

La première classe est descriptive, la seconde ex-
érimentale. Ce sont deux rameaux qui tiennent au
ıême tronc, ce sont deux points de vue particuliers
ui se réfèrent à un point de vue principal.

Cette importante distinction, qui domine tout le
hamp des connaissances humaines, trouve sa place
ans le champ circonscrit de l'utile.

Il est une science qui a pour but de constater le
ombre, la qualité et les propriétés diverses des

choses utiles qui existent simultanément dans un
temps et dans un lieu donnés; de comparer cet
état de choses à tel ou tel autre état de choses anté-
rieur ou postérieur ; de comparer cet état de choses
à tel ou tel autre état de choses constaté dans un
autre pays.

Cette science se nomme statistique.

Il est une autre science qui a pour but d'enseigner
sous quelles conditions, l'état de société étant donné,
l'activité humaine concourt à la formation des choses
utiles, et selon quelles lois les choses utiles sont réparties avant leur consommation entre les diverses
classes de la société.

Cette science, c'est l'économie politique.

SECTION VI

QUE L'ÉCONOMIE POLITIQUE PRÉSUPPOSE L'ÉTAT DE SOCIÉTÉ

Transportons-nous par la pensée dans l'île de Ro-
binson Crusoé. Figurons-nous un Européen profondément versé dans toutes les sciences sans exception ;
également expert dans tous les arts, depuis le plus
simple jusqu'au plus compliqué, sachant tout ; propre à toutes choses ; supposons-le jeté par la tempête
sur quelque plage inhabitée, mais riante et fertile;
admettons enfin qu'il ait sauvé de son naufrage,
outre une certaine quantité de provisions, tous les
livres, toutes les machines, tous les instruments nécessaires, soit à la culture théorique, soit aux diverses applications de ces diverses connaissances.

Quel spectacle nous offrira cet homme isolé?

Il est pourvu de toutes les facultés qui distinguent

l'espèce humaine ; il est entouré de choses déjà utiles,
d'autres prètes à le devenir. Tous les matériaux de
l'économie politique sont là.

Que va-t-il faire ?

Commencera-t-il par dresser inventaire de ces
matériaux pour en constater le nombre, l'espèce, le
gisement, les propriétés ? C'est une statistique qu'il
fait à son usage.

Veut-il se rendre compte de la nature même du
sol, de la composition intime des objets qui l'envi-
ronnent ? La chimie lui en fournit les moyens. Se pro-
pose-t-il de connaître quels végétaux croissent sur ce
sol, quels animaux y vivent et le parcourent ? Il met
à contribution les différentes branches de l'histoire
naturélle. — Entreprend-il de cultiver la terre, de
multiplier telle ou telle espèce d'animaux, telle ou
telle espèce de végétaux ? L'agriculture, l'horticul-
ture, l'art vétérinaire viennent à son secours. —
Lui faut-il filer le chanvre qu'il fait croître, préparer
le cuir de ses bœufs, tisser la laine de ses moutons,
construire son habitation, fabriquer son mobilier ?
Tous les arts mécaniques sont à sa disposition. A-t-il
des loisirs ? Les beaux-arts s'offrent à lui ; la physio-
logie lui dévoile les phénomènes du principe vital ; la
psychologie lui révèle le secret de son organisation

intellectuelle ; l'astronomie appelle ses regards vers
le ciel ; la théologie naturelle ou positive l'élève jusqu'à son créateur, et l'instruit de sa destinée à venir.

On le voit, quels que soient les besoins ou les
goûts de notre solitaire, vers quelque genre d'occupation que la nécessité le pousse, ou que son
penchant le détermine, il existe une branche de
connaissances humaines qui correspond à ce genre
d'occupation et qui en donne la clef.

Supposez-lui assez de temps, assez de force, assez
de dextérité, assez de loisirs, assez de savoir et les
instruments nécessaires, chacune des choses matérielles qui nous procurent des jouissances, il se les
fera ; chacune des facultés que nous cultivons, il les
cultivera en lui-même.

Mais chose étrange, dans la liste des sciences qu'il
appellera à son aide, vous ne trouverez pas l'économie
politique.

Qu'on épuise par la pensée les séries indéfinies
d'opérations auxquelles il peut se livrer pendant le
cours de la plus longue vie, on n'en concevra pas une
seule qui n'ait sa théorie hors de cette science, qui
ne lui soit plus ou moins étrangère dans ses procédés,
en un mot, qui s'y rapporte autrement que par des
voies indirectes.

Comment cela?

Par une raison tout à fait simple. Par cette même raison qui fait que la morale relative, la politique et la législation seront éternellement sans objet pour le solitaire; parce que c'est une science qui prend naissance dans les rapports des hommes entre eux, qui s'étend, se complique et se diversifie avec ces rapports, qui commence où ils commencent et finit où ils finissent.

En veut-on la preuve?

Changeons d'hypothèse.

En place d'un seul individu jeté par les vents dans une île déserte, en place d'un seul homme dépositaire de toutes les connaissances de la civilisation, et sauvant de son naufrage, d'une part, une certaine quantité de provisions, suffisante pour son entretien pendant quelque temps, de l'autre tous les instruments des arts, supposons une colonie de plusieurs milliers d'individus qui vient, de dessein prémédité, s'établir dans cette même île.

Le territoire n'en devient par là ni plus grand ni plus petit, le sol conserve la qualité dont il était pourvu, il laisse croître les mêmes plantes et nourrit les mêmes animaux. Le solitaire avait conservé des provisions; les colons en apportent; le solitaire dis-

posait d'une foule d'outils, de machines, d'instruments de tout genre; les colons s'en sont munis soigneusement; le solitaire réunissait à lui seul toutes
les connaissances humaines; aucune ne manque
dans la colonie.

Partout chacune des occupations auxquelles le
solitaire se livrait sera cultivée; chacun des résultats
qu'il obtenait sera obtenu.

Mais à quelle condition?

1° Les diverses connaissances, les diverses facultés,
soit physiques, soit intellectuelles que nous avons,
par la pensée, réunies dans un seul et même individu
se trouvant, par le fait, distribuées entre un très
grand nombre de personnes, il s'ensuit clairement
que là où un seul homme suffisait à faire telle ou
telle chose, il faudra, de toute nécessité, le concours
de plusieurs.

2° A moins de supposer qu'en s'éloignant de la
mère patrie chaque colon se soit pourvu d'une
quantité précisément égale de provisions de toute
nature; c'est-à-dire, à moins de supposer tous les
colons, dans leur première résidence, également favorisés des dons de la fortune, il faut admettre que les
provisions seront très inégalement réparties dans la
colonie, soit quant à la quantité, soit quant à l'espèce.

De là, pour ceux qui n'en possèdent que peu ou point, la nécessité de se mettre à la disposition des autres ; de là, pour ceux qui en ont trop d'une certaine espèce, la nécessité de recourir à l'échange.

3° Autant en faut-il dire des machines, outils et instruments de toute espèce. Chaque individu ne possédera pas précisément celui dont il a besoin. Tel sera possesseur d'une certaine espèce de machine, qui ne voudra pas ou ne pourra pas s'en servir ; tel autre voudra et pourra l'employer, mais n'obtiendra pas l'agrément du propriétaire, ou ne l'obtiendra que moyennant rétribution.

4° Enfin, le sol lui-même sera divisé entre un certain nombre de familles ; la portion exclusivement propre à la culture des céréales sera possédée par celles-ci ; — la portion exclusivement propre à l'éducation des bestiaux sera possédée par celles-là ; mais ni les terres à blé ne peuvent être cultivées sans le secours des bestiaux ; ni les personnes qui élèvent les bestiaux ne peuvent se passer de blé ; ces deux sortes de propriétés et ces deux sortes de propriétaires se trouveront donc dès lors tributaires l'une de l'autre :

On le voit donc.

Indépendamment de diverses opérations nécessai-

res à l'achèvement de toute espèce de produits, —
opérations qui demeurent les mêmes, soit qu'un seul
homme les exécute, soit que plusieurs interviennent,
opérations qui ressortissent chacune à quelque
science spéciale et distincte, il résulte de l'état de
société, il résulte de la distribution inégale et for-
tuite des éléments mêmes de la production entre une
foule d'individus la nécessité d'une mise en commun
continuelle.

Or, cette mise en commun, elle ne s'opère point
au hasard, elle a ses lois, elle se règle sur des principes que l'esprit peut saisir et déterminer.

Ce n'est pas tout.

Quand la communauté d'efforts a porté ses fruits,
quand divers ordres de produits sont nés du concours des volontés et des sacrifices, ces produits que
deviennent-ils? quelles personnes y ont droit? Comment se liquident les partages, et s'établissent les
compensations ?

Autres lois, nouvel objet d'étude.

Là réside la science qui nous occupe.

Supprimez par la pensée la diversité des positions
sociales, et la division des propriétés, l'économie
politique s'évanouit.

Rétablissez-la, elle renaît.

SECTION VII

FORMATION DES PRODUITS

Ou nous nous abusons tout à fait, ou le chapitre qui précède dispenserait presque de celui-ci. Il se peut néanmoins que quelques éclaircissements contribuent à mieux faire ressortir notre pensée principale.

Les choses utiles sont richesses.

Si toutes les choses utiles naissaient spontanément, s'il était interdit à l'homme de concourir à leur multiplication, d'intervenir, en rien, dans l'œuvre de la nature, une moitié, tout au moins, des sciences humaines y périrait. L'étude des lois selon lesquelles tout *est* et tout se *fait* demeurerait le sujet d'une noble curiosité, mais les sciences d'application dont le but est de faire tourner, de plus en plus, ces lois à notre avantage n'existeraient pas et ne seraient pas même concevables. .

Heureusement ou malheureusement il n'en est
rien, l'homme est appelé à concourir à la formation
des diverses choses. Il y concourt en effet, et son
intérêt le porte à n'agir que dans un but d'utilité.
Les choses qui procèdent ainsi plus ou moins de son
fait sont des produits.

Pour produire, il n'a que deux moyens.

Diviser ce qui est *un*,—réunir ce qui est *multiple*.

Mais si l'immense phénomène de la production
dérive de deux principes simples, tant s'en faut qu'il
soit simple lui-même. Il se présente, au contraire,
sous des formes prodigieusement variées. Il s'ébran-
che en une foule de rameaux infiniment divers.

La société humaine est un immense atelier.

La nature y fournit les matières premières.

Lorsqu'on veut étudier les opérations qui s'accom-
plissent dans l'intérieur de cet atelier qui embrasse
le monde, on peut fixer ses regards sur les opérations mêmes, c'est-à-dire sur le mécanisme des procédés à l'aide desquels s'effectuent les divers rapprochements, les diverses divisions, ou sur les relations
des individus qui concourent à ces opérations.

Dans le premier cas, l'objet d'étude c'est telle ou
telle science d'application, l'agriculture, la métal-
lurgie, les arts libéraux, les arts mécaniques.

Dans le second cas, l'objet d'étude est cette branche de l'économie politique que nous nommons la
formation des produits.

Chaque science d'application enseigne les lois
spéciales qui président à la formation d'un certain
genre de produits exclusivement à tout autre genre.

L'économie politique enseigne les lois générales
qui président à la formation de tous les genres de
produits, qui les affectent tous au même degré, qui
les affectent, en un mot, non pas en tant que chose
de telle ou telle espèce, mais en tant qu'œuvre de
l'industrie humaine, en tant que produits.

Ces lois dérivent uniquement de la situation respective des hommes, l'état de société étant donné.
Elles prennent naissance soit dans la propriété naturelle, soit dans la propriété civile.

Chaque homme, en effet, tient de la nature une
certaine dose de forces physiques, de certaines facultés intellectuelles; en cela ils sont égaux. Mais ces
forces physiques, ces facultés intellectuelles, varient
en intensité, en énergie, en délicatesse, de telle sorte
que ce qui est possible à un homme ne l'est pas à un
autre homme. L'éducation, l'expérience, la direction
constante vers un même but augmentent singulièrement cette diversité, exaltent certaines facultés,

dépriment certaines autres, et achèvent d'effacer toute trace de l'égalité primitive.

D'un autre côté, par suite des institutions sociales, les éléments bruts de la production, qui résident pour la plupart dans le sein de la terre, sont adjugés avec le sol à un petit nombre d'individus à l'exclusion de tous les autres, et, de plus, répartis entre ces individus privilégiés en proportions très inégales, soit quant à l'espèce, soit quant à la quantité.

Ce n'est pas tout.

Les éléments déjà préparés de la production, les machines, les outils, etc., sont de même en possession d'un nombre d'individus plus ou moins borné, et répartis entre ces individus en proportions diverses.

Par conséquent le plus chétif produit met à contribution pour son achèvement une foule de talents divers, des dextérités de toute nature, des matières premières et des outils de toutes sortes.

Cela posé, quel est l'office de l'économie politique, lorsqu'elle traite de la formation des produits ?

L'économiste, en premier lieu, constate le *fait naturel* de la diversité des aptitudes humaines.

Secondement, il constate le *fait social* de l'inégale distribution des choses matérielles entre les hommes.

Si le second fait dérive du premier, comment il s'est introduit, d'où le droit de propriété dérive, jusqu'à quel point il est légitime, ce sont des recherches étrangères à l'économie politique. La propriété est la donnée première de la science. Il lui est interdit de la mettre en question, sous peine de se mettre en question elle-même.

Mais partant de ces deux faits comme de deux points admis et non contestés, le devoir de l'économiste est d'en suivre la conséquence et d'en mesurer la portée.

A cet effet, il divise la société en classes.

Il puise son principe de classification dans l'analogie des choses possédées.

Il voit d'un côté les détenteurs du sol, d'un autre côté les possesseurs des machines et instruments, — plus loin les possesseurs de la plupart des produits non achevés ou simplement non consommés ; — ici, ceux qui cultivent exclusivement les facultés de l'intelligence, là, ceux qui n'exercent que leurs facultés corporelles.

Il examine de combien de sous-divisions ces divisions sont susceptibles, jusqu'à quel point elles sont rigoureuses, comment tel individu peut appartenir à plusieurs classes différentes.

Il détermine avec soin les rapports réciproques de
ces diverses classes, il assigne à chacune d'elles le
rôle qui lui appartient dans le phénomène général
de la production.

Là se découvrent les lois de ce phénomène, les lois
du concours de l'homme social à-l'œuvre de la nature,
les lois générales qui influent sur la formation de
tous les produits, à la différence des lois particulières
qui décident de la formation de tel ou tel produit
spécial et distinct. ,

Nous disons de tous les genres, de tous les genres
de produits, et non pas de tous les genres de richesses.

La raison en est simple.

Il est des richesses purement naturelles qui naissent et se développent sans le concours d'aucun travail humain. Les lois qui président à la formation
de cette sorte de richesses ne sont pas du ressort de l'économie politique. C'est à la physique,
à la chimie, à l'histoire naturelle à en rendre
compte.

Nous disons de tous les genres de produits sans
exception, bien qu'il y ait des produits qui ne sont
pas des richesses, les idées, par exemple, les théories, les systèmes, etc.

La formation de ces produits n'est pas étrangère à l'économie politique.

La raison en est simple encore.

Ces produits intellectuels, s'ils ne sont pas but pour l'économiste, ils sont moyens.

Leur formation devance et prépare celle des produits-richesses. Bien qu'ils n'aient qu'une existence métaphysique, ils occupent un degré dans l'œuvre de la production générale. Dans la répartition de la société en classes, celle des producteurs intellectuels est au premier rang. Cela suffit pour qu'il soit nécessaire d'en tenir compte. Cela suffit pour qu'il leur soit assigné une place, non sans doute parmi les choses utiles, car ce ne sont pas des choses, mais parmi les procédés qui servent à acquérir ces choses, parmi les actes qui concourent à la production.

SECTION VIII

DISTRIBUTION DES RICHESSES

L'œuvre de la production, soit qu'on la considère dans son vaste ensemble, soit qu'on l'étudie dans ses moindres détails, soit enfin qu'on s'arrête à telle ou telle de ses opérations particulières, exige, nous l'avons vu, le concours perpétuel des diverses classes de la société, l'accord constant des individus qui se trouvent détenteurs des divers éléments à l'aide desquels tout se produit.

Or, ce concours perpétuel, cet accord de tous les instants, a-t-il pour but en définitive la production même? Tant d'efforts et de sacrifices sont-ils faits uniquement pour que tels. ou tels objets existent? — Non, à coup sûr.

La production a pour but la consommation. Mais si la production est une opération collective, la consommation est individuelle; avant que les richesses se consomment, il faut donc qu'elles soient réparties.

Dès lors, sur quel pied s'effectue cette répartition ? Au moyen de quel procédé ?

Grandes et difficiles questions.

Il ne s'agit pas, en effet, de partager matériellement chaque produit entre tous ceux qui ont concouru à sa formation.

Le plus ordinaire, le moins divisible des produits est toujours le résultat de mille industries différentes. La pensée elle-même ne saurait apprécier le nombre d'individus qui auraient droit sur un grain de poivre.

L'économiste doit dévoiler le mécanisme compliqué à l'aide duquel les divers produits s'élèvent, par l'échange, au rang de valeurs; et, les valeurs se traduisant en monnaie, le partage s'opère non sur chaque produit, mais sur le prix de chaque produit.

Il doit faire voir comment, à chaque phase de la production, une des classes de producteurs se trouve en position d'acquérir la part de toutes les autres. Comment, dans le progrès des phénomènes, chaque nouveau détenteur d'un produit quelconque, ayant nécessairement désintéressé, avant d'entrer en possession, ceux qui l'ont précédé, le dernier se trouve, en définitive, substitué aux droits de tous les autres.

Mais ce n'est rien encore.

De la part qui est assignée à chaque classe dans la masse totale des choses produites dépend la condition générale et moyenne des individus dont chaque classe se compose.

De la portion qui revient à chaque individu dans la masse des produits qui est le lot de chaque classe dépend la condition particulière de cet individu.

Comment se règle cette allocation proportionnelle?

Dire qu'elle dépend des conventions des intéressés, ce n'est rien dire.

Les prétentions réciproques des parties contractantes, en effet, ne sauraient être la mesure de ce que chacune d'elles obtient ; c'est le besoin, plus ou moins grand, que celle-ci a de celle-là qui en décide; c'est la rareté plus ou moins grande des choses qu'il faut mettre en commun dans l'œuvre de la production, qui détermine la part de produit qui revient ensuite aux possesseurs de ces choses.

Selon l'abondance ou la rareté comparative, soit des bras laborieux, soit des têtes pensantes, soit des divers instruments matériels de la production, la condition de telle ou telle classe devient plus favorable ou plus rigoureuse, sa coopération est plus ou moins bien récompensée.

Le même principe opère entre les individus dont la classe se compose; selon l'abondance ou la rareté comparative de tel ou tel talent, de telle ou telle matière première, la part afférente dans le produit augmente ou diminue.

Or, de quelles lois dépendent cette abondance, ou cette rareté comparative?

C'est là ce qu'il faut expliquer.

Hoc opus, hic labor est.

Est-il nécessaire d'ajouter que l'économie politique, qui s'occupe exclusivement de la formation des richesses produites, tient compte néanmoins de l'existence des richesses purement matérielles, et marque soigneusement le rôle que celles-ci jouent dans le mouvement des échanges et la place qu'elles occupent dans le phénomène de la distribution générale?

SECTION IX

RÉSUMÉ DE CE QUI PRÉCÈDE

Il résulte des développements dans lesquels nous venons d'entrer que l'économie politique se trouve, en quelque sorte, placée au point d'intersection de toutes les connaissances humaines.

L'action des choses extérieures sur l'homme est le fondement de cette science. L'action de l'homme sur les choses extérieures en est l'objet principal.

C'est en agissant sur nous que les choses extérieures satisfont nos besoins et nos goûts. C'est en agissant sur elles que nous les approprions à ce but.

Pour expliquer, d'une part, l'action des choses extérieures sur l'homme, pour en sonder les causes mystérieuses, pour concevoir, d'une autre part, la puissance de l'homme sur les choses extérieures, pour en apprécier la nature et les limites, pour déterminer la loi des résistances que ces choses nous opposent, il faudrait approfondir la psychologie, l'anatomie, il faudrait posséder à fond la physique générale, la chimie et les diverses branches de l'histoire naturelle.

Mais l'économiste n'envisage cette double action que sous un point de vue spécial et limité, celui de l'utile. Il le prend, d'ailleurs, comme simple fait, sans remonter plus haut, sans porter ses regards plus loin. Il ne s'élève point aux savantes recherches du métaphysicien, du physicien, du naturaliste. Seulement, de loin en loin, il tient compte des résultats généraux de ces recherches, à titre de données sans lesquelles rien ne se conçoit ni ne s'explique, comme condition des problèmes dont l'examen lui est dévolu.

L'action de l'homme sur les choses extérieures en particulier s'exerce au moyen des arts libéraux et mécaniques.

Pour s'en faire une idée complète, il faudrait être initié dans les théories de ces arts, en connaître à fond tous les procédés.

L'économiste ne s'y astreint pas néanmoins.

Placé au centre du mouvement social, il considère les arts libéraux, les arts mécaniques comme autant

de ressorts divers d'une même machine. Il les saisit
par les points qui lui sont communs; il les interroge
de haut sur les principes qui les dirigent et sur le
but de leurs efforts.

Du reste, les opérations dont l'économie politique
rend compte ne ressortissent à aucun de ces arts
pris en lui-même et s'étendent à tous indistinctement. Ce sont ou des préliminaires indispensables
dans tous les cas, ou des intermédiaires entre tous
les genres de travaux, ou des compléments faute
desquels tous ces travaux demeureraient sans résultat, et ne s'exécuteraient point. Ce sont, à la fois,
s'il est permis de s'exprimer ainsi, les liens qui les
unissent et le réseau qui les enveloppe.

L'analyse de ces diverses opérations n'est autre
que l'analyse des rapports des hommes entre eux.

Toutes dérivent de l'exigence de nos besoins réciproques, toutes ont leurs lois puisées dans le cœur
humain et soumises à l'ascendant des mobiles qui
dirigent la volonté.

Par ce côté l'économie politique touche à la
morale.

Enfin la diversité même de ces rapports provenant
en grande partie des institutions civiles et de l'ordre
établi, l'économie politique se lie encore étroitement

27

à la politique générale, à la législation, à la science du gouvernement.

Quelles sont maintenant les limites qui la séparent de ces sciences et de la morale?

C'est ce qui nous reste à déterminer.

SECTION X

L'ÉCONOMIE POLITIQUE DANS SES RAPPORTS AVEC LA MORALE

Les relations qui s'établissent librement entre les hommes procèdent ou de leur affection réciproque ou de l'avantage qu'ils trouvent à s'associer dans un but déterminé. Celles qui ont l'association pour base ressortissent, tour à tour, soit à l'une, soit à l'autre science, selon le point de vue sous lequel on les envisage.

De telles relations, en effet, ont pour mobile l'intérêt personnel, le plus actif, sinon le plus puissant de tous ceux qui exercent leur influence sur le cœur humain. Or, ce mobile, il appartient à la morale de l'apprécier en lui-même, il appartient à l'économie politique de le montrer en action et dans ses conséquences.

L'économie politique envisage uniquement l'homme
dans sa condition terrestre, comme un être capable
de jouir et de souffrir, soumis à des besoins, accessible à des goûts, exposé à des périls, faible et dé-
sarmé contre la nature, s'il demeure isolé, puissant
par la sociabilité, par l'esprit d'ordre et par la combinaison de l'intelligence.

L'économiste prend pour un fait constant, uni-
versel, incontestable, la tendance de l'homme à poursuivre son propre bien-être. Il ne remonte pas au
delà. Il part de ce fait comme d'un point fixe, et s'en
sert pour dévoiler la structure interne de la société
civile et le mécanisme de la production; il explique
par l'intérêt personnel, et ces conventions qui règlent,
sous mille formes variées, la mise en commun des
forces, des intelligences, des propriétés acquises, et
les précautions qui président à leur maintien, sous
la garantie de la loi et l'autorité de l'État.

L'économie politique est, en effet, la science de
l'utile.

A ce titre, elle est à la morale ce que l'intérêt est
au devoir, elle juge des actes par leurs fruits, c'est-à-
dire par ce qu'ils coûtent et ce qu'ils rapportent,
plutôt qu'en raison de leur nature. La morale oblige,
l'économie politique éclaire et conseille; qu'il s'a-

gisse du bien-être ou de l'opulence, qu'il s'agisse
même du besoin, pris au sens le plus rigoureux,
qu'il s'agisse des principes généraux ou des plus
minimes conséquences, l'économie politique ne peut
offrir que des lumières et des appréciations; c'est à
la morale qu'il appartient de régler les actions et la
conduite.

SECTION XI

L'ÉCONOMIE POLITIQUE DANS SES RAPPORTS
AVEC LA POLITIQUE

Sous le nom de politique il faut entendre ici l'intervention de l'État dans les transactions sociales, dans les relations civiles, civiques, internationales.

Si les hommes étaient également et continuellement soumis aux règles de l'équité, éclairés sur leurs intérêts, habiles à les poursuivre, soit personnellement, soit de commun effort, enclins à se prêter réciproquement appui, dans la mesure de leur intelligence, de leurs lumières et de leurs forces, tous, dispersés ou réunis en corps de nation, pourraient se passer d'être gouvernés, et chaque corps de nation existerait, vis-à-vis de chaque autre, en paix, en bonne amitié, en bienveillance naturelle.

Point de gouvernés, point de gouvernants; point
d'État, point de politique.

Mais il n'en va point ainsi, on ne le sait que trop.
Pour garantir, en tout pays, en toute occasion, entre
les meilleurs des hommes, et à plus forte raison
entre les médiocres et les pires, le maintien des règles
de l'équité, l'observation des engagements, voire
même les égards mutuels, il faut des lois et partant
un législateur; il faut des magistrats, et partant une
force armée pour leur prêter appui. Pour garantir,
en tout pays, en toute occasion, entre divers corps de
nation, l'observation des règles du droit des gens, le
maintien des traités, voire même les procédés de bon
voisinage, il faut, à chaque corps de nation, un
pouvoir exécutif qui ait qualité pour stipuler en son
nom, et disposer de ses moyens d'attaque et de défense.

Un législateur, des magistrats, un pouvoir exécutif, une force armée, voilà l'État.

Voilà l'État réduit au plus petit pied que ce mot
comporte — l'État à son minimum.

On peut concevoir, à la rigueur, une société qui
subsisterait à de telles conditions, une société où
chaque citoyen ne demanderait à l'État et n'en
attendrait, soit au dedans, soit au dehors, que la

protection légale de sa personne, de ses biens, de ses droits régulièrement établis, et demeurerait chargé de pourvoir à ses propres intérêts, par ses propres forces et ses propres lumières.

Dans un tel ordre de choses, s'il était possible, s'il n'était pas une pure utopie, la politique ne relèverait que de la justice ; la politique ne serait que cette branche de la justice qui porte chez les juristes le nom de commutation, celle dont le propre est de conserver ou de rendre à chacun ce qui lui appartient : *cuique suum.*

L'intervention de l'État, dans l'hypothèse, étant purement négative, la science qui traite de la formation et de la distribution des richesses, libre de tous points, en pratique comme en théorie, n'aurait aucun lieu d'en tenir compte ; étrangère à la politique, cette science s'en tiendrait au nom que peut-être elle aurait mieux fait de ne pas quitter, celui d'économie sociale.

Mais cette hypothèse n'est qu'un rêve ; quelques économistes, en réaction contre les abus du système contraire, l'ont parfois mise en avant sans la prendre au sérieux ; car pour la réaliser complètement, encore faudrait-il que les services — les services conservatoires rendus par l'État — fussent gratuits, que la

législature ne fût composée que de députés, la magis-
trature que de jurés, la force armée que de gardes
civiques; sans quoi il faudrait des impôts dont l'assiette, la répartition et l'emploi ne pourraient manquer d'introduire l'État dans le mouvement des affaires
privées, et de venir plus ou moins à la traverse des
spéculations individuelles.

Du moment, d'ailleurs, où l'on reconnaît à l'État
le droit d'intervenir dans les transactions sociales,
lorsqu'il s'agit de prêter appui aux droits individuels
ou collectifs, s'il existe dans toute société, indépendamment de ces droits, des intérêts qu'on peut, à
juste titre, nommer sociaux, des intérêts dont la
poursuite et la satisfaction importent également à tous
et à chacun, et ne sauraient être exercés ou garantis
qu'au moyen d'un effort commun et continu où chacun
doit entrer pour sa quote-part, en proportion de
l'avantage qu'il en retire naturellement, c'est à l'État,
arbitre et syndic, en quelque sorte, de la communauté, d'y pourvoir.

C'est encore ici affaire de justice, mais de justice
distributive et non plus commutative, de cette justice
qui maintient entre les cointéressés l'égalité relative.

Prenons la monnaie pour exemple.

On peut concevoir, à la rigueur, une société où les échanges ne s'opéreraient que par voie de troc; on le peut, car cela s'est vu, et se voit même encore chez des peuplades tout à fait barbares.

On peut même faire un pas de plus.

On peut concevoir une société dont tous les membres s'accorderaient à reconnaître une certaine monnaie de convention arbitrairement choisie. On le peut, car cela s'est vu, et se voit même encore chez quelques peuplades semi-barbares.

Mais qui ne voit au premier coup d'œil que l'intérêt de tous et de chacun exige également, dans toutes et chacune des transactions sociales, l'emploi d'une monnaie fabriquée par l'État, frappée à son coin, d'une monnaie dont la matière, le titre et le poids soient placés sous sa garantie? Qui ne voit, en outre, que la justice commutative elle-même est à ce prix, car, à réprimer, sans cela, la fraude, à redresser l'erreur, à régler les prétentions, les récriminations réciproques, tous les tribunaux du monde, à coup sûr, perdraient leur latin.

S'ensuit-il toutefois, pour que l'État soit admis à prendre part au mouvement général des intérêts privés, à la protection, à la promotion des intérêts individuels ou collectifs, que ces affaires soient néces-

sairement communes selon toute la rigueur du terme,
que la portée de ces intérêts soit, rigoureusement
parlant, universelle et permanente?

Nullement.

L'État n'est pas un être collectif, mais réel, et qui
personnifie la société dans ce qu'elle a de plus
éclairé, de plus honnête, de plus sage, et qu'elle
charge d'employer ses forces et ses ressources :

1° A faire respecter tous les droits;

2° A faire directement, dans l'intérêt général, en
tout lieu, en tout temps, ce que ne peut faire, faute
d'accord, la diversité des intérêts privés ;

3° A faire directement, dans l'intérêt général, selon
les lieux, selon les temps, ce que ne peut faire, faute
d'accord, de lumière et de prévoyance, la diversité des
intérêts privés. Sur ce dernier point, tout est affaire
de circonstance et de mesure ;

4° A protéger, en tout lieu, en tout temps, la liberté
de la production, dans l'intérêt général ;

5° A protéger, s'il y a lieu, et tant qu'il y a lieu,
le progrès de certaines productions dans un intérêt
d'avenir ;

6° A protéger, entre les pays, la liberté des échanges
sous les conditions que leur imposent leur sécurité,
leur indépendance et leur puissance respective.

Sur ces deux derniers points, c'est encore affaire de circonstance et de mesure.

Sur tous la politique exerce la haute main. Impossible de poser *a priori* les limites imposées en principe à l'intervention de l'État; c'est à lui de les discerner; c'est à la résistance légitime et régulière des intéressés de l'y maintenir.

FIN

TABLE

PARIS. — IMPRIMERIE ÉMILE MARTINET, RUE MIGNON 2